ARD-Ratgeber Recht

Herausgeber

Thomas Nell

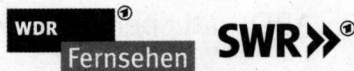

Eine Produktion des Westdeutschen Rundfunks Köln
und des Südwestrundfunks
in Zusammenarbeit mit den Verbraucherzentralen

verbraucherzentrale

Aufgrund der unterschiedlichen Interessen von Mieter und Vermieter ist
bei einem Umzug oder Auszug Streit häufig vorprogrammiert. Der pra-
xisnahe Ratgeber zeigt, welche Rechte und Pflichten Mieter bei Beendigung des Mietverhältnisses haben. Anhand von Musterschreiben und
mit Musterformulierungshilfen leitet er dazu an, diese Rechte effektiv
durchzusetzen und kostspielige Auseinandersetzungen zu vermeiden.

Der Autor *Dr. Dilip D. Maitra* ist Rechtsanwalt in Berlin.

Dilip D. Maitra

Wenn das Mietverhältnis endet

verbraucherzentrale

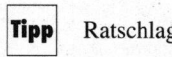

Tipp Ratschlag

! Wichtig

✓ Checkliste

✉ Musterbrief

⚖ Rechtsprechung

Bibliografische Information Der Deutschen Bibliothek
Die Deutsche Bibliothek verzeichnet diese Publikation in der
Deutschen Nationalbibliografie; detaillierte bibliografische Daten sind
im Internet über http://dnb.ddb.de abrufbar.

2. Auflage 2011, aktualisiert und überarbeitet
© Verbraucherzentrale NRW, Düsseldorf

Internet: www.vz-nrw.de

ISBN 978-3-940580-75-7

Liebe Leserin, lieber Leser,

in 280.000 Mietrechtsstreitigkeiten prozessieren Mieter
und Vermieter jährlich vor den Amts- und Landgerichten
in Deutschland. Die 320 örtlichen Mietervereine des Deutschen Mieterbundes führen pro Jahr mehr als 1,15 Millio-
nen Rechtsberatungen für ihre Mitglieder, das heißt Mieter
und Verbraucher durch. Heute hat jeder zweite Mietrechts-
prozess und jede dritte Rechtsberatung unmittelbar oder
mittelbar mit der Beendigung des Mietverhältnisses zu
tun.

Fragen, wann und wie das Mietverhältnis gekündigt werden kann, ob die Wohnung beim Auszug renoviert werden
oder ob für Schönheitsreparaturen gezahlt werden muss,
bis wann der Vermieter über die Betriebskosten abzurechnen hat, vor allem aber Fragen zur Rückzahlung der Mietkaution stehen dabei im Vordergrund.

Der vorliegende Ratgeber von Verbraucherzentrale NRW,
ARD-Ratgeber Recht und Deutschem Mieterbund will all
diese Fragen beantworten, vorhandene Rechtsunsicher-
heiten beseitigen und so helfen, unnötige Streitigkeiten
zwischen Mieter und Vermieter zu verhindern.

Der Hintergrund vieler Auseinandersetzungen ist – so
wissen wir –, dass die Vertragsparteien ihre Rechte und
Pflichten nicht kennen oder falsch einschätzen. Das ist
auch kein Wunder, denn die Welt der Paragrafen, Ver-
ordnungen und Gesetze ist kompliziert und ändert sich
ständig. Dazu kommt eine unüberschaubare Zahl von
Gerichtsurteilen, allein hunderte von Entscheidungen des
Bundesgerichtshofs in den letzten Jahren, die gerade das
Mietrecht entscheidend beeinflussen.

Mit dem vorliegenden Ratgeber wollen wir praxisge-
rechte, alltagsnahe, vor allem verständliche und umfas-
sende Informationen für Mieter und Verbraucher zur
Verfügung stellen. Die Verbindung von ARD-Ratgeber
Recht, Verbraucherzentrale NRW und Deutschem Mieterbund garantiert eine kompetente, zuverlässige und um-

fassende Aufarbeitung der mietrechtlichen Probleme und juristischen Fragestellungen. Unser Autor, Rechtsanwalt Dr. Dilip D. Maitra, ist ein erfahrener Mietrechtspraktiker. Seine Informationen, seine Musterbriefe, Tipps und Ratschläge werden Ihnen helfen, Lösungen für Ihre persönlichen mietrechtlichen Probleme zu finden. Sollten im Einzelfall Fragen offen bleiben, empfehlen wir, sich unmittelbar an einen unserer örtlichen Mietervereine zu wenden.

Lukas Siebenkotten
Bundesdirektor
Deutscher Mieterbund (DMB)

Vorwort

Am Ende ähnelt das Mietverhältnis nicht selten einer Liebesbeziehung: Von beiden weiß man oft erst nach der Trennung, wer der langjährige Partner wirklich ist und was man von ihm zu halten hat. Natürlich gibt es auch Mietverhältnisse, die bereits lange Zeit, bevor sie endeten, manchmal von Beginn an von starken Konflikten geprägt waren. Aber selbst bei bislang konfliktfreien Mietverhältnissen beendet die Kündigung häufig das bisherige Fairplay. Umso wichtiger ist dann, was rechtlich vorgegeben ist, sei es durch Gesetz oder durch Ihren Mietvertrag. Dieser zweite Band unseres Ratgebers zum Thema Mietrecht will Ihnen in der Endphase des Mietverhältnisses zur Seite stehen. Dagegen sind Fragen, die sich typischerweise vornehmlich im laufenden Mietverhältnis stellen, dem ersten Band vorbehalten (»Was Sie als Mieter wissen müssen. Rechte und Pflichten im laufenden Mietverhältnis«, 3. Auflage 2010). Eine weitere Einschränkung gilt: Schwerpunkt dieses Ratgebers sind die Probleme, die *am Ende* des Mietverhältnisses, also bei seiner Abwicklung auftreten. Die Ausführungen zur *Beendigung* des Mietverhältnisses beschränken sich daher bei den Kündigungsgründen auf die zentralen Basisinformationen.

Eine Reihe von Informationen sind nicht nur für einzelne Fragestellungen, sondern für viele der in den jeweiligen Kapiteln behandelten Fragen von Bedeutung. Das gilt unter anderem für Beweisfragen, etwa den sicheren Nachweis, dass ein Schreiben dem Vermieter zugegangen ist. Aber auch einige grundsätzliche Informationen zum Mietvertrag sollten Ihnen bei Auseinandersetzungen am Ende seiner Laufzeit geläufig sein. Überlesen Sie deshalb bitte nicht die Einleitung.

Die Rechtsprechungsnachweise konzentrieren sich auf Urteile des Bundesgerichtshofs, des höchsten deutschen Zivilgerichts, und auf Entscheidungen der Oberlandesgerichte. Die Wahrscheinlichkeit, dass andere Gerichte diesen Entscheidungen folgen, ist vergleichsweise groß. In Klammern gesetzt sind Nachweise darüber, welches Gericht die vorangestellte rechtliche Aussage gemacht hat. An erster Stelle ist das Gericht genannt, an zweiter Stelle der Fundort, meist eine mietrechtliche Zeitschrift, dann das Jahr, in dem die Entscheidung dort veröffentlicht wurde, und am Ende die Seitenzahl. Die Abkürzungen entschlüsseln Sie bitte mit dem Abkürzungsverzeichnis.

Die Darstellung der Rechtslage wird durch Formulierungsvorschläge und Musterschreiben ergänzt. Eskaliert der Konflikt mit Ihrem Vermieter, dann sehen Sie sich vor Gericht. Ihre Rechte zu kennen, nutzt dann nur bedingt. Sie müssen sie auch durchsetzen können. Daran orientieren sich auch die Musterschreiben dieses Ratgebers. Das soll Sie nicht davon abhalten, gegenüber einem freundlichen und fairen Vermieter freundlich zu agieren und Ihre Schreiben unter Umständen verbindlicher zu formulieren. Aber führen Sie Streitigkeiten, wenn diese notwendig werden, zügig und mit Konsequenz. Wenn man zu lange wartet oder in seinem Verhalten widersprüchlich ist, sind daran rechtlich oft erhebliche Nachteile geknüpft. Rechte hat man nicht nur, man muss sie auch wahrnehmen, um sie nicht zu verlieren. Der Ratgeber berücksichtigt die bis März 2011 veröffentlichte Rechtsprechung.

Anregung und Kritik nehme ich gern entgegen (Kontakt unter www.maitra.info).

Berlin, im März 2011
Rechtsanwalt Dr. Dilip D. Maitra

Inhalt

Kapitel 7
Nach der Rückgabe der Wohnung

Kapitel 8
Der Mietaufhebungsvertrag und andere Vereinbarungen bei Mietvertragsende

Abkürzungen

AG	Amtsgericht
AGG	Allgemeines Gleichbehandlungsgesetz
a.F.	alte(r) Fassung. Insbesondere durch die am 1.9.2001 in Kraft getretene Mietrechtsreform haben sich diverse gesetzliche Regelungen geändert. Soweit die früheren Vorschriften für alte Mietverträge noch gelten, werden sie teilweise zitiert.
BayObLG	Bayerisches Oberstes Landesgericht
BetrkVO	Betriebskostenverordnung
BFH	Bundesfinanzhof
BGB	Bürgerliches Gesetzbuch
BGH	Bundesgerichtshof. Der BGH ist das oberste deutsche Zivilgericht. Seine Urteile binden die unterinstanzlichen Gerichte zwar nicht, in aller Regel folgen deren Richter jedoch seinen Entscheidungen.
BGHZ	Amtliche Entscheidungssammlung des BGH (zitiert nach Band, Seite), findet sich in juristischen Fachbibliotheken.
BMG	Bundesmietengesetz (außer Kraft)
DWW	Deutsche Wohnungswirtschaft (Zeitschrift, zitiert nach Jahr, Seite)
EGBGB	Einführungsgesetz zum Bürgerlichen Gesetzbuch. Dort finden sich die Übergangsregelungen größerer zivilrechtlicher Gesetzesänderungen, wie etwa der Mietrechts- oder der Schuldrechtsreform.
EStG	Einkommensteuergesetz
GE	Grundeigentum (Zeitschrift, zitiert nach Jahr, Seite)
GG	Grundgesetz
GKG	Gerichtskostengesetz
GVG	Gerichtsverfassungsgesetz
HeizAnlVO	Heizanlagenverordnung
HeizkVO	Heizkostenverordnung (Verordnung über die verbrauchsabhängige Abrechnung der Heiz- und Warmwasserkosten)
InsO	Insolvenzordnung
JZ	JuristenZeitung (Zeitschrift, zitiert nach Jahr, Seite)
KG	Kammergericht. Das Kammergericht ist das Berliner Oberlandesgericht.
LG	Landgericht

LPartG	Lebenspartnerschaftsgesetz
MDR	Monatsschrift für Deutsches Recht
MHG	Miethöhegesetz, seit dem 1.9.2001 außer Kraft
MietRB	Der MietRechtsBerater (Zeitschrift, zitiert nach Jahr, Seite)
MM	MieterMagazin. Zeitschrift des Berliner Mietervereins e.V. (zitiert nach Jahr, Seite), online unter www.berliner-mieterverein.de einsehbar.
NJW	Neue Juristische Wochenschrift (Zeitschrift, zitiert nach Jahr, Seite)
NJWE-MietR	NJW Entscheidungsdienst Miet- und Wohnungsrecht (Zeitschrift, zitiert nach Jahr, Seite)
NMV	Neubaumietenverordnung
NZM	Neue Zeitschrift für Miet- und Wohnungsrecht (Zeitschrift, zitiert nach Jahr, Seite)
OLG	Oberlandesgericht
OVG	Oberverwaltungsgericht
RE	Rechtsentscheid. Vor der Zivilprozessreform im Jahre 2002 entschieden der Bundesgerichtshof und die Oberlandesgerichte in Wohnraummietprozessen besonders wichtige Rechtsfragen durch Rechtsentscheid.
StGB	Strafgesetzbuch
VermG	Vermögensgesetz
VG	Verwaltungsgericht
WoBindG	Wohnungsbindungsgesetz (Gesetz zur Sicherung der Zweckbindung von Sozialwohnungen)
WohnFG	Wohnraumförderungsgesetz
WohnFlVO	Wohnflächenverordnung
WuM	Wohnungswirtschaft und Mietrecht (Zeitschrift, zitiert nach Jahr, Seite)
ZGB	Zivilgesetzbuch der DDR
ZMR	Zeitschrift für Miet- und Raumrecht (zitiert nach Jahr, Seite)
ZPO	Zivilprozessordnung
ZVG	Gesetz über die Zwangsversteigerung und die Zwangsverwaltung
II. BV	II. Berechnungsverordnung

Kapitel 1
Einige Grundsätze, die Sie stets beachten sollten

Diese Einleitung enthält einige grundsätzliche Informationen, die für eine Vielzahl von am Ende des Mietverhältnisses auftretenden Problemen von Bedeutung sind. In den einzelnen Kapiteln wird immer wieder darauf verwiesen.

I. Frühzeitig einem schlechten Ende des Mietverhältnisses vorbauen

Niemand kann darauf vertrauen, dass in einer rechtlichen Auseinandersetzung bestätigt wird, was er selbst als gerecht empfindet. Auch als Mieter können Sie jedoch Ihre Gestaltungsmöglichkeiten nutzen und einem schlechten Ende des Mietverhältnisses vorbeugen – durch genauen Blick auf die im Mietvertrag getroffenen Regelungen und Vorsicht bei der Unterzeichnung von Mietverträgen, Vertragsergänzungen, Protokollen, durch schriftliche Vereinbarungen zu Ihren Baumaßnahmen in der Wohnung, etc. Sie sollten sich daher frühzeitig einige rechtliche Basisinformationen aneignen:

1. Mietvertrag und Gesetz als Grundlage des Mietverhältnisses

Was für Ihr Mietverhältnis gilt, richtet sich nach den gesetzlichen Vorschriften und Ihrem Mietvertrag.

Das Mietrecht ist vor allem in den §§ 535 ff. BGB geregelt. Wegen des für Wohnräume in den §§ 549 bis 577a BGB geregelten Mieterschutzes ist Mietern meist daran gelegen, dass für ihr Mietverhältnis Wohnraummietrecht gilt. Wenn die Mieträume teilweise auch beruflich, etwa als Büro, psychologische Praxis oder Werkstatt genutzt werden, wird Wohnraummietrecht dann angewandt, wenn der Wohnzweck überwiegt (siehe S. 67 f.).

Gesetzlicher Mieterschutz

Viele gesetzliche Regelungen gelten nur, wenn Vermieter und Mieter nichts anderes vereinbart haben. So kann etwa mietvertraglich geregelt werden, dass Mieter die Schönheitsreparaturen ausführen (siehe S. 121 ff.), obwohl dafür nach § 535 Abs. 1 Satz 3 BGB eigentlich der Vermieter zuständig wäre. Es gibt aber auch Vorschriften, die zwingendes Recht enthalten, etwa die Regelungen zum mietrechtlichen Kündigungsschutz. Sie können von den Mietvertragsparteien nicht durch abweichende Regeln ersetzt werden. Widersprechen vertragliche Vereinbarungen solchen Vorschriften, so wird zwar in der Regel nicht der ganze Mietvertrag unwirksam, sondern nur die betreffende, gegen das Gesetz verstoßende Vertragsklausel (§ 134 BGB). Es gilt dann nur, was sich aus dem im Übrigen wirksamen Vertrag und dem Gesetz ergibt. Oft sind nur solche Vereinbarungen unwirksam, die im Vergleich zur gesetzlichen Regelung für die Mieter nachteilig sind. Für die Mieter vorteilhafte Vereinbarungen sind in diesen Fällen also wirksam. Dies kommt in vielen Regelungen des Wohnraummietrechts durch die Formulierung zum Ausdruck, dass von ihnen zum Nachteil der Mieter nicht abgewichen werden darf.

In seltenen Fällen ist kein Mietrecht anzuwenden und folglich auch die Lektüre dieses Ratgebers wenig aussagekräftig, obwohl die überlassenen Räume Wohnzwecken dienen sollen. So kann man als Eigentümer eines Grundstücks oder einer Wohnung durch notariellen Vertrag und Eintrag ins Grundbuch einem anderen den Nießbrauch daran einräumen. Häufiger sind andere Fälle: Für Seniorenheime gilt meist nicht Wohnraummietrecht, sondern das Heimgesetz. Beim betreuten Wohnen hängt es vom konkreten Vertrag ab, ob Mietrecht oder das Heimgesetz gilt.

Grundlage Ihres Mietverhältnisses: Ihr Mietvertrag

Grundlage jedes Mietverhältnisses ist der Mietvertrag. Dieser ist quasi die Verfassung des Mietverhältnisses. Durch den Mietvertrag vereinbaren Vermieter und Mieter, dass Ersterer dem Mieter eine konkrete Mietsache, in unserem Fall eine Wohnung, für eine gewisse Zeit, zu einer bestimmten Miete in gebrauchsfähigem Zustand zur Nutzung überlässt und erhält. Über diese fünf Faktoren, wer genau Vermieter und wer Mieter ist, die Mietwohnung, die Miete und die Mietzeit, müssen sich die Beteiligten verbindlich geeinigt haben. Sonst haben sie noch keinen wirksamen, beide Seiten verpflichtenden Mietvertrag geschlossen. Für die Mietzeit reicht es, wenn man sich über den Mietbeginn geeinigt hat. Falls sich Mieter und Vermieter dazu nicht ausdrücklich verständigt haben, wird man in aller Regel aus den Umständen entnehmen können, dass Mietbeginn sofort oder am nächsten Monatsersten sein soll. Ausreichend ist sogar die Regelung, dass das Mietverhältnis mit Übergabe der Mieträume beginnt (BGH NJW 2006, 139). Ohne ausdrückliche Vereinbarung wird man in aller Regel davon ausgehen, dass der Vertrag auf unbestimmte Zeit, also so lange läuft, bis er von einer der Parteien gekündigt wird.

Mietverträge können auch mündlich geschlossen werden, obwohl für den Abschluss und die Änderung von Wohnraummietverträgen, die für längere Zeit als ein Jahr geschlossen werden, gesetzlich die Schriftform vorgeschrieben ist (§ 550 BGB, § 566 BGB a.F.). Schriftform bedeutet beim Abschluss von Verträgen, dass alle Vertragsparteien, also alle Vermieter und alle Mieter, die Vertragsurkunde handschriftlich unterzeichnen müssen (§ 126 BGB). Durch einen reinen Briefwechsel wird die Schriftform daher in der Regel nicht gewahrt. Meist werden zwei gleichlautende Exemplare der Urkunde gefertigt. Dann reicht es, dass jede Partei das der jeweils anderen Partei überlassene Exemplar unterzeichnet. Die Schriftform ist nur eingehalten, wenn sämtliche Vertragsparteien die Vertragsurkunde unterzeichnet haben. Natürlich können sie sich dabei vertreten lassen. Allerdings muss dann in der Urkunde deutlich zum Ausdruck kommen, dass und für wen der Unterzeichnende als Vertreter handelt, weil sonst die Schriftform nicht gewahrt ist (BGH NJW 2003, 3053). Oft wird gegen die Schriftform verstoßen, indem die Seiten, auf denen unterschrieben wurde, nicht mit den anderen Vertragsteilen zuverlässig verknüpft wurden. Die

Gesetzliche Schriftform bei Mietverträgen

einzelnen Seiten müssen dazu nicht unbedingt körperlich fest miteinander verbunden, müssen also nicht geklammert oder geheftet sein. Es reicht aus, dass jede Seite des Vertrages am Seitenende unterzeichnet ist oder wenn sich aus der fortlaufenden Nummerierung, einer einheitlichen Gestaltung, dem Textzusammenhang, der wechselseitigen Bezugnahme der verschiedenen Textteile oder vergleichbaren Merkmalen zweifelsfrei ergibt, dass es sich um eine einheitliche Urkunde handelt (BGH WuM 1997, 667 und WuM 1999, 516). Bei Änderungen und Ergänzungen längerfristiger Mietverträge ist die Schriftform auch dann gewahrt, wenn der Nachtrag mit dem Ausgangsvertrag zwar nicht fest verbunden wurde, aber die von beiden Parteien unterzeichnete Nachtragsurkunde auf diesen Bezug nimmt (BGH WuM 1990, 140). Wird beim Vertragsschluss die Schriftform nicht gewahrt, so wird der Mietvertrag dadurch nicht unwirksam. Konsequenz ist lediglich, dass er auf unbestimmte Zeit läuft (§ 550 Satz 1 BGB), was oft ohnehin vereinbart ist. Aus Mietersicht manchmal gravierender ist die zweite Konsequenz: Der Vertrag kann frühestens zum Ablauf eines Jahres nach Überlassung der Wohnung ordentlich gekündigt werden (§ 550 Satz 2 BGB; siehe S. 38 ff.). Soll im Interesse der Mieter vereinbart werden, dass ordentliche Kündigungen länger als ein Jahr ausgeschlossen sein sollen, dann sollte man unbedingt darauf achten, dass die Schriftform eingehalten wird (siehe S. 39 f.).

Beweisvorteile bei schriftlichen Verträgen

Selbst auf unbestimmte Zeit geschlossene Mietverträge können demnach mündlich wirksam geschlossen werden. Für einen schriftlichen Vertrag spricht jedoch vor allem die bessere Beweisbarkeit. Vor Gericht beweist ein schriftlicher Mietvertrag, dass alle Vertragspartner den darin enthaltenen Regelungen zugestimmt haben, es sei denn, man bestreitet die Echtheit der Unterschriften. Zudem wird vermutet, dass die Urkunde den Vertragsinhalt vollständig wiedergibt. Wer also behauptet, dass vertraglich noch etwas anderes vereinbart wurde, muss dies beweisen (siehe S. 32 ff.).

Dennoch sind mündlich geschlossene Mietverträge für Mieter oft vorteilhaft. Schriftliche Wohnraummietverträge werden fast immer von den Vermietern vorgegeben. Naturgemäß enthalten sie viele für Mieter nachteilige Regelungen. Mündliche Verträge beschränken sich meist auf die oben genannten Mindestbestandteile, sodass die gesetzlichen, für die Mieter meist günstigeren Vorgaben gelten. Der Vermieter wird dann nur selten nachweisen können, dass zu seinen Gunsten vom Gesetz abweichende Regelungen vereinbart wurden.

Vorteile mündlicher Verträge

Nicht selten gehen die Beteiligten davon aus, dass ein Mietverhältnis besteht, obwohl weder mündlich noch schriftlich ein Mietvertrag geschlossen wurde. Klassisches Beispiel ist der Untermieter (siehe S. 83 f.), der die Miete an den Vermieter längere Zeit weiterzahlt, obwohl der Hauptmietvertrag vom Hauptmieter gekündigt wurde. Unter Umständen liegt darin die Fortsetzung des Vertrages durch die bisherigen Vertragsparteien. Es kann aber auch stillschweigend durch schlüssiges Verhalten ein neuer Mietvertrag geschlossen worden sein. Dies ist grundsätzlich möglich, wenn alle eindeutig und in Kenntnis aller Umstände gehandelt haben. Aus diesen muss erkennbar sein, dass beide, Vermieter und Mieter, rechtlich verbindlich einen konkreten Mietvertrag vereinbaren wollten. Sie müssen sich zumindest durch schlüssiges Verhalten über die oben dargelegten Mindestinhalte (Mietparteien, Mietwohnung, Miete und Mietzeit) geeinigt haben. In unserem Fall müsste der Vermieter also insbesondere wissen, dass der Untermieter für sich selbst Miete zahlt, nicht etwa wegen seines verspäteten Auszugs nur Nutzungsentgelt für den bisherigen Mieter. All dies hat im Streitfall derjenige zu beweisen, der sich darauf beruft, dass mit dem bisherigen Untermieter ein Mietvertrag geschlossen wurde.

Vertragsschluss durch schlüssiges Handeln

2. Vorsicht bei Formularverträgen: allgemeine Geschäftsbedingungen

Die meisten schriftlichen Mietverträge enthalten über die notwendigen Mindestbestandteile hinaus eine Vielzahl von Regelungen, die vorgeben, wer während der Mietzeit, aber auch bei Vertragsende welche Rechte hat. Kommt es zum Streit, ist neben den äußeren Umständen und der Auslegung dieser Regelungen entscheidend, ob diese wirksam sind oder gegen gesetzliche Vorschriften verstoßen. Oft legen Ihnen Vermieter oder Hausverwaltung beim Vertragsschluss einen Formularvertrag oder anderweitig vorformulierte Klauseln und Vertragsteile zur Unterschrift vor. Für solche allgemeinen Geschäftsbedingungen finden neben den für alle Wohnraummietverhältnisse geltenden Regelungen besondere Vorschriften (§§ 305 bis 310 BGB) Anwendung, die besonders unfaire, überraschende oder undurchsichtige Vertragsvereinbarungen für unwirksam erklären. Grund dafür ist, dass die Mieter in der Regel besonders schutzbedürftig sind, weil das »Kleingedruckte« im Vertrag in aller Regel nicht von zwei gleichgewichtigen Parteien ausgehandelt wird. Vermieter und Hausverwaltungen sind ökonomisch und als Profis meist in der stärkeren Position. Besonders zwei Regelungsbereiche waren von solchen Entscheidungen in letzter Zeit besonders betroffen: Vereinbarungen zu Schönheitsreparaturen (siehe S. 128 ff.) und solche, durch die das Recht zur ordentlichen Kündigung (siehe S. 59 ff.) ausgeschlossen wird (siehe S. 68 ff.).

Um zu klären, ob eine mietvertraglich vereinbarte Klausel wirksam ist oder nicht, empfiehlt sich eine Prüfung in drei Schritten:

Nichtige Klauseln

- Verstößt die Klausel gegen zwingendes Recht? Gegen zwingendes Recht (siehe S. 16 ff.) verstoßende Klauseln sind in jedem Fall unwirksam, egal, ob Sie Ihnen als Formularvereinbarung vorgesetzt oder ausgehandelt wurden.
- Stellt die Klausel eine allgemeine Geschäftsbedingung dar?

● Wenn ja, kommt man zur Frage 3: Wurde gegen die für allgemeine Geschäftsbedingungen geltenden, verschärften Regelungen (§§ 305 bis 310 BGB) verstoßen, ist die betreffende Klausel also insbesondere besonders überraschend, unverständlich oder unfair?

Bei kommerziellen Vermietern mit einem größeren Wohnungsbestand ist oft eine Vielzahl von Klauseln in vom Hauptmietvertrag gesonderten Schriftstücken, die oft in ganzen Heften gebündelt sind, enthalten. Hier stellt sich stets auch die Frage, ob die darin enthaltenen allgemeinen Geschäftsbedingungen überhaupt Bestandteil des Mietvertrags geworden sind. Dies ist nur dann der Fall, wenn in der Vertragsurkunde auf diese Passagen als Vertragsbestandteile verwiesen wurde (»Die allgemeinen Vertragsbedingungen der ...-Wohnungsbaugenossenschaft in der Fassung vom 1.1.1999 sind Bestandteil dieses Mietvertrages«), den Mietern diese Vertragsbestandteile mit dem Vertragstext ausgehändigt wurden und von ihnen vor Vertragsschluss zur Kenntnis genommen werden konnten (§§ 305 Abs. 2, 550 BGB).

Liegt eine allgemeine Geschäftsbedingung vor?

Schon die Frage, ob die Klausel eine allgemeine Geschäftsbedingung darstellt, ist für juristische Laien oft nicht mit der erforderlichen Gewissheit zu klären. Ohne Probleme kann man davon normalerweise dann ausgehen, wenn die betreffende Klausel in einem gedruckten Vertragstext enthalten ist. Klassischerweise handelt es sich auch um Formularklauseln, also allgemeine Geschäftsbedingungen, wenn der Text die Aufforderung »Unzutreffendes bitte streichen!« enthält oder mehrere Alternativen zum Ankreuzen vorgegeben sind.

Klauseln ausgehandelt oder nicht?

Entscheidend ist, ob die Klausel vom Vermieter einseitig vorgegeben oder von beiden Seiten ausgehandelt wurde. Im zweiten Fall handelt es sich um eine Individualvereinbarung, die keiner verschärften Inhaltskontrolle unterliegt. Dies gilt auch, wenn die Parteien zuvor die Nutzung eines bestimmten Vertragsformulars ausgehandelt hatten (BGH NJW 2010, 1131). Formulare, die der von ihm beauftragte Makler die Mieter hat unterzeichnen lassen, sind vom

Vermieter gestellt (BGH WuM 2011, 96). Von diesem vorformulierte Regelungen sind nur dann Individualvereinbarungen, wenn die Mieter, etwa durch eigene Textvorschläge, die Chance hatten, deren Inhalt zu beeinflussen. Dazu genügt es nicht, dass sie lediglich die Wahl zwischen vorgegebenen Formularalternativen hatten. Im Streitfall müssen die Mieter beweisen, dass Klauseln, die als allgemeine Geschäftsbedingungen verschärften Anforderungen unterworfen sein sollen, vom Vermieter gestellt wurden, während dieser zu beweisen hat, dass von ihm formulierte Klauseln ausgehandelt wurden. Mieter, die ein Vertragsformular stellen, können sich nicht darauf berufen, dass die Klauseln ungünstig sind.

Für eine Vielzahl von Verträgen verwendet

Standardisierte Formularverträge sind in der Regel allgemeine Geschäftsbedingungen. Aber auch bei hand-, maschinenschriftlich oder mit dem PC erstellten Klauseln handelt es sich um allgemeine Geschäftsbedingungen, wenn sie für eine Vielzahl von Verträgen (mindestens drei bis fünf; BGH WuM 1981, 944/946) verwendet werden oder werden sollen (§ 305 Abs. 1 Satz 1 BGB). Dies gilt auch für handschriftliche Ergänzungen von Vertragsformularen (vgl. BGH NJW 1988, 410), die nicht mit den Mietern ausgehandelt wurden. Ist der Vermieter Unternehmer, so sind von ihm vorformulierte Klauseln und Formulare, selbst wenn sie nur einmal benutzt werden sollen,

⚠

Vermieter ist Unternehmer

allgemeine Geschäftsbedingungen (§ 310 Abs. 3 BGB). Voraussetzung ist, dass die Mieter auf den Inhalt keinen Einfluss nehmen konnten und Verbraucher sind, also die Wohnung selbst bewohnen (§ 13 BGB). Selbst Mieter, die eine Wohnung gemeinsam mieten und bewohnen und eine Gesellschaft bürgerlichen Rechts bilden (siehe S. 44 f.), gelten insoweit als Verbraucher (vgl. BGH NJW 2002, 368). Als Unternehmer gilt, wer Wohnungen geschäftsmäßig vermietet (§ 14 BGB). Teilweise wird vertreten, dass dies bereits bei einer Wohnung (AG Lichtenberg MM 2007, 262; AG Hannover NZM 2010, 197), jedenfalls aber bei mehreren (LG Köln WuM 2009, 730; OLG Düsseldorf ZMR 2005, 187) der Fall ist. Stellt eine professionelle

Hausverwaltung den Vertrag, so gilt der von ihr betreute Vermieter als Unternehmer.

Bei allgemeinen Geschäftsbedingungen prüfen die Gerichte insbesondere, ob einzelne Klauseln für sich oder im Zusammenhang mit anderen Vertragsteilen überraschend, mehrdeutig, widersprüchlich sind oder die Mieter unangemessen benachteiligen, also besonders unfair sind (§§ 305c, 307 BGB). Letzteres wird insbesondere bejaht, wenn eine Klausel zulasten der Mieter von grundlegenden mietrechtlichen Vorschriften abweicht. Bei solchen Verstößen gilt nicht etwa das, was eben noch zulässig wäre. Vielmehr ist die Klausel insgesamt unwirksam. An ihrer statt gelten die einschlägigen gesetzlichen Vorschriften. Darauf, dass eine allgemeine Geschäftsbedingung nichtig ist, kann sich allerdings derjenige, der die Klausel oder das Vertragsformular gestellt hat, der sogenannte Verwender, nicht zu seinen Gunsten berufen (vgl. BGH NJW 1991, 353; LG Berlin MM 2006, 73). Er muss sich behandeln lassen, als gelte die betreffende Klausel. Sieht etwa ein Formularmietvertrag unzulässigerweise vor, dass mehr als vier Jahre niemand ordentlich kündigen darf (siehe S. 68 ff.), dann ist diese Klausel zwar unwirksam (BGH WuM 2005, 346). Doch darf ein Vermieter, der die Klausel vorgegeben hat, für die Dauer des Ausschlusses selbst nicht ordentlich kündigen (vgl. LG Berlin MM 2006, 73).

Ist die allgemeine Geschäftsbedingung wirksam?

Die mietrechtliche Rechtsprechung zu allgemeinen Geschäftsbedingungen befindet sich ständig in Bewegung. Zudem liegen für viele Klauseln keine Urteile vor. Selbst die BGH-Rechtsprechung ist nicht immer konsistent. Was aktuell gilt, werden Sie daher zuverlässig meist nur beim örtlichen Mieterverein oder einem auf Mietrecht spezialisierten Anwalt erfahren.

Tipp

Gegebenenfalls sachkundigen Rat einholen

Umso mehr gilt, dass Sie Verträge stets genau lesen sollten, bevor Sie diese unterschreiben. Vertrauen Sie nicht darauf, dass das vom Vermieter präsentierte Exemplar »ein Standardvertrag« ist, bei dem »alles in Ordnung ist«, oder dass dessen Klauseln im ungünstigen Fall vom Gericht als unfair oder überraschend vom Tisch gefegt werden. Was fair oder

Tipp

Erst lesen, dann unterschreiben

überraschend ist, ist eine Wertungsfrage. Unser Privatrecht unterstellt, dass Bürgerinnen und Bürger mündig sind und nur unterschreiben, was sie einschätzen können. Gerichte korrigieren also nur gravierende Ungleichgewichte. Ist deshalb unsicher, ob eine Klausel wirksam ist, sollte man den Vertragspartner (mündlich) darauf ansprechen, ob er bereit ist, diese zu streichen. Statt einen Vertrag zu unterschreiben, bei dem Auseinandersetzungen vorprogrammiert sind, testen Sie so aus, wie der Vermieter oder seine Verwaltung »ticken«, ob sie stur sind oder mit sich reden lassen. Vermeiden Sie aber ausgiebiges oder gar schriftliches Verhandeln. Denn damit riskieren Sie, dass eine vielleicht nichtige allgemeine Geschäftsbedingung später gerichtlich als ausgehandelte und damit wirksame Individualvereinbarung gewertet wird.

**Problema-
tische Klau-
seln streichen
lassen**

II.   Den Prozess als Ernstfall nicht aus den Augen verlieren

Wie Sie Beweise sichern, wer als Zeuge geeignet ist, wer im Streitfall vor Gericht was beweisen muss, wie Sie sicherstellen, dass der Zugang von Schreiben nicht durch eine simple Lüge bestritten werden kann, dies alles sind Fragen, die oft auch das gerichtliche Verfahren berühren. Ob Sie Ihren Rechtsstreit gewinnen, wird oft nicht allein davon abhängen, welche Rechte Ihnen zustehen, sondern auch davon, welche Tatsachen das Gericht seiner Entscheidung zugrunde legt. Nicht selten ist zwischen Vermieter und Mietern bereits streitig, was im Einzelnen vereinbart worden oder geschehen ist. Schon im Vorfeld des Prozesses können Sie Ihre Erfolgsaussichten deutlich steigern, wenn Sie sich rechtzeitig die wesentlichen Tatsachen notieren und Beweise sichern. Denn der Ausgang eines Prozesses wird häufig wesentlich dadurch entschieden, wie detailliert Sie dem Gericht das Geschehene vortragen können und was Sie beweisen werden können. Es ist schon viel gewonnen, wenn Sie vier Regeln beachten:

- Auf die richtigen Zeugen achten!
- Wichtige Vereinbarungen stets als Ergänzung zum Mietvertrag aufnehmen lassen!
- Wichtige Schreiben so zusenden, dass Sie deren Zugang beim Vermieter beweisen können!
- Die relevanten Details beizeiten sorgfältig notieren!

1. Wie lässt man Schreiben sicher zugehen?

Bevor Sie wichtige Schreiben auf den Weg bringen, etwa eine Abmahnung (siehe S. 86 f.), eine Mängelbeseitigungsaufforderung (siehe S. 90) oder eine Kündigung (siehe S. 38 ff.), sollten Sie unbedingt die folgenden Ausführungen lesen.

Fertigen Sie Kopien an

Mündliche Erklärungen unter Anwesenden können Sie durch Zeugenbeweis belegen, sofern sich die Zeugen ausreichend erinnern. Wichtige Erklärungen sollten Sie aber stets schriftlich abgeben, zumal die Schriftlichkeit und Ihre Unterschrift in manchen Fällen sogar Voraussetzung für die rechtliche Wirksamkeit ist. Dies gilt insbesondere für Kündigungen. Achten Sie vor allem bei wichtigen Erklärungen stets darauf, dass diese von allen Mietern gegenüber allen Vermietern des Mietverhältnisses ausgesprochen werden (und umgekehrt). Auch sollten Sie von Ihren Schreiben stets einen Ausdruck oder eine Kopie den Mietunterlagen beifügen. Dateien werden leicht gelöscht oder überschrieben. Bei wichtigen Schreiben, etwa einer Kündigung, bei der eine handschriftliche Unterschrift Wirksamkeitsvoraussetzung ist, empfiehlt sich eine Kopie des unterschriebenen Schreibens. Denn diese wirkt authentischer als der Ausdruck und verführt niemanden, zu behaupten, das Schreiben sei nicht unterschrieben gewesen.

Antwortschreiben als Beweis

Für den Ausgang Ihres Prozesses kann entscheidend sein, ob Sie beweisen können, dass eine bestimmte Erklärung oder Mitteilung Ihrem Vermieter zugegangen ist. Denn entscheidend ist nicht allein, ob Sie Ihre Kündigung, Ihren Widerspruch gegen eine Vermieterkündigung, eine Mängelbeseitigungsaufforderung oder einen anderen Brief geschrieben und zur Post gegeben haben. Alle rechtsgeschäftlichen Erklärungen, die nicht in Anwesenheit ihres Empfängers abgegeben wurden, müssen diesem auch zugegangen sein. Das Antwortschreiben des Empfängers, sofern dieses ausdrücklich auf Ihr Schreiben Bezug nimmt, ist oft der beste Beleg. Bei wichtigen Schreiben sollten Sie sich jedoch davon nicht abhängig machen. Achten Sie deshalb auf Folgendes:

Einwurf-Einschreiben und Fax

Den Zugang eines einfachen, per Post übersandten Briefs können Sie nicht beweisen. Behauptet der Adressat, er habe diesen nicht erhalten, sind Sie machtlos. Gleiches gilt nach Ansicht der meisten Gerichte für Einwurf-Einschreiben. Auch Faxschreiben sind kein zuverlässiger Ersatz. Der OK-Vermerk des Sendeberichts beweist den Zugang nicht, sondern liefert dafür nur ein Indiz, das durch schlüssige Erklärungen des Empfängers leicht widerlegt werden kann. Zudem ist den meisten Sendeberichten nicht zu entnehmen, was gesendet wurde. Manche Anwälte raten zu Faxschreiben, weil Sendeberichte ihres Schriftverkehrs mit Gerichten beweiskräftig sind. Auf den gewöhnlichen Rechtsverkehr ist diese Rechtsprechung jedoch nicht anwendbar. Natürlich ist ein Fax meist schon deshalb besser als ein mit einfacher Post übersandtes Schreiben, weil der Gegner vielleicht wegen des Faxprotokolls die Lüge scheut, er habe das Schreiben nicht erhalten. Die insbesondere bei Kündigungen erforderliche gesetzliche Schriftform wird durch ein Fax jedoch nicht gewahrt. Unter Beweisgesichtspunkten gibt es vier zwar unterschiedlich sichere, aber akzeptable Möglichkeiten, ein Schreiben zugehen zu lassen:

- die Zustellung per Gerichtsvollzieher,
- die persönliche Übergabe gegen Quittung,
- die Überbringung durch einen Boten und
- das Rückscheineinschreiben.

Die Zustellung per Gerichtsvollzieher

Die Zustellung per Gerichtsvollzieher bestätigt den Zugang des Schreibens durch eine öffentliche Urkunde, die besonders hohe Beweiskraft hat. Wenn Sie diese Möglichkeit nutzen wollen, gehen Sie wie folgt vor: Rufen Sie beim Amtsgericht an, in dessen Bezirk die Adresse des Empfängers liegt. Lassen Sie sich mit der Gerichtsvollzieherverteilerstelle verbinden und fragen Sie nach dem für diese Anschrift zuständigen Gerichtsvollzieher. Notieren Sie bei dieser Gelegenheit nicht nur dessen Namen und Adresse, sondern auch – für etwaige Nachfragen – dessen Telefonnummer und Telefonzeiten. Senden Sie dem Gerichtsvollzieher dann das Schriftstück mit einem kurzen Begleitschreiben, in dem Sie ihn um Zustellung bitten. Sie sollten darin auch erwähnen, wann Ihr Schreiben spätestens zugehen muss. Die Gebühr dafür beträgt zwischen 10,00 und 20,00 Euro. Die Rechnung wird Ihnen zusammen mit der eine Kopie Ihres Schreibens umfassenden Zustellungsurkunde zugesandt. Vier bis fünf Tage sollten Sie für die Prozedur ab Absendung mindestens einplanen, zumal viele Gerichtsvollzieher nicht persönlich, sondern durch die Post mit Postzustellungsurkunde zustellen lassen.

Besonders bei Hausverwaltungen bietet es sich an, das Schreiben persönlich in den Geschäftsräumen abzugeben und sich den Zugang durch Stempel und Unterschrift sowie den Vermerk »Original dieses Schreibens am ... erhalten« quittieren zu lassen.

Persönliche Übergabe gegen Quittung

Den Einwurf in den Briefkasten des Empfängers oder die persönliche Übergabe des Schreibens an ihn kann man natürlich auch durch Zeugen beweisen. Den Zugang eines Schreibens kann nur bezeugen, wer dieses selbst gelesen hat und aus eigener Wahrnehmung bestätigen kann, dass genau dieses Schreiben übergeben, abgegeben oder in den Vermieterbriefkasten geworfen wurde. Empfehlenswert ist ein entsprechendes kurzes Gedächtnisprotokoll auf der Rückseite der Kopie des Schreibens, die der Zeuge möglichst selbst vom Original gefertigt oder mit diesem verglichen hat. Der Text eines solchen Protokolls kann etwa wie folgt lauten:

Zustellung durch Boten

> »Das Original des umseitig kopierten Schreibens habe ich heute gelesen, persönlich in einen an Frau/Herrn ... adressierten Briefumschlag gesteckt, diesen verschlossen und um ... Uhr gemeinsam mit Frau/Herrn ... in den Briefkasten von ... in der ...-straße in ... eingeworfen.«

Protokoll

Für den Fall einer späteren Vernehmung empfiehlt es sich, zusätzlich zu notieren, wo sich der Briefkasten befand und gegebenenfalls auch Auffälligkeiten der Örtlichkeiten zu vermerken.

! Beachten Sie, dass ein Schreiben, sofern man es nicht dem Empfänger oder einem seiner Bevollmächtigten persönlich in die Hand drückt, erst zu dem Zeitpunkt zugegangen ist, wenn dieser unter gewöhnlichen Umständen davon Kenntnis nehmen konnte. Dies ist in der Regel die Zeit, an dem üblicherweise die Post zugeht. Haben Sie also den Brief erst am späten Nachmittag eingeworfen, so müssen Sie von einem Zugang am Folgetag ausgehen. Bei Einwurf an einem Feiertag ist nicht damit zu rechnen, dass nach der Post gesehen wird, sodass der Zugang normalerweise erst am folgenden Werktag stattfindet. Dies ist insbesondere bei Kündigungen und anderen Erklärungen, bei denen eine Frist läuft, zu beachten.

Übergabeein-schreiben und Einschreiben mit Rück-schein

Vergleichsweise zuverlässig, aber auch mit einigem Aufwand verbunden, sind das Einschreiben mit Rückschein und das Übergabeeinschreiben. Mit beiden Einschreiben kann man recht gut belegen, dass dem Empfänger zu einem bestimmten Zeitpunkt eine Briefsendung zugegangen ist. Beim Einschreiben mit Rückschein hält man einen Beleg, sofern die Post nicht nachlässig arbeitet, direkt in Händen, beim Übergabeeinschreiben kann man auf Anforderung einen Ausdruck der eingescannten Bestätigung erhalten. Welchen Beweiswert dieser Beleg hat, ist jedoch recht umstritten. Im Zweifel ist das Rückschein-Einschreiben die bessere, wenn auch teurere Möglichkeit. Mit beiden Belegen kann man jedoch, ähnlich wie beim Faxprotokoll, nicht beweisen, welchen Inhalt das Schreiben hatte. Wenn Sie das Schreiben wie bei der direkten Zustellung durch Zeugen von diesen lesen, in den Briefumschlag stecken und zur Post geben lassen, können Sie die Beweiskraft dieser Versendungsformen erheblich steigern. Zeuge, Einlieferungsbeleg und Rückschein bzw. Postbeleg stellen eine recht sichere Beweiskette dar. Auch hier sollten die Zeugen auf der

Rückseite der Kopie oder anderweitig kurz protokollieren, was sie wahrgenommen haben, etwa mit folgendem Text:

> »Das Original des umseitig kopierten Schreibens habe ich heute gelesen, in den Briefumschlag gesteckt, persönlich am Schalter der Deutschen Post AG ... (Adresse des Postamts) aufgegeben und dafür den Einlieferungsbeleg mit der Nr. ... (Belegnummer) erhalten.«

Protokoll

Beide Einschreiben haben einen entscheidenden Nachteil: Wenn weder der Empfänger noch eine empfangsberechtigte Person beim Zustellversuch der Post anwesend sind, ist das Schreiben nicht zugegangen. Erst wenn das Rückscheineinschreiben vom Empfänger von der Post abgeholt wurde, ist es auch zugegangen. Bei fristgebundenen Schreiben kann es dann zu spät sein. Nur ausnahmsweise, nämlich dann, wenn der Empfänger mit dem Schreiben, etwa einer Kündigung, rechnen musste, wird der Zugang in diesen Fällen von der Rechtsprechung fingiert. Der Empfänger muss sich nach Treu und Glauben so behandeln lassen, als hätte er das Schreiben zum Zeitpunkt des Zustellversuchs erhalten. Dennoch sollten Sie bei engen Fristen auf diese Form der Zustellung verzichten, weil sich die Post stets auch verzögern kann und Einschreibesendungen erfahrungsgemäß gar nicht so selten abhanden kommen. Wenn die einschlägigen Fristen nicht bald ablaufen, also noch einige Tage Zeit ist, kann man das Rückscheineinschreiben absenden (lassen) und das Schreiben zur Not, wenn man den Rückschein nicht rechtzeitig erhält, nochmals ausfertigen und durch Boten/Zeugen zugehen lassen.

Nachteil von Übergabe- und Rückscheineinschreiben

2. Wer als Zeuge taugt und was dabei zu beachten ist

Bezeugen kann man nur, was man selbst wahrgenommen hat. Mit Zeugenaussagen kann man also, wenn die Zeugen anwesend waren und sich daran erinnern, insbesondere den Zustand der Wohnung bei Ein- und Auszug, Mängel in der Wohnung, den Zugang von Schreiben und den Inhalt von Gesprächen beweisen. Ob die Richter den Zeugen glauben, ist ihnen überlassen. Sie müssen lediglich begründen, weshalb sie sich wie entschieden haben.

Zeugen gelten als schwächstes Beweismittel

Nicht zu Unrecht gelten Zeugen als das schwächste Beweismittel. Wir alle vergessen Details meist sehr schnell. Vor Gericht sind jedoch genaue und präzise Erinnerungen gefordert. Achten Sie deshalb in wichtigen Dingen darauf, dass die potenziellen Zeugen möglichst präzise Gedächtnisprotokolle fertigen. Bei Bautagebüchern wegen Baulärms und anderen Protokollen, die eine Mängelentwicklung dokumentieren sollen, ist es hilfreich, dass die Zeugen an der entsprechenden Stelle unterschreiben, wenn die Eintragungen sich mit Ihrer eigenen Wahrnehmung decken. Noch besser ist es, wenn die Zeugen selbst das Protokoll führen. Dies bietet sich insbesondere dann an, wenn einer der Mietbewohner nicht selbst Mieter ist (siehe S. 41 ff.).

Die Erinnerung an den Zustand der Wohnung lässt sich durch Fotos stützen, die dem Gericht als Augenscheinsobjekte vorgelegt werden können, allerdings in der Regel nur im Zusammenhang mit der Aussage des Zeugen, wann und wo genau er das Foto gefertigt hat und dass er sich erinnern kann, den damit dokumentierten Zustand selbst gesehen zu haben. Erfahrungsgemäß werden Fotos und Videos allerdings von Mietern überschätzt. Wenn man das Gefilmte aus eigener Anschauung kennt, sieht man auch auf dem Abbild mehr.

Tipp

Das sollten Sie in Rechnung stellen und bei Fotos vom selben Objekt möglichst Nah- und Fernaufnahmen fertigen (lassen). Es empfiehlt sich, parallel dazu aufzulisten, wann die Fotos in welcher Reihenfolge gemacht wurden, damit später eine einwandfreie Zuordnung möglich ist.

Für Ihr Telefonat mit Ihrem Vermieter nutzen Zeugen in der Regel aber nichts. Denn die Rechtsprechung geht davon aus, dass das heimliche Mithören gegen das allgemeine Persönlichkeitsrecht verstößt und entsprechende

Mitschnitte und Zeugenaussagen im Gerichtsverfahren deshalb nicht verwertet werden dürfen.

Man kann sich aber oft damit behelfen, dass man den Zeugen das Telefonat selbst als Vertreter der Mieter führen lässt.

Tipp

Auf die richtigen Zeugen achten!

Zeuge kann im Mietprozess nur sein, wer nicht selbst Vertragspartei, also weder Mieter noch Vermieter des jeweiligen Mietvertrags ist. In Betracht kommen also, sofern diese nicht selbst Mieter der betreffenden Mietwohnung sind, Partnerinnen und Partner sowie sonstige Mitbewohner, darüber hinaus Freunde, Bekannte, Handwerker und Nachbarn. Wenn Sie zwischen verschiedenen Zeugen wählen können, so achten Sie möglichst auf Folgendes: Ihrer Partnerin wie Ihrem Partner, Verwandten sowie engen Freundinnen und Freunden wird manchmal Befangenheit unterstellt. Andererseits können sich diese schon aufgrund ihres emotionalen Interesses häufig besonders gut und präzise erinnern. Handwerker, Nachbarn oder Hausmeister haben oft den Nachteil, dass sie dem Vermieter durch eigene Abhängigkeiten, Interessen, Sympathien und Antipathien oder Streitigkeiten verbunden sind. Nicht selten wirkt sich das nachteilig auf ihren Erinnerungswillen oder ihre Glaubwürdigkeit vor Gericht aus. Rechnen Sie auch mit der Vorurteilsbereitschaft des Gerichts: Ungepflegte Menschen, lässig Gekleidete, Freaks und soziale Außenseiter werden nicht selten für unglaubwürdiger gehalten als »normal« wirkende Durchschnittsmenschen aus der Mittelschicht, was damit zusammenhängen mag, dass man Letztere auf der Richterbank eher findet als etwa Freaks. Meist sind zwei Zeugen besser als einer. Zeugen erkranken, sterben, sie ziehen um, werden zu Feinden oder sind dem Gericht unsympathisch. Mehr als zwei Zeugen steigern das Risiko, dass ihre subjektiven Erinnerungen voneinander abweichen und sie sich widersprechen. Natürlich muss man nicht alle Zeugen im Prozess benennen. Das soll nicht davon abhalten, für viele Zeugen zu sorgen. Aber wen man dann im Prozess als Zeugen benennt, sollte man sorgfältig abwägen. Sofern man sich jeden Kommentars enthält, kann man die Betreffenden ruhig befragen, an was sie sich erinnern.

Zeuge muss aussagen und die Wahrheit sagen

Häufig hört man von Mietern die Aussage, sie wollten die Personen, die als Zeugen in Betracht kommen, erst einmal fragen, ob sie dazu bereit seien. Nun ist zwar bei unwilligen Zeugen tatsächlich oft zu befürchten, dass sie sich hinsichtlich ihnen unangenehmer Fakten ins Nichterinnern flüchten. Aber vor Gericht kann sich die Sache wegen der strafrechtlichen Konsequenzen einer Falschaussage und eindringlicher Befragung durchaus anders entwickeln. Ohnehin verschweigt nicht jeder, was ihm unangenehm ist. Vor allem aber ist für eine Zeugenaussage keine Einwilligung der Zeugen erforderlich, um sie zum Erscheinen vor Gericht zu zwingen, wenn sie von einer der Prozessparteien als Zeugen benannt und vom Gericht geladen wurden. Nur in wenigen Fällen bestehen Aussage- bzw. Zeugnisverweigerungsrechte, etwa wenn Zeugen mit einer der Prozessparteien verwandt, verheiratet oder verschwägert sind oder durch eine Aussage Gefahr laufen, sich selbst strafrechtlich zu belasten.

3. Wer was beweisen muss

Die Frage, wer im Prozess was beweisen muss, kann manchmal selbst erfahrene Juristen sehr ins Grübeln bringen. Gerade im Mietrecht ist dies oft recht kompliziert. Wenn Sie sich deshalb nicht mit Einzelheiten belasten wollen, dann schadet es nicht, sich darauf einzustellen, dass man zu möglichst vielen Punkten, die streitig werden könnten, Beweise sichern sollte. Selbst wenn man als Mieter nicht die Beweislast trägt, kann man auf diese Weise etwaige Beweise des Vermieters widerlegen.

Die Beweis- und Darlegungslast

Weshalb es so wichtig ist, die den Streit betreffenden Fakten so präzise wie möglich zu schildern und zur Not auch beweisen zu können, wird deutlich, wenn man sich einige grundlegende Funktionsmechanismen von Mietrechtsstreitigkeiten vor Augen führt: Im Zivilprozess gehen die Gerichte im Wesentlichen von den Fakten aus, die die den

Rechtsstreit führenden Parteien, also Kläger und Beklagte vorgetragen haben.

Zunächst einmal müssen die Parteien dem Gericht also vor allem die Tatsachen schildern, die für sie selbst günstig sind. Juristen sprechen von der Darlegungslast. Wer klagt, hat die Fakten vorzutragen, die nach dem Gesetz vorliegen müssen, damit die geltend gemachte Forderung, z.B. ein Anspruch auf Mietzahlung, besteht. In unserem Beispiel müsste der Vermieter also vortragen, dass mit dem Mieter ein Mietvertrag besteht und er dem Mieter die Wohnung übergeben hat, wie hoch die derzeit zu zahlende Miete ist und welche Monatsmieten der Mieter nicht bezahlt hat. Der Mieter könnte zur Verteidigung Fakten vortragen, die der Forderung des Vermieters entgegenstehen, also z.B. dass der Mietvertrag schon längst gekündigt und die Wohnung geräumt wurde oder dass die Wohnung erhebliche, dem Vermieter angezeigte Mängel hat (denn dadurch mindert sich die Miete).

Die Darlegungslast

Tatsachen, die eine Partei vorträgt und die die andere nicht bestreitet, gelten als zugestanden. Sie macht das Gericht zur Grundlage seiner Entscheidung. Beweis muss es nur über solche Behauptungen erheben, welche die Gegenseite bestritten hat. Bestritten ist eine Tatsachenbehauptung allerdings nur dann, wenn der Gegner diese mit gleicher Präzision bestreitet. Trägt also der Kläger/Vermieter vor, der Mietvertrag sei zustande gekommen, weil er dem Beklagten am 1.6.2011 schriftlich angeboten habe, die Wohnung für monatlich 300,00 Euro zu mieten und dieser dann eingezogen sei und den Betrag jeden Monat entrichtet habe, kann sich der Beklagte nicht mit der Behauptung, es sei nie ein Mietvertrag zustande gekommen, aus der Affäre ziehen. Er muss auf die Behauptungen im Detail eingehen, etwa indem er vorträgt, das Schreiben sei an seine Frau gerichtet gewesen, diese habe die Zahlungen geleistet und er sei erst später in die Wohnung eingezogen.

Nicht-bestrittene Tatsachen gelten als zugestanden

Wurde nicht mit gleicher Präzision bestritten – Juristen sprechen hier von Substantiierung –, dann gilt die Behauptung des Gegners als unbestritten und somit zugestanden,

Detail-angaben können prozess-entscheidend sein

wird also zur Tatsachengrundlage der richterlichen Entscheidung. Im Prozess kommt es daher häufig zu einem mehrfachen Austausch von Behauptungen, die, um vom Gericht als relevant akzeptiert zu werden, immer präziser werden. Dazu benötigen Anwälte die erforderlichen Details. Mit präzisen Darlegungen werden Prozesse gewonnen. Pauschale Behauptungen, wie etwa, die Wohnung sei nicht ordnungsgemäß übergeben worden, berücksichtigen die Gerichte unter Umständen auch dann nicht, wenn sie gar nicht bestritten wurden. Übertriebene Anforderungen an die Substantiierung zu stellen, ist zudem eine nicht seltene Strategie richterlicher Arbeitsvermeidung. Deshalb ist es von so immens großer Bedeutung, Schriftwechsel sorgsam aufzubewahren, von eigenen Schreiben Kopien anzufertigen und über Geschehensabläufe, etwa Lärmbeeinträchtigungen oder die Entwicklung von Feuchtigkeitsschäden, sorgfältig Protokoll zu führen. Wichtig ist auch, dass nicht nur Zeugen, sondern auch die Betroffenen selbst ihre Wahrnehmungen genau notieren, denn erfahrungsgemäß erinnert man sich schon kurze Zeit später nur noch schlecht mit der vor Gericht nötigen Genauigkeit an Details.

Beweislast

Haben beide Seiten mit gleicher Präzision Gegensätzliches behauptet, dann sind die behaupteten Tatsachen streitig. Das Gericht muss dann Beweis erheben. Dies geschieht durch Zeugenaussagen, Sachverständigengutachten, Vorlage von Urkunden, richterliche Inaugenscheinnahme oder auch, in gewissen Grenzen, durch Vernehmung der Parteien selbst. Dabei folgt das Gericht den Beweisangeboten der Parteien. Gibt es keinen Beweis, dann muss die Partei, die die Beweislast für die betreffende Behauptung trägt, hinnehmen, dass das Gericht so entscheidet, als sei ihre Behauptung nicht wahr. Grundsätzlich gilt für die Beweislast, dass jede Partei die ihr günstigen Tatsachen beweisen muss. Meist wird genauso gewichtet wie bei der Darlegungslast (siehe oben). Berufen sich Mieter auf eine Mietminderung, so haben sie zu beweisen, welche Mängel vorhanden sind und in welcher Zeit und in welchem Ausmaß diese vorhanden waren. Verlangt der Vermieter

Schadensersatz, muss er in der Regel beweisen, dass die Schäden von den Mietern oder ihren Erfüllungsgehilfen, etwa Besuchern oder Untermietern, verursacht wurden.

Manchmal bestimmen die Gesetze oder die Rechtsprechung eine abweichende Beweislast. So muss der Vermieter nicht beweisen, dass die Mieter den Schlagschaden im Waschbecken verursacht haben, wenn ihm der Nachweis gelingt oder nicht bestritten wird, dass die Wanne bei Einzug intakt und bei Auszug beschädigt war (siehe S. 169) Die Rechtsprechung geht davon aus, dass Schäden, die in den Mieträumen während der Mietzeit entstanden sind, typischerweise der Einfluss- und Verantwortungssphäre der Mieter zuzuordnen sind und dass diese somit, um Schadensersatzansprüche des Vermieters abzuwehren, darlegen und im Bestreitensfalle auch beweisen müssen, dass sie den Schaden nicht oder wenigstens nicht schuldhaft verursacht haben. Die in den einzelnen Problembereichen geltende Beweislastverteilung wird in den einzelnen Kapiteln beschrieben [siehe u.a. S. 127 (Schönheitsreparaturen), S. 164 ff. (Einzug, Übergabeprotokolle, Rückbau und Schadensersatz)]. **Abweichende Beweislast**

Wenn der Beweis das Gericht überzeugt und damit gelingt, dann wird die zunächst streitige und nun bewiesene Tatsache zur Grundlage der gerichtlichen Entscheidung. Wenn das Gericht davon ausgeht, dass eine Tatsache nicht bewiesen worden ist, etwa weil die Zeugen mit gleicher Glaubwürdigkeit Gegensätzliches bekundet haben, dann entscheidet wiederum die Beweislast. Die Partei, welche die Beweislast trägt, verliert dann den Prozess. Aus diesem Grund sollten Sie bei allen Handlungen, die im Konfliktfall von Bedeutung sein können, z.B. dem Vertragsschluss, Erklärungen, Reparaturen und Schreiben, darauf bedacht sein, frühzeitig Beweise zu sichern und Einzelheiten genau zu notieren. Wichtige Vereinbarungen sollten möglichst unter Hinweis auf den abgeschlossenen Mietvertrag schriftlich dokumentiert und von allen Mietern und allen Vermietern unterzeichnet werden. Schriftstücke sollten Sie aufbewahren, und zwar mindestens bis zu vier Jahre **Bewiesene Tatsache wird Grundlage der gerichtlichen Entscheidung**

nach Ende des Mietverhältnisses und Rückgabe der Mieträume, weil Sie dann in der Regel davon ausgehen können, dass etwaige Ansprüche des Vermieters verjährt sind (siehe S. 224 ff.). Dies gilt insbesondere für Quittungen, Kontoauszüge und Einzahlungsbelege, da Banken in der Regel nur fünf Jahre zurückreichend die Daten des Zahlungsverkehrs speichern.

4. Wenn es komplizierter wird: das Sachverständigengutachten

Öffentlich bestellter und vereidigter Sachverständiger

Beweise über komplexere Zusammenhänge, etwa bauliche Mängel, Geräusch-, Schadstoff- und Geruchsimmissionen oder Schimmelbelastung, können Sie nicht oder nur sehr unvollkommen durch gewöhnliche Zeugen sichern. Insbesondere bei fristlosen Kündigungen, die sich auf Gesundheitsgefahren und Mängellagen stützen (siehe S. 90), sollten Sie ins Auge fassen, sich dazu eines Sachverständigen zu bedienen. Dieser sollte möglichst öffentlich bestellt und vereidigt sein. Zwar gilt ein solches Privatgutachten nicht unmittelbar als Beweis, sondern nur als Ihr Vortrag als Prozesspartei. Bei Streit wird das Gericht also häufig dennoch im Prozess ein Sachverständigengutachten einholen. Aber der Gutachter kann zu seinen Feststellungen als sachverständiger Zeuge aussagen. Zudem muss Ihr Gegner Ihren – durch das Privatgutachten besonders präzisen – Vortrag ebenso prägnant erwidern (siehe oben, S. 32 ff.). Der Nachteil eines Privatgutachtens liegt darin, dass Sie das Geld dafür selbst aufbringen müssen und auch nicht ohne Weiteres damit rechnen können, dass der Betrag nach einem gewonnenen Prozess erstattet wird. Geht es bei dem Streit um Mietmängel, können Sie die Kosten am ehesten als Schadensersatzforderung geltend machen, wenn sich der Vermieter mit der Mängelbeseitigung in Verzug befand, als Sie den Auftrag erteilt haben.

Selbstständiges Beweisverfahren

Eine weitere Möglichkeit der Beweissicherung bietet das selbstständige Beweisverfahren (§§ 485 ff. ZPO). Dieses gerichtliche Verfahren kann schon vor Beginn eines Prozesses bei Gericht beantragt werden und bietet den Vorteil, dass damit Beweise über den Zustand einer Person, den Zustand oder Wert einer Sache, die Schadensursachen und den für die Schadensbeseitigung erforderlichen Aufwand in gerichtsverwertbarer Form sichergestellt werden. Einigen sich die Parteien danach nicht gütlich, so muss der Antragsteller, wenn er die Kosten des Beweisverfahrens nicht selbst tragen will, den Gegner verklagen. Da das selbstständige Beweisverfahren jedoch oft lange dauert, ist es aus Mietersicht häufig problematisch. Die nach Rückgabe der Mietsache für Mieter- und Vermieteransprüche geltende sechsmonatige Verjährungsfrist (§ 548 BGB) wird durch das Beweisverfahren gehemmt (§ 204 Abs. 1 Nr. 7 BGB). Deshalb sollten Sie sich, sofern der Streit über den Zustand der Mietwohnung am Ende der Mietzeit auftritt, mit dem Vermieter möglichst darauf verständigen, dass der streitige Zustand bei einer Begehung protokolliert wird oder, wenn dies die Meinungsverschiedenheit nicht beendet, von einem (notfalls gemeinsam zu zahlenden) Gutachter festgestellt wird.

Kapitel 2
Die Kündigung von Mietverträgen

Beendigungs-
formen

Im Wesentlichen gibt es drei Möglichkeiten, einen Mietvertrag zu beenden: durch Kündigung, durch Ablauf der in einem Zeitmietvertrag fest vereinbarten Mietzeit und durch Mietaufhebungsvertrag. In aller Regel enden Mietverträge durch Kündigung. Seltener ist der Fall, dass das Mietverhältnis aufgrund einer Vereinbarung im Mietvertrag zu einem bestimmten Zeitpunkt automatisch endet, ohne dass eine Kündigung erforderlich wäre (§ 542 Abs. 2 BGB). Solche Zeitmietverträge sind seit Inkrafttreten der Mietrechtsreform am 1.9.2001 in Wohnraummietverhältnissen nur noch in wenigen Fällen zulässig (siehe S. 97 f. und S. 115 ff.). Für Zeitmietverträge, die vor diesem Zeitpunkt geschlossen wurden, gelten die alten Regeln weiter. Eine dritte Möglichkeit, das Mietverhältnis zu beenden, besteht darin, dass Mieter und Vermieter im laufenden Mietverhältnis, also nach Vertragsschluss vereinbaren, dass der Mietvertrag enden soll. Weil ein solcher Mietaufhebungsvertrag nur im Einvernehmen beider Vertragsparteien möglich ist, kann er zu jedem Zeitpunkt geschlossen werden, ohne dass Kündigungsfristen beachtet werden müssen.

Eventuell ist
Räumungs-
klage erfor-
derlich

Selbst wenn das Mietverhältnis, etwa durch Kündigung, wirksam beendet wurde, bedeutet dies nicht, dass Sie der Vermieter zum Endzeitpunkt gegen Ihren Willen vor die Tür setzen kann. Wenn Sie die Wohnung nicht freiwillig geräumt übergeben, muss der Vermieter die Räumung mit einer Räumungsklage vor Gericht erzwingen. Erst mit einem vollstreckungsfähigen Titel, im Regelfall mit einem rechtskräftigen Urteil, kann er die Räumung durch Einschaltung des Gerichtsvollziehers erzwingen.

I.   Die Kündigung

Weder Mieter noch Vermieter können beliebig kündigen. Wann, unter welchen Voraussetzungen und mit welchen Fristen dies möglich ist, ist gesetzlich geregelt. Da die

Folgen einer Kündigung gravierend sein können, kann zum Nachteil der Mieter von diesen Regelungen nur sehr eingeschränkt abgewichen werden. Um einen Überblick über die verschiedenen Kündigungsarten und -gründe zu erhalten, sollte man sich einige Grundsätze klarmachen: Bei einer normalen Kündigung – Juristen sprechen von »ordentlicher Kündigung« – müssen Kündigungsfristen eingehalten werden. Von wenigen Ausnahmefällen (siehe S. 80 ff.) abgesehen, benötigen Vermieter, damit sie eine solche Kündigung wirksam aussprechen können, einen Kündigungsgrund (§ 573 BGB), z.b. Eigenbedarf. Mieter hingegen dürfen ohne Kündigungsgrund ordentlich kündigen.

Ordentliche Kündigung

Neben der ordentlichen Kündigung gibt es gesetzlich geregelte Sonderfälle, in denen bestimmte Ereignisse, etwa eine Mieterhöhung oder der Tod des Mieters, eine außerordentliche Kündigung rechtfertigen. Auch hier muss meist eine Kündigungsfrist eingehalten werden, auch wenn diese – jedenfalls für Vermieter – oft kürzer als bei ordentlichen Kündigungen ist. In gravierenden Fällen kann sogar fristlos, das heißt mit sofortiger Wirkung, ohne eine Kündigungsfrist einzuhalten, gekündigt werden. Außerordentliche Kündigungen können auch bei fester Mietzeit oder auf Lebenszeit geschlossenen Verträgen ausgesprochen werden. Stets aber muss für eine außerordentliche Kündigung – das gilt für Vermieter, aber auch für Mieter – einer der gesetzlich vorgesehenen Gründe vorliegen.

Außerordentliche Kündigung

1. Formalien, die für alle Kündigungen gelten

Gibt es mehrere Vermieter oder mehrere Mieter, dann ist die Kündigung nur wirksam, wenn sie von allen Personen der kündigenden Seite gegenüber allen Personen der anderen Seite erklärt wurde (BGHZ 26, 102). Es gilt: Alle Mieter kündigen allen Vermietern – und umgekehrt. Wurde Ihre Mietwohnung verkauft, dann achten Sie darauf, dass die Kündigung gegenüber dem richtigen Vermieter bzw. durch den richtigen Vermieter erfolgt (siehe S. 49 ff.). Nur selten gelten Ausnahmen (siehe S. 42 f.).

Tipp

Alle Mieter müssen kündigen

**Kündigungs-
zeitpunkt
muss eindeu-
tig genannt
werden**

Der Zeitpunkt, zu dem gekündigt, zu dem also das Mietverhältnis beendet werden soll, muss klar erkennbar sein
(z.B. »fristlos«, »zum 31.3.2011«). Eine Kündigung »zu
dem Zeitpunkt, zu dem wir die neue Wohnung beziehen
können« wäre demnach unwirksam (vgl. BGH NJW 2004,
284). Natürlich sollte dem Schreiben auch zu entnehmen
sein, welcher Mietvertrag gekündigt werden soll. Im Streitfall wird man dies zwar durch Auslegung ermitteln können, wenn zwischen Absendern und Empfängern nur ein
einziges Mietverhältnis besteht. Sicherer ist es aber, wenn
Sie im Betreff des Kündigungsschreibens die konkrete
Wohnung angeben, etwa mit der Formulierung »Kündigung unseres Mietvertrags über die Wohnung Goethestra-
ße 17, 00000 Wolkenkuckucksheim, rechtes Obergeschoss
links«. Außerdem dürfen Kündigungen nach herrschender
Meinung an keine Bedingungen geknüpft werden; sonst
sind sie unwirksam. Allenfalls eine Bedingung, deren Erfüllung vom Empfänger abhängt (»... sofern Sie den genannten Mangel bis zum 31.12.2010 nicht beseitigt haben
...«), ist zulässig (KG GE 2003, 740), sollte aber dennoch
wegen der damit verbundenen Unsicherheiten vermieden
werden.

**Schriftform
erforderlich**

Anders als etwa bei Gewerberäumen müssen Kündigungen
im Wohnraummietrecht der gesetzlichen Schriftform entsprechen (§ 568 Abs. 1 BGB); sie müssen also schriftlich
erklärt werden und vom Kündigenden oder seinem Vertreter handschriftlich unterschrieben sein (§ 126 Abs. 1
BGB). Kündigungen, die dies nicht berücksichtigen, sind
unwirksam (§ 125 Satz 1 BGB). Ausnahmen gibt es nur
wenige; insbesondere können solche nicht vertraglich vereinbart werden. Anstelle der eigenhändigen Namensun-
terschrift kann durch notariell beglaubigtes Handzeichen
unterschrieben werden (§ 126 Abs. 1 BGB). Mündlich, per
Fax, Telegramm oder einfacher E-Mail kann nicht wirksam gekündigt werden. Die Kündigung durch ein »elek-
tronisches Dokument«, etwa E-Mail, setzt voraus, dass der
Kündigende darin seinen Namen angibt und das Dokument mit einer qualifizierten elektronischen Signatur nach

dem Signaturgesetz versieht (§§ 126 Abs. 3, 126a Abs. 1 BGB). Aus Beweisgründen ist dieser Weg aber derzeit noch nicht zu empfehlen. Ist im Vertrag vereinbart, dass per Einschreiben gekündigt werden muss, so dient dies im Zweifel nur Beweiszwecken. Daher ist in der Regel auch jede andere Kündigung, die der gesetzlichen Schriftform entspricht, wirksam (vgl. BGH NJW 2004, 1320).

Vermieter müssen ihre Kündigung im Kündigungsschreiben in der Regel begründen. Aber auch wenn Sie selbst als Mieter fristlos oder außerordentlich kündigen, muss Ihrem Kündigungsschreiben zu entnehmen sein, aus welchem Grund Sie dies tun. Wenn Sie nur unter Einhaltung der ordentlichen Kündigungsfrist kündigen, brauchen Sie keinen Kündigungsgrund nennen, weil Sie dazu keinen benötigen. Sprechen Sie eine fristlose oder außerordentliche Kündigung aus, so sollten Sie sicherheitshalber stets zugleich hilfsweise ordentlich kündigen (»Zugleich kündige ich/kündigen wir vorsorglich hilfsweise ordentlich zum nächstmöglichen Termin.«). Auf diese Weise begrenzen Sie den Schaden für den Fall, dass eine spätere gerichtliche Auseinandersetzung ergibt, dass Ihnen das Sonderkündigungsrecht, auf das Sie sich berufen, nicht zusteht.

Ordentliche Kündigung muss vom Mieter nicht begründet werden

Achten Sie unbedingt darauf, dass Sie beweisen können, dass und wann Ihr Kündigungsschreiben allen Vermietern zugegangen ist (siehe S. 25 ff.). Wegen des Schriftformerfordernisses sollten Sie möglichst vom unterschriebenen Schreiben eine Kopie behalten. Das lässt es im Streitfall plausibler erscheinen, dass korrekt unterzeichnet wurde.

Zugang der Kündigung beweisen

Sechs Merkposten gibt es also:

- Kündigung aller Personen der Mieterseite gegenüber allen Personen der Vermieterseite
- Schriftform beachten (handschriftliche Unterschrift aller Mieter bzw. Vermieter)
- Klarstellen, welches Mietverhältnis gekündigt werden soll
- Klarstellen, zu welchem Termin das Mietverhältnis gekündigt werden soll

- Soweit erforderlich, den Kündigungsgrund angeben
- Die Kündigung sicher und nachweisbar zugehen lassen.

Der erste Punkt führt manchmal zu beträchtlichen Schwierigkeiten. Nicht selten stellt sich erstmals dann, wenn Sie kündigen wollen, die Frage, wer genau Ihr Vermieter denn eigentlich ist. Zudem lassen sich sowohl Vermieter als auch Mieter teilweise vertreten. Klären wir also zunächst die Frage, wer Mieter und wer Vermieter ist, genauer: wer auf Mieter- und Vermieterseite Kündigungen aussprechen und empfangen darf.

1.1   Wer ist Mieter?

Für den Regelfall gilt, dass nur die Personen, die im Mietvertrag als Mieter aufgeführt sind und diesen entweder selbst oder durch einen Vertreter unterschrieben haben, Mieter sind. Grundsätzlich gilt dies auch für Ehepartner, **Ehepaare als** allerdings mit zwei Einschränkungen: Sind beide Ehegat-**Mieter** ten im Kopf des Mietvertrags als Mieter aufgeführt, unterschreibt jedoch nur einer, dann sind bei Wohnraummietverhältnissen nach herrschender Meinung beide Mieter geworden (OLG Düsseldorf WuM 1989, 362; OLG Oldenburg ZMR 1991, 268; LG Berlin GE 1995, 567; anderer Ansicht LG Berlin GE 1990, 369), selbst wenn kein Zusatz zur Unterschrift (etwa »i.V.«) erkennen ließ, dass er für beide handelte. Entscheidend dürfte sein, ob die äußeren Umstände bei Vertragsschluss erkennen lassen, dass beide Ehepartner auch Mieter sein wollten, etwa weil beide den Vertrag ausgehandelt haben (LG Berlin GE 2002, 189).

Nach altem Die zweite Ausnahme betrifft die neuen Bundesländer: **DDR-Recht** Wurde der Vertrag vor der Wiedervereinigung, also vor **waren immer** dem 3.10.1990 geschlossen, dann gilt insoweit weiterhin **beide Ehe-** DDR-Recht: Danach waren immer beide Ehegatten Mieter, **gatten Mieter** selbst wenn nur ein Partner den Mietvertrag abgeschlossen hatte (§ 100 Abs. 3 ZGB), und zwar auch dann, wenn der andere Partner erst nachträglich einzog oder später geheiratet wurde. Für Werkswohnungen gilt dies nur, wenn der Hauptmieter noch zu DDR-Zeiten das Arbeitsverhältnis mit dem Vermieter beendet hatte, das Mietverhältnis aber fortgesetzt wurde.

a) Änderungen im laufenden Mietverhältnis

Änderungen können sich während der Mietzeit ergeben, und zwar kraft Gesetzes, etwa wenn Haushaltsangehörige des Mieters nach dessen Tod Mieter werden (siehe S. 96 f.), oder durch Änderung des Mietvertrages. Eine solche Vertragsänderung setzt eine entsprechende Vereinbarung zwischen Vermieter, Mieter und dem neu in das Mietverhältnis Eintretenden voraus. Auch das Ausscheiden eines einzelnen Mieters ist möglich. Ob sich der Vermieter auf eine solche Änderung einlässt, ist allerdings in sein Belieben gestellt. Im Falle von Mietverträgen, die für längere Zeit als ein Jahr geschlossen wurden, sollten solche Vereinbarungen der gesetzlichen Schriftform entsprechen. Sie müssen also schriftlich erfolgen, genau erkennen lassen, welcher Vertrag geändert werden soll, und handschriftlich (oder durch notariell beglaubigtes Handzeichen) unterzeichnet sein (§§ 550, 126 BGB). Andernfalls besteht neben Beweisschwierigkeiten das Problem, dass für Altmieter uneingeschränkt der bisherige Altvertrag gilt, neue Mieter aber – davon möglicherweise abweichend – den für sie ohne Einschränkungen auf unbestimmte Zeit laufenden Mietvertrag frühestens nach einem Jahr kündigen können (BGH NJW 1975, 1653; OLG Düsseldorf GE 2003, 47).

Bei vertraglich vereinbarten und scheidungsbedingten Mieterwechseln (siehe S. 44) stellt sich oft die Frage, wer für Vermieterforderungen (Miete, Betriebskostennachzahlungen, Schadensersatzansprüche etc.) haftet. Wurde nichts anderes vereinbart, haftet für vor dem Wechsel aufgelaufene Forderungen nur, wer bisher Mieter war. Für Ansprüche, die erst danach fällig werden, muss der neue Alleinmieter einstehen. Eine etwaig geleistete Mietkaution wird durch den Wechsel nicht zur Rückzahlung fällig. Hier müssen die Ex-Partner intern einen Ausgleich herbeiführen.

Wer haftet bei Mieterwechsel?

b) Bei Scheidung auf Mietvertragsänderung achten

Zuweisung der Wohnung an einen Ehepartner

Bei Scheidungen kann einer der Geschiedenen alleiniger Mieter der bisherigen Ehewohnung werden, selbst wenn er nicht Mieter war. Dies kann durch Änderungsvertrag (siehe S. 43), aber auch gegen den Willen des Vermieters geschehen. Dazu müssen ihm beide Ex-Partner mitteilen, dass das Mietverhältnis mit einem allein fortgesetzt werden soll (§ 1568a Abs. 3 Satz 1 BGB). Dies sollte möglichst schriftlich in nachweisbarer Form geschehen (siehe S. 25 f.). Die Ex-Partner können voneinander verlangen, dass der jeweils andere an der Erklärung mitwirkt. Können sie sich nicht einigen, wer die Wohnung behalten soll, so ist entscheidend, wer auf diese wegen seiner Lebensverhältnisse (Wohl mitwohnender Kinder, Alter, Gesundheit, Einkommen, Vermögen, Arbeitsplatzentfernung) stärker angewiesen ist (§ 1568a Abs. 1 BGB). Notfalls entscheidet, was allerdings beantragt werden muss, das Familiengericht. Die Erklärung gegenüber dem Vermieter muss innerhalb eines Jahres nach rechtskräftiger Scheidung zugehen (§ 1568a Abs. 6). Gleiches gilt für den Zuweisungsantrag beim Familiengericht. Bei Wohnungen, die Mietern wegen eines Arbeits- oder Dienstverhältnisses überlassen wurden, bestehen diese Möglichkeiten nur in Härtefällen (§ 1568a Abs. 4 BGB). Der Vermieter kann die Vertragsänderung nur durch Kündigung mit gesetzlicher Frist (siehe S. 84 f.) verhindern, wenn in der Person des verbleibenden Mieters wichtige Gründe, etwa vorangegangene Störungen des Hausfriedens, vorliegen (§ 1568a Abs. 3 Satz 2 BGB). Mangelnde Zahlungsfähigkeit kann ein Grund sein, wenn Unterhalt, Sozialhilfe, Arbeitslosen- oder Wohngeld zur Zahlung der Miete nicht ausreichen. Diese Regelungen gelten auch für die Aufhebung eingetragener Lebenspartnerschaften (§ 17 LPartG).

c) Wohngemeinschaften

Nur Unterzeichner des Mietvertrags sind Mieter

Auch für Wohngemeinschaften gilt, dass nur die im Mietvertrag als Mieter aufgeführten Unterzeichner Mieter sind. Die übrigen WG-Mitglieder sind in der Regel nur Untermieter, sind also nicht Vertragspartei des Haupt-

mietvertrages und müssen Kündigungen daher nicht unterschreiben. Ausnahmen gelten für studentische oder
andere Wohngemeinschaften, deren Mitglieder erklär-
termaßen permanent wechseln. Unter Umständen ist hier
– möglicherweise auch stillschweigend – vereinbart, dass
bei gleichbleibender Mitgliederzahl die ausziehenden Mitglieder aus dem Vertrag ausscheiden und die einziehenden
an ihrer Stelle eintreten, wobei eine entsprechende Anzeige des Wechsels beim Vermieter für die Vertragsänderung
ausreicht. Ob ein solcher Vertrag vorliegt, hängt allerdings
von den Umständen des Einzelfalls ab und sollte, bevor
man sich darauf verlässt, juristisch überprüft werden.

d) Auszug eines Mitmieters

Allein der Auszug eines Mitmieters oder seine Kündigung
beenden den Mietvertrag in der Regel nicht. Haben die
Partner einer Lebens- oder Wohngemeinschaft gemeinsam eine Wohnung gemietet, dann stehen sie bei Auszug
eines Partners vor drei Alternativen: Sie können

- den Vertrag unverändert weiterführen,
- den Mietvertrag mit dem Vermieter dahingehend ändern, dass nur der verbleibende Mitmieter Vertragspartner bleibt und der andere ausscheidet, oder
- den Mietvertrag gemeinsam kündigen.

Die erste Lösung hat den Nachteil, dass der ausziehende **Den Vertrag**
Mieter im Verhältnis zum Vermieter weiter für alle Miet- **unverändert**
schulden des verbleibenden Mieters haftet. Dass er vom **weiterführen**
anderen Mieter insoweit in der Regel verlangen kann,
freigestellt zu werden, wird ihn wenig trösten, wenn jener
zahlungsunfähig wird oder nicht freiwillig zahlt. Immerhin kann dies bei ungetrübtem Verhältnis zueinander oder
dann, wenn gemeinsame Kinder in der Wohnung wohnen,
eine akzeptable Lösung sein, weil man sich nicht von dem
oft mit Mieterhöhungswünschen verbundenen Wohlwollen
des Vermieters abhängig macht. Oft wird darin gar kein
Problem gesehen und die Mieter meinen irrtümlich, die
alleinige Kündigung des ausziehenden Mieters habe für

diesen das Mietverhältnis beendet. Achten Sie in einem solchen Fall darauf, dass gegebenenfalls auch der bereits ausgezogene Mieter die Kündigung unterschreibt oder Sie bevollmächtigt, auch in seinem Namen zu kündigen. Eine entsprechende Vollmacht sollte der Kündigung im Original beigefügt sein. Ein weiteres Originalexemplar sollten Sie zu Ihren Akten nehmen, um die Vollmacht im Zweifel auch nachweisen zu können.

Der Text einer solchen Vollmacht sollte etwa wie folgt lauten:

Vollmacht für Kündigung

> »Hiermit bevollmächtige ich, Hans Vogel, (Adresse), meine Mitmieterin, Hannah Strauß, (Adresse), mich bei der Kündigung des mit (Name Vermieter) geschlossenen Mietvertrags über die Wohnung (genaue Adresse der Mietwohnung und Lage im Haus) und der Abwicklung des Mietvertrages, insbesondere der Wohnungsrückgabe zu vertreten.
>
> (Ort, Datum und handschriftliche Unterschrift)«

Soll das Mietverhältnis noch länger bestehen, kann es sinnvoll sein, den Text zu variieren: »... mich bei allen des mit (Name Vermieter) geschlossenen Mietvertrags über die Wohnung (genaue Adresse der Mietwohnung und Lage im Haus) betreffenden Angelegenheiten inklusive der Kündigung und der Abwicklung des Mietvertrages sowie der Wohnungsrückgabe zu vertreten.«

Schlüsselgewalt des Ehegatten

Auch Ehegatten benötigen in solchen Fällen eine Vollmacht. Der für sie geltende Sonderfall der Vertretung, die sogenannte Schlüsselgewalt, wonach durch Rechtsgeschäfte eines Ehegatten, die der Deckung des üblichen Lebensbedarfs der Familie dienen, beide Ehegatten berechtigt und verpflichtet werden (§ 1357 Abs. 1 BGB), erfasst wesentliche, im Mietverhältnis abgegebene Erklärungen wie Kündigungen und Zustimmungen zu Mieterhöhungen nicht (LG Berlin GE 03, 1210).

Wenn die skizzierte Lösung nicht akzeptabel erscheint und der Vermieter auch zu einer Entlassung des ausziehenden Mieters durch Änderung des Mietvertrags nicht oder nicht zu akzeptablen Konditionen bereit ist, bleibt nur die gemeinsame Kündigung. Denn zu einer entsprechenden Vertragsänderung kann der Vermieter nicht gezwungen werden (LG Gießen WuM 1996, 273; LG Konstanz WuM 2000, 675). Für diesen Fall sind beide Mieter einander verpflichtet, an der gemeinsamen Kündigung mitzuwirken, sofern nicht berechtigte Interessen des anderen Mieters dem entgegenstehen (OLG Köln WuM 1999, 521; KG WuM 1992; 323; zustimmend BGH GE 2005, 610). Denn der endgültige Auszug aus der gemeinsamen Wohnung stellt eine konkludente Kündigung der bis dahin zwischen den Mietern bestehenden Gesellschaft bürgerlichen Rechts dar (vgl. LG Köln WuM 1993, 613; OLG München ZMR 1994, 216; LG München II WuM 1993, 611; BGH GE 2005, 610). Notfalls muss die Unterschrift unter die gemeinsame Kündigung gerichtlich erzwungen werden. Verlangt werden kann die ordentliche Kündigung zum nächstmöglichen Zeitpunkt, der nach dem konkreten Mietvertrag zulässig ist (LG Gießen WuM 1996, 273).

Den andern zur gemeinsamen Kündigung zwingen

Da hier oft verletzte Eitelkeiten und Emotionen im Spiel sind und sich ein entsprechender Rechtsstreit lange hinziehen kann, kann es in einem solchen Fall sinnvoll sein, eine dritte Person, die beiden Betroffenen in gleicher Weise verbunden ist und sich im aktuellen Streit noch nicht positioniert hat, als Vermittler einzuschalten.

Vermittler einschalten

In Ausnahmefällen haben Gerichte auch andere Lösungen als eine Kündigung oder eine einvernehmliche Mietvertragsänderung anerkannt. Gemeinsam ist diesen, dass sich alle Beteiligten, Vermieter, ausziehender und verbleibender Mieter über Jahre hinweg so verhalten haben, als hätten sie gemeinsam die Entlassung des Ausgezogenen aus dem Mietvertrag vereinbart. So hat das Oberlandesgericht Frankfurt (WuM 1991, 76) die Kündigung nur des verbliebenen Mieters für ausreichend gehalten, nachdem der andere Ehegatte die Wohnung schon vor Jahren ohne

Ausnahmsweise zählt die langjährige gemeinsame Praxis

jegliche Mitteilung an den Vermieter und ohne einen Aufenthaltsort anzugeben, verlassen hatte. Ein anderer Fall: Der ausgezogene Mieter hatte mit dem Vermieter vereinbart, dass er aus dem Mietverhältnis entlassen wird. Sein Ehegatte nutzte seitdem die Wohnung allein und zahlte die Miete. Er durfte sich deshalb gegenüber einer nach 2 ½ Jahren nur an ihn gerichteten Mieterhöhung nicht darauf berufen, dass er nicht Alleinmieter war (BGH WuM 2004, 280). Diese Grundsätze gelten auch bei einer nur an den verbliebenen Mieter gerichteten Vermieterkündigung, und zwar auch dann, wenn die Mieter nicht verheiratet, sondern Partner einer Lebens- oder Wohngemeinschaft sind (BGH WuM 2005, 341). Kündigt in einer solchen Konstellation der verbliebene Mieter allein, kann sich wohl auch der Vermieter nicht darauf berufen, dass auch der ausgezogene Mieter die Kündigung hätte mitunterschreiben müssen. Schließlich hat er mit diesem die Entlassung aus dem Mietvertrag vereinbart. Dennoch sollten Sie auf eindeutige Vereinbarungen, eine Kündigung oder eine gerichtliche Entscheidung im Rahmen des Scheidungsverfahrens hinwirken. Denn diese Lösungen lassen sich im Zweifel besser beweisen.

Vertretungs- und Vollmachtsklauseln

Ist die Kündigung Ihres Vermieters nur an einen von mehreren Mietern gerichtet, sollten Sie prüfen, ob die Kündigung nicht schon aus diesem Grunde unwirksam ist. Wie bereits erwähnt, gilt, dass alle Vermieter allen Mietern der betreffenden Mietwohnung kündigen müssen. Achten Sie daher in solchen Fällen darauf, ob Ihr Mietvertrag Regelungen enthält, in denen die Mieter einander zur Entgegennahme von Erklärungen des Vermieters bevollmächtigen. Sogenannte Vertretungsklauseln, durch die sich die Mieter gegenseitig umfassend bevollmächtigen, sodass Erklärungen des Vermieters auch wirksam sind, wenn nur einer der Mieter als Adressat benannt ist, sind unwirksam, sofern es sich dabei um allgemeine Geschäftsbedingungen (siehe S. 20 ff.) handelt (§ 307 Abs. 2 BGB). Davon zu unterscheiden sind Vollmachtsklauseln, durch die sich die Mieter gegenseitig lediglich bevollmächtigen,

Erklärungen des Vermieters entgegenzunehmen. Solche Regelungen haben zur Folge, dass sich der Vermieter darauf beschränken kann, rechtliche Erklärungen, die das Mietverhältnis betreffen, also neben Mieterhöhungen und Betriebskostenabrechnungen auch Kündigungen, nur einem der Mieter zu senden. Solche Klauseln sind in der Regel wirksam, auch wenn sie formularvertraglich (siehe S. 20 ff.) vereinbart wurden. Man kann sie jedoch durch einfache Erklärung widerrufen.

Haftung

Besonders gefährlich sind solche Klauseln, wenn einer der Mieter nicht (mehr) oder vorübergehend nicht in der Wohnung wohnt und vom verbliebenen Mieter nicht von der Kündigung benachrichtigt wird. Wurde der Mietvertrag mit ihm nicht zuvor beendet, dann haftet er für alle Mietverbindlichkeiten, also auch für sämtliche Versäumnisse des anderen Mieters bei der Wohnungsrückgabe. Davor können Sie sich schützen, indem Sie den Vermieter bei Auszug über Ihre neue Adresse informieren und Ihre durch die Klausel erteilte Vollmacht widerrufen.

Häufig interpretieren Vermieter Vollmachtsklauseln falsch und beschränken sich darauf, nur einen der Mieter als Adressaten zu nennen. Die Klausel befreit sie jedoch nur davon, allen Mietern die entsprechenden Schreiben selbst zuzusenden oder die betreffende Erklärung allen gegenüber persönlich abgeben zu müssen. Es reicht, sie dem jeweils anderen Mieter als Vertreter abzugeben, aber es muss, etwa durch entsprechende Namensnennung bei der Adressierung und in der Anrede, ganz deutlich sein, dass sich die Erklärungen an alle, auch den abwesenden Mieter richten.

1.2 Wer ist Vermieter?

Ihr Vermieter ist zwar meist auch der Eigentümer Ihrer Wohnung. Zwingend ist dies jedoch nicht. Denn man kann auch Dinge vermieten, die einem nicht gehören. Als Mieter sollten Sie darauf achten, dass Ihr Vermieter auch Eigentümer, möglichst sogar alleiniger Eigentümer der Mietsache ist. Sonst kann es Ihnen passieren, dass Sie auch

Vermieter sollte Eigentümer der Mietsache sein

nach längerer Mietzeit Ihre Wohnung verlieren. Denn ein
Eigentümer, der der Vermietung nicht zugestimmt hat,
kann von Ihnen verlangen, dass Sie die Mietsache an ihn
herausgeben (§ 985 BGB). Dies gilt auch für den Miteigentümer (§§ 1011, 985 BGB), der allerdings nur die Herausgabe an alle Eigentümer verlangen kann. Beides kommt
nicht gerade häufig vor, ist aber, wenn es passiert, besonders deshalb ärgerlich, weil der Vermieter in solchen Fällen nicht selten zahlungsunfähig ist. Die Ihnen gegen ihn
zustehenden Schadensersatzansprüche sind dann meist
nicht durchsetzbar.

Eigentümer muss nicht ausdrücklich zustimmen

Die Zustimmung des Eigentümers bzw. Miteigentümers
zur Vermietung muss nicht ausdrücklich erfolgen, sondern
kann auch stillschweigend durch schlüssiges Verhalten erfolgen. Wann Gerichte im Einzelfall Schweigen als schlüssige Zustimmung akzeptieren, ist jedoch einer sicheren
Prognose nur schwer zugänglich. Schon bei der Frage, was
die Eigentümer bzw. Miteigentümer über die Vermietung
oder die Vermietungsabsichten des Vermieters wussten,
stößt man leicht auf unüberwindbare Beweisprobleme
(siehe S. 32 ff.). Wenn Sie also Zweifel haben, ob Ihr Vermieter auch Eigentümer der Mieträume ist, dann sollten
Sie durch Einsicht ins Grundbuch prüfen, wem die Räume
gehören.

a) »Kauf bricht nicht Miete« – Vermieterwechsel während des Mietverhältnisses

Mietvertrag wird mit dem Erwerber fortgesetzt

Dieses Problem hat noch einen weiteren Aspekt: Der
Grundsatz »Kauf bricht nicht Miete« gilt nur, wenn der
veräußernde Eigentümer auch mit dem Vermieter identisch ist. Dieser in § 566 BGB (früher § 571 BGB a. F.) geregelte Grundsatz besagt, dass das Mietverhältnis mit dem
Erwerber Ihrer Mieträume als Vermieter fortgesetzt wird,
wenn Ihr Vermieter diese veräußert, nachdem der Mietvertrag geschlossen und Ihnen die Räume übergeben wurden. Um Mieter zu bleiben, müssen Sie also keinen neuen
Mietvertrag abschließen oder Ergänzungen vereinbaren.

Keine Anwendung findet der Grundsatz »Kauf bricht nicht Miete«, wenn die Mieträume Ihrem bisherigen Vermieter nicht gehörten. Selbst wenn der Mietvertrag mit einem von mehreren Miteigentümern geschlossen wurde, gilt der Grundsatz nicht ohne Weiteres. Wird die Mietsache veräußert oder versteigert, so wird der Erwerber nur dann automatisch Vermieter, wenn die Miteigentümer der Vermietung zugestimmt hatten (OLG Karlsruhe GE 1981, 1013). War dies nicht der Fall, dann ändert sich der Vermieter in der Regel nicht. Der Neueigentümer kann dann jedoch von Ihnen verlangen, dass Sie ihm die Mieträume herausgeben. Meist wird der erforderliche Übergang des Mietvertrages auf den Erwerber durch Vertrag zwischen diesem, den Mietern und dem Vermieter vereinbart. Aber darauf kann man sich nicht verlassen. Bevor Sie also mit Vermietern, die nicht selbst Alleineigentümer sind, einen Mietvertrag abschließen, sollten Sie darauf bestehen, dass diese eine Erklärung aller Eigentümer beibringen, aus der hervorgeht, dass diese mit der Vermietung einverstanden sind. Am sichersten ist es, wenn dem Vertrag eine entsprechende Einverständniserklärung beigefügt wird, die von allen im Grundbuch als Eigentümer Ausgewiesenen unterschrieben ist.

Sollten Sie also erfahren, dass Ihre Mietwohnung verkauft wurde, so achten Sie stets darauf, dass Ihre Kündigung gegenüber den richtigen Personen und eine an Sie gerichtete Kündigung durch die richtigen Personen erfolgt. Entscheidend ist der Zeitpunkt, zu dem der Erwerber als Eigentümer ins Grundbuch eingetragen wird. Vorher ist er noch nicht Vermieter; selbst wenn für ihn eine Vormerkung eingetragen worden ist, kann er also nicht in eigenem Namen eine Kündigung aussprechen, und er ist auch der falsche Adressat für Ihr Kündigungsschreiben. Wurden die Mieträume versteigert, ist der Zeitpunkt des Zuschlags maßgeblich. Waren Ihnen die Mieträume zur Zeit des Eigentümerwechsels noch nicht übergeben worden, wird der Erwerber nur dann Vermieter, wenn er die Erfüllung des Mietvertrags übernimmt (§ 567a BGB). Bereits vor dem

Beim Verkauf der Mietwohnung auf richtigen Adressaten der Kündigung achten

Eigentumswechsel kann der Erwerber in eigenem Namen kündigen, sofern der Altvermieter ihn dazu ermächtigt hat (§ 185 Abs. 1 BGB) und er ein diesem zustehendes Kündigungsrecht ausübt (BGH WuM 1998, 99).

b) Mehrere Vermieter

Mehrere Vermieter können nur gemeinsam kündigen

Sind mehrere Personen im Mietvertrag als Vermieter benannt und haben diesen unterschrieben, können sie nur gemeinsam kündigen. Gleiches gilt auch, wenn mehrere Personen durch Erwerb der Mieträume Vermieter geworden sind. Mieterkündigungen müssen gegenüber jedem von ihnen ausgesprochen werden. Vom Grundsatz her muss also jedem der Vermieter ein eigenes Kündigungsschreiben zugehen. Natürlich reicht es aus, ein einziges Kündigungsschreiben zu versenden, wenn alle Vermieter von ein und derselben Person vertreten werden. Das kann einer der Vermieter sein oder auch die Hausverwaltung. Doch sollten Sie darauf achten, dass dem Schreiben eindeutig entnommen werden kann, dass die Kündigung gegenüber allen Vermietern ausgesprochen wird (»... kündige ich das Mietverhältnis hiermit gegenüber den von Ihnen vertretenen Vermietern Klas und Klara Klabund«).

c) Erbengemeinschaften und BGB-Gesellschaften als Vermieter

Oft sind im Mietvertrag eine Erbengemeinschaft oder eine Gesellschaft bürgerlichen Rechts (GbR) als Vermieterin benannt, weil deren Mitgliedern die Wohnung gemeinsam gehört. Wenn Sie in diesen Fällen wirklich sicher gehen wollen, dann müssen Sie selbst im Grundbuchamt prüfen, wer hinter der betreffenden Erbengemeinschaft oder GbR steht. Nur dann wissen Sie sicher, mit wem Sie es genau zu tun haben. Kommt es zum Streit, kann dies von erheblicher Bedeutung sein. Eine Vermieter-GbR können die Mieter notfalls auch auf Auskunft verklagen, denn diese ist nach Treu und Glauben verpflichtet, Auskunft darüber zu erteilen, aus welchen Mitgliedern sie besteht (AG Tempelhof-Kreuzberg und LG Berlin MM 2007, 74).

Bei der Erbengemeinschaft werden deren Mitglieder Vermieter, und zwar unabhängig davon, ob sie im Mietvertrag alle namentlich erwähnt sind, sofern nur die für sie unterzeichnende Person von ihnen bevollmächtigt war. Hier ist es sinnvoll, sich bei Vertragsschluss eine entsprechende Vollmacht vorlegen zu lassen. Dass alle Beteiligten im Mietvertrag namentlich und mit Adresse aufgeführt sind, ist aber allemal die bessere Lösung. Denn im Streitfall oder im Falle der Kündigung erspart Ihnen dies aufwendige Recherchen. Gekündigt werden muss von bzw. gegenüber allen Mitgliedern, weil eine Erbengemeinschaft selbst keine selbstständige juristische Person ist. Werden alle Mitglieder der Erbengemeinschaft von einer Person vertreten, ist es ausreichend, dieser das Kündigungsschreiben zugehen zu lassen. Beachten Sie jedoch, dass dem Schreiben eindeutig zu entnehmen ist, dass die Kündigung gegenüber allen Mitgliedern der Erbengemeinschaft ausgesprochen wird (»... kündige ich das Mietverhältnis hiermit gegenüber allen Mitgliedern der von Ihnen vertretenen Erbengemeinschaft Arnold Zwietracht«).

Erbengemeinschaft

Kündigung gegenüber allen Mitgliedern der Erbengemeinschaft

Ist eine GbR mit einem unterscheidungsfähigen Namen – oft lautet dieser auf das betreffende Grundstück (z.B. »GbR Murksmüllerstr. 7«) – im Mietvertrag als Vermieterin benannt, dann wird sie als solche Vermieterin, kann also auch nach dem Vertragsschluss selbstständig handeln, etwa Mieterhöhungen vornehmen oder Kündigungen aussprechen. Anders als Erbengemeinschaften ist eine solche Außen-BGB-Gesellschaft zumindest teilrechtsfähig. Allerdings sollten Sie auch in diesem Fall darauf achten, dass derjenige, der den Mietvertrag für die GbR unterschreibt, geschäftsführender Gesellschafter der GbR ist oder eine Vollmacht aller Gesellschafter der GbR bzw. des geschäftsführenden Gesellschafters vorweisen kann.

GbR als Adressat der Kündigung

d) Die Rolle der Hausverwaltung

Vertreter des Vermieters

Oft ist im Mietvertrag eine Hausverwaltung genannt. Häufig wird der Vertrag sogar vom Inhaber oder einem Vertreter der Hausverwaltung unterschrieben. Natürlich können auch Hausverwaltungen selbst Vermieter sein. Meist sind sie jedoch nur Vertreter des Vermieters. Entscheidend ist, wer im Vertrag als Vermieter angegeben ist. Typischerweise ist die Hausverwaltung nach dem Vermieter mit den Eingangsworten »vertreten durch« aufgeführt, ist also dessen Vertreter. Berechtigt, den Vermieter zu vertreten, ist eine Hausverwaltung nur, wenn der Vermieter eine entsprechende Vollmacht erteilt hat. Diese kann sich nicht nur aus dem Mietvertrag, sondern auch aus einer Ihnen vom Vermieter oder der Hausverwaltung vorgelegten Vollmachtsurkunde oder aus den Umständen, etwa langjährigem Handeln für den Vermieter ergeben, sofern dieser davon weiß. Übrigens umfasst eine allgemeine Vollmacht zur Hausverwaltung nicht in jedem Fall die Vollmacht, zu kündigen oder den Mietvertrag durch einen Aufhebungsvertrag zu beenden. Liegt eine wirksame Vollmacht vor, dann kann nicht nur die Hausverwaltung für den Vermieter wirksam handeln, sondern auch Sie können Ihre Schreiben und sonstigen Erklärungen, die das Mietverhältnis betreffen, an die Hausverwaltung richten. Wenn Sie Mieter einer Eigentumswohnung sind, sollten Sie besonders sorgfältig auf diese Fragen achten. Denn der Verwalter der Eigentümergemeinschaft ist im Rahmen des zwischen Ihnen und dem Wohnungseigentümer bestehenden Mietverhältnisses oft nicht vertretungsberechtigt, also weder zur Kündigung des Mietvertrages noch zum Empfang einer Kündigung befugt.

Tipp

Bei Zweifeln an der Vollmacht: Kündigung zurückweisen

Ob die Person, die die Kündigung im Namen des Vermieters ausgesprochen hat, entsprechend bevollmächtigt war, kann zweifelhaft sein. Nicht selten wird die Kündigung von einer Hausverwaltung ausgesprochen, die Ihnen nicht oder erst kurz bekannt ist und die sich Ihnen gegenüber nie durch eine vom Vermieter unterzeichnete Hausverwaltungsvollmacht legitimiert hat. Gerade nach Vermieterwechseln kommt dies vor. Vielleicht hat Ihre bisherige Hausverwaltung auch noch keine Vollmacht des neuen Vermieters vorgelegt. Drei unterschiedliche Fälle sollten Sie in diesem Zusammenhang sorgfältig unterscheiden:

Fall 1: Wer die Kündigung nicht im Namen des Vermieters erklärt hat, wird in der Regel keine wirksame Kündigung ausgesprochen haben, selbst wenn er über eine Vermietervollmacht verfügte. Hausverwaltungen neigen zu diesem Fehler. Auch kommt es vor, dass Grundstückserwerber Kündigungen aussprechen, noch bevor sie als Eigentümer in das Grundbuch eingetragen und damit Vermieter sind. In diesen Fällen sollte man sich gegenüber Vermieter und Kündigendem nicht zur Kündigung äußern, damit nicht vorzeitig eine weitere, wirksame Kündigung ausgesprochen wird. Manchmal ergibt sich allerdings aus den Gesamtumständen, dass eine Kündigung im Namen des Vermieters ausgesprochen wurde. Oft kommt es auf Details an, sodass sich in solchen Fällen eine Rechtsberatung empfiehlt.

Fall 2: Wenn die Person, die die Kündigung im Namen des Vermieters ausgesprochen hat, von diesem dazu überhaupt nicht bevollmächtigt war, dann wird die Kündigung wirksam, wenn der Vermieter sie nachträglich genehmigt (§§ 180 Satz 2, 177 Abs. 1 BGB). So genehmigt der Vermieter etwa die Kündigung, wenn er unter Berufung auf diese die Mieter auf Räumung verklagt (vgl. OLG Düsseldorf ZMR 2006, 927). Davor kann man sich schützen, indem man den Vermieter frühzeitig auffordert, zu erklären, ob er die Kündigung genehmigt (Formulierungsbeispiel im Fortgang). Denn dieser muss dann innerhalb von zwei Wochen gegenüber den Mietern seine Genehmigung erklären; sonst bleibt die Kündigung unwirksam (§§ 180 Satz 2, 177 Abs. 2 BGB).

Nachträgliche Genehmigung der Kündigung

Fall 3: Manchmal verfügt die Person, die die Kündigung im Namen des Vermieters ausgesprochen hat, über eine Vermietervollmacht, nur wissen die Mieter davon nichts. Wer gekündigt wird, hat jedoch ein Recht darauf, zuverlässig zu erfahren, ob der die Kündigung Aussprechende

Mieter muss Erteilung der Vollmacht mitgeteilt werden

dazu bevollmächtigt war. Sofern die Mieter nicht aus der Vergangenheit, etwa aufgrund langjähriger Tätigkeit der Hausverwaltung in allen Belangen des Vermieters, zuverlässig Kenntnis haben, dass eine entsprechende Vollmacht erteilt wurde, muss der Vermieter ihnen daher entweder zuvor mitteilen, dass er eine solche Vollmacht erteilt hat, oder der Kündigung selbst muss eine von ihm unterschriebene Originalvollmacht beigefügt sein. Sogar Rechtsanwälte versäumen es manchmal, ihrer im Namen des Vermieters ausgesprochenen Kündigung eine Vollmacht desselben vorzulegen. Selbst wenn dann dem Kündigungsschreiben die Kopie einer solchen Vollmacht vorgelegt wurde, reicht dies nicht aus. Erforderlich ist in diesen Fällen die Beifügung einer vom Vermieter unterschriebenen Originalvollmacht. Fehlt es daran, so ist die Kündigung zwar nicht ohne Weiteres unwirksam, es sei denn, es stellt sich später heraus, dass der Betreffende tatsächlich keine Vollmacht hatte und der Vermieter die Kündigung nachträglich genehmigt. Allerdings können Sie die Kündigung zurückweisen (§ 174 Satz 1 BGB). Dies muss unverzüglich geschehen, also – die Standardformel der Rechtsprechung lautet »ohne schuldhaftes Zögern« – so schnell wie möglich. Die Höchstgrenze wird von der Rechtsprechung auf 14 Tage angesetzt. Wird die Kündigungserklärung rechtzeitig zurückgewiesen, so wird sie unwirksam. Zwar wird der Vermieter in aller Regel eine neue Kündigung mit entsprechender Vollmacht auf den Weg bringen. Unter Umständen rettet Sie jedoch die damit verbundene Verzögerung, etwa weil die neue Kündigung zu einem späteren Zeitpunkt wirksam wird, weil sich die Kündigungsfrist dadurch verlängert oder weil Sie in der Zwischenzeit den Kündigungsgrund beseitigen konnten. Gerade bei Kündigungen wegen Mietzahlungsverzugs kann eine solche Zurückweisung ein Rettungsanker sein. Wenn Sie in der Kürze der Zeit keinen Rechtsrat einholen konnten, können Sie sich bei der Zurückweisung, die immer gegenüber demjenigen erfolgen muss, der die Kündigung für den Vermieter ausgesprochen hat, mit folgenden Formulierungen behelfen:

!

Kündigung kann zurückgewiesen werden

Sehr geehrte Damen und Herren,

Ihrer Kündigung vom ... (Datum) konnte ich nicht entnehmen, dass die derzeitigen Vermieter, Frau ... und Herr... (Vermieternamen), Sie bevollmächtigt haben, eine Kündigung auszusprechen. Die beigefügte Vollmachtskopie ist keine Originalvollmacht. Außerdem ist nicht erkennbar, wer dort unterschrieben hat. Daher weisen wir die Kündigung gemäß § 174 Satz 1 BGB zurück.

(Unterschriften aller Mieter)

Zurückweisung der Kündigung

Wenn Sie vermuten, dass der Vermieter womöglich gar keine Vollmacht erteilt hatte (s.o., die zweite Fallkonstellation), dann sollten Sie auch ihm schreiben:

Sehr geehrte(r) Herr/Frau .../Damen und Herren,

mir ging kürzlich mit Datum vom ... (Datum der Kündigung) ein Schreiben der Hausverwaltung/eines Herrn Rechtsanwalts ... (Name) zu, in dem mir in Ihrem Namen die Kündigung unseres Mietverhältnisses über die Wohnung (Adresse der Mietwohnung) ausgesprochen wurde. Eine von Ihnen ausgestellte Vollmacht lag nicht bei, sodass ich nicht sicher weiß, ob die Kündigung mit Ihrem Einverständnis erfolgte. Daher fordere ich Sie höflich auf, mir mitzuteilen, ob Sie die Kündigung genehmigen.

(Unterschriften aller Mieter)

Aufforderung, Genehmigung der Kündigung mitzuteilen

Im letzten Schreiben sollte für die Antwort des Vermieters keine Frist gesetzt werden, denn in der Regel dürfte Ihnen als Mieter daran gelegen sein, dass der Vermieter die gesetzliche, für eine wirksame Genehmigung laufende Zweiwochenfrist versäumt (siehe oben). Achten Sie darauf, dass Sie den Zugang der Schreiben beweisen können (siehe S. 25 ff.). Selbst wenn eine genauere rechtliche Prüfung im Nachhinein ergibt, dass kein Anlass dafür bestand, schaden solche Schreiben in der Regel nicht. Auf zwei Gefahren ist allerdings hinzuweisen: Zum einen machen Sie mit einer Zurückweisung der Kündigung mangels Vollmacht deutlich, dass Sie die Kündigung nicht akzeptieren, und geben damit frühzeitig Anlass zu einer Räumungsklage. Das kann zu erheblichen Kosten führen, wenn die Kündigung doch wirksam war. Zum anderen veranlassen Sie den Vermieter mit Ihrer Zurückweisung unter Umständen dazu, sämtliche Aspekte der Kündigung zu überprüfen und eine verbesserte Version auf den Weg zu bringen. Hat die erste Kündigung schwerwiegende Fehler aufgewiesen, die diese unabhängig von der Frage der Vollmacht unwirksam machen, so kann Zuwarten die bessere Lösung sein, weil der Vermieter dann erst im Laufe des Räumungsrechtsstreits darauf gestoßen wird, dass er eine fehlerfreie Kündigung nachschieben muss.

e) Zwangsverwaltung und Insolvenzverwaltung

Zunehmend verlieren Vermieter ihre Befugnis, über die Mieträume zu verfügen, weil sie zahlungsunfähig geworden sind oder Zahlungsunfähigkeit droht. Zwei Konstellationen kommen in Betracht: die Zwangsverwaltung und die Insolvenzverwaltung.

Zwangs-
verwaltung Durch eine Zwangsverwaltung wird dem Vermieter seine Befugnis, die Immobilie zu nutzen, vom Gericht entzogen und auf einen Zwangsverwalter übertragen. Von da an tritt der Zwangsverwalter in laufenden Mietverhältnissen an die Stelle des Vermieters (§ 152 ZVG), es sei denn, die Mieträume waren den Mietern zu diesem Zeitpunkt noch nicht überlassen worden. Für die Dauer der Zwangsverwaltung ist nur der Zwangsverwalter berechtigt zu kündigen. Nur ihm gegenüber können die Mieter während dieser Zeit kündigen. An ihn ist die Wohnung zurückzugeben.

Gleiches gilt für den Fall der Insolvenzverwaltung. Bei dieser wird dem Vermieter gerichtlich nicht nur die Verfügungsbefugnis über die Immobilie, sondern über sein gesamtes bisheriges Vermögen entzogen und auf den Insolvenzverwalter übertragen. Nur dieser kann kündigen und nur ihm gegenüber kann, solange er die Insolvenzverwaltung wahrnimmt, gekündigt werden (§§ 80, 108 InsO).

Mit Wirkung für die Mieter geht die Vermieterstellung bei Zwangsverwaltung und Insolvenzverwaltung in dem Moment über, in dem das Gericht die Zwangsverwaltung anordnet und den Zwangsverwalter bestellt bzw. die Insolvenz eröffnet und den Insolvenzverwalter ernennt. Zwangsverwalter und Insolvenzverwalter sind immer nur »Partei kraft Amtes«. Das bedeutet, dass sie für die Dauer ihrer Bestellung in eigenem Namen, aber kraft ihres Amtes für den Zwangsverwaltungs- bzw. Insolvenzschuldner, in unserem Falle den Vermieter, handeln. Für den Fall der Insolvenzverwaltung sollte man zweierlei wissen: Der vom Gericht bestellte Insolvenzverwalter kann für gewisse Zeit abgewählt werden (§ 57 InsO) und das Gericht kann auch einen sogenannten »schwachen vorläufigen Insolvenzverwalter« bestellen (§ 21 Abs. 2 InsO), der nicht an die Stelle des Vermieters tritt, weil diesem die Verfügungsbefugnis über sein Vermögen nicht entzogen wurde. Daher ist es wichtig, sich im Zweifel vom Insolvenzverwalter seine Bestallungsurkunde vorlegen zu lassen oder sich beim Amtsgericht, das den Eröffnungsbeschluss erlassen hat, genauer nach seiner Bestellung zu erkundigen. Gleiches gilt im Übrigen bei Zweifeln auch für den Zwangsverwalter. In der Regel werden sowohl dieser als auch der Insolvenzverwalter frühzeitig von sich aus an die Mieter herantreten, um die Mieten einzuziehen und bei dieser Gelegenheit zumindest Kopien der Bestallungsurkunde bzw. des entsprechenden amtsgerichtlichen Beschlusses vorlegen.

Bestallungsurkunde vorlegen lassen

2. Das normale Ende des Mietvertrags: die ordentliche Kündigung

Wurden keine feste Mietzeit, kein Kündigungsausschluss oder ein Vertrag auf Lebenszeit des Vermieters oder des Mieters vereinbart, so kann das Mietverhältnis von jeder Vertragspartei ordentlich, also unter Beachtung der ordentlichen Kündigungsfristen gekündigt werden. Da Mieter hierzu keinen Kündigungsgrund benötigen, müssen sie ihr Kündigungsschreiben auch nicht mit einer Begrün-

Begründung der Kündigung durch Mieter ist nicht notwendig

dung versehen, sondern lediglich die allgemeinen Formalien beachten (siehe oben, S. 39 ff.).

Die ordentliche Kündigung kann wie folgt aussehen:

(Name und Anschrift
aller im Mietvertrag als Mieter
aufgeführten Personen)

Per Einschreiben/Rückschein!

An
(Vermieter bzw. Hausverwaltung
Name und Anschrift)
(Ort, Datum)

Kündigung unseres Mietvertrages über die Mietwohnung ... (Adresse der Wohnung und Lage im Haus)

Sehr geehrte(r) Herr/Frau .../Damen und Herren,

hiermit kündige ich/kündigen wir den oben bezeichneten Mietvertrag fristgerecht zum 31.08.2011.

[Mögliche aber für die Wirksamkeit nicht notwendige weitere Inhalte:]

Wir bitten um Rücksprache wegen eines Termins zur Vorabnahme, die aus unserer Sicht nicht vor dem ... (Datum), aber spätestens bis zum ... (Datum) stattfinden sollte.

Bitte veranlassen Sie eine möglichst zeitnah zum Übergabetermin erfolgende Zwischenablesung der Zählerstände (Kalt- und Warmwasser) sowie der Heizkostenverteiler.

Wir sind an einer vorzeitigen Entlassung aus dem Mietverhältnis interessiert und werden Sie daher in den nächsten Tagen anrufen, um einen persönlichen Gesprächstermin zu vereinbaren.

Sollten Sie Einwände gegen den Kündigungszeitpunkt haben, wären wir Ihnen dankbar, wenn Sie uns dies frühzeitig wissen lassen.

Bitte bestätigen Sie uns kurz den Eingang unserer Kündigung.

Mit freundlichen Grüßen

[unbedingt beachten: Unterschriften aller Mieter, sonst notfalls mit dem Zusatz »auch i.V. für ... (Name des fehlenden Mieters)« unterschreiben und dem Kündigungsschreiben eine von diesem oder seinem gesetzlichen bzw. gerichtlich angeordneten Vertreter unterschriebene Originalvollmacht beifügen.]

Anders als die Mieter müssen Vermieter auch ihre ordentliche Kündigung mit einem der gesetzlich vorgesehenen Gründe rechtfertigen (§ 573 BGB). Allerdings gelten für bestimmte Wohnraummietverträge abweichende Regelungen, die für die Mieter mit einem geringeren Kündigungsschutz verbunden sind. Darauf wird später eingegangen (S. 83 ff.). Zunächst jedoch zum Normalfall:

2.1   Kündigungsfristen und wie sie berechnet werden

Außer bei der fristlosen Kündigung muss zwischen dem Zeitpunkt, zu dem die Kündigung zugeht, und dem Vertragsende, dem sogenannten Kündigungstermin, eine Mindestfrist liegen. Diese sogenannte Kündigungsfrist ist im Wohnraummietrecht weitgehend gesetzlich vorgegeben. Bei einer ordentlichen Kündigung der Mieter muss das Kündigungsschreiben dem Vermieter spätestens am 3. Werktag eines Kalendermonats zugehen, damit sie zum Ablauf des übernächsten Monats wirksam wird (§ 573c Abs. 1 BGB). Es gilt also normalerweise – Ausnahmen werden im Folgenden aufgeführt – eine um drei Werktage verkürzte dreimonatige Kündigungsfrist. Auch Samstage zählen dabei zu den Werktagen (BGH NJW 2005, 1354). Ist also der Monatserste ein Freitag, dann gilt der Montag als dritter Werktag des Monats. Teilweise wird vertreten, dass es in Fällen, in denen der dritte Werktag auf einen Samstag fällt, ausreicht, wenn die Kündigung am folgenden Werktag, also in der Regel am Montag zugeht (LG

Kündigungsfrist ist gesetzlich geregelt

Wuppertal WuM 1993, 450; LG Kiel WuM 1994, 543; LG München I WuM 1995, 103). Gehen Sie vorsorglich davon aus, dass dies im Wohnraummietrecht nicht zutrifft, auch wenn der zuständige BGH-Senat diese Frage offengelassen hat. Immerhin gibt es eine neuere ablehnende Entscheidung eines anderen Senats zu einer ähnlichen Fallkonstellation (BGH GE 2005, 481). Besteht nach erfolgter Kündigung bereits Streit über den rechtzeitigen Zugang, dann können Sie sich natürlich trotzdem auf die vorstehend genannten Landgerichtsurteile berufen.

Kündigung ist nur zum Monatsende zulässig

In der Regel kann ordentlich nur zum Monatsende gekündigt werden (»zum 31. März 2011«), selbst wenn im Mietvertrag nur die Dreimonatsfrist erwähnt ist (BGH WuM 2003, 635). Kündigungen, die verspätet zugehen, sind nicht gegenstandslos, sondern werden zum nächstzulässigen Termin wirksam (OLG Hamm MDR 1994, 56). Ging also Ihre zum 31.10.2010 ausgesprochene Kündigung Ihrem Vermieter nicht mehr vor dem dritten Werktag im August 2010 (Mittwoch, dem 4.8.) zu, sondern erst am 5.8.2010 oder später, dann wurde sie erst zum 30.11.2010 wirksam.

Machtbereich des Empfängers

Läuft der dritte Werktag bereits, so sollte man jedenfalls nach 13.00 Uhr Kündigungsschreiben besser persönlich übergeben. Denn diese gelten nicht ohne Weiteres bereits dann als zugegangen, wenn sie in den Briefkasten geworfen wurden. Entscheidend ist, wann der Empfänger nach dem gewöhnlichen Lauf der Dinge vom Schreiben Kenntnis nehmen konnte. Beim Einwurf in den Briefkasten hängt der Zugang also davon ab, wann dort üblicherweise die Briefpost eingeworfen wird und folglich damit gerechnet werden darf, dass mit der Post Ihr Schreiben entnommen wird. Wo branchenüblich an einem Werktag, etwa Silvester, nachmittags nicht mehr gearbeitet wird, geht eine am Nachmittag eingeworfene Kündigung erst am nächsten Werktag zu (BGH WuM 2008, 328).

Unterschiedliche Fristen für Mieter und Vermieter

Für ordentliche Kündigungen der Mieter gilt generell die um drei Werktage verkürzte geltende Dreimonatsfrist, und zwar unabhängig von der Mietdauer (§ 573c Abs. 1 BGB). In den ersten fünf Jahren gilt sie auch für Kündigungen des Vermieters. Danach verlängert sie sich jedoch, und zwar nach fünf und acht Jahren nach Überlassung des Wohnraumes um jeweils drei Monate (§ 573c Abs. 1 Satz 2 BGB). Für Ihren Vermieter gelten also folgende Fristen:

- in den ersten 5 Jahren: 3 Monate
- nach Vollendung des 5. Jahres bis zu 8 Jahren: 6 Monate
- nach Vollendung des 8. Jahres: 9 Monate.

Mietzeit ist maßgebend

Welche Kündigungsfrist für Vermieterkündigungen gilt, hängt davon ab, wie viel Zeit – vom Zugang der Kündigung aus gerechnet – verstrichen ist, seit die Mieträume aufgrund des laufenden Mietvertrages den Mietern überlassen wurden. Daher spielt es keine Rolle, ob während dieser Zeit Mieter oder Vermieter gewechselt haben, etwa weil der Mieter später in den mit seiner Ehefrau geschlossenen Mietvertrag eingetreten ist (OLG Stuttgart WuM 1984, 45) oder weil die Mieträume veräußert wurden (§ 566 BGB). Für die Fristberechnung ist es auch unerheblich, wenn im Vertrag ein Zeitpunkt vereinbart wurde, zu dem dieser enden soll. War der Mieter, bevor er den Mietvertrag abgeschlossen hat, Untermieter, so wird seine Mietzeit als Untermieter nicht hinzugerechnet, weil allein die Laufzeit des von ihm geschlossenen Mietvertrags entscheidend ist. Aus diesem Grunde ist es auch höchst umstritten, ob bei einem Umzug innerhalb desselben Hauses die Zeit, in der die Mieter die alte Wohnung bewohnt haben, für die Berechnung der Kündigungsfrist mitzählt. Wenn mit dem Wohnungswechsel zugleich der Vermieter wechselte, ist allein die Mietzeit in der neuen Wohnung entscheidend. Wenn aber Mieter und Vermieter beim Wechsel identisch bleiben, dann werden die bisherigen Beziehungen fortgesetzt, sodass die Frage schwieriger zu entscheiden ist. Nur in dem Sonderfall, dass der Wohnungswechsel auf Initiative des Vermieters oder in dessen Interesse erfolgte, besteht Einigkeit, dass bei der Berechnung seiner Kündigungsfrist beide Mietzeiten zu addieren sind (LG Aachen ZMR 1970, 216; AG Kerpen WuM 1994, 77). In den übrigen Fällen ist die Rechtslage sehr umstritten (für Anrechnung des alten Mietverhältnisses etwa LG Mannheim WuM 1976, 207; LG Bonn WuM 1987, 322; dagegen: LG Düsseldorf ZMR 1969, 243 und 310). Jedenfalls dann, wenn im neuen Mietvertrag ausdrücklich vereinbart wurde, dass die Mietdauer des alten Mietverhältnisses mitgenommen werden solle, ist die Gesamtmietzeit verbindlich (BGH WuM 2005, 584).

Wohnungswechsel innerhalb des Wohnungsbestands des Vermieters

Als Mieter sind Sie daher gut beraten, bei einem Wohnungswechsel innerhalb des Wohnungsbestandes des Vermieters ausdrücklich in den Mietvertrag aufnehmen zu lassen, dass für dessen Kündigungen die Mietzeit des alten Mietverhältnisses anzurechnen ist. Eine solche Vereinbarung ist wirksam, da sie nur zum Vorteil der Mieter vom Gesetz abweicht.

Denn insgesamt gilt: Von den gesetzlichen Vorgaben abweichende Kündigungsfristen können zwar vertraglich vereinbart werden. Doch ist dies nur wirksam, wenn die Regelung nicht zuungunsten der Mieter ausfällt (§ 573c Abs. 4 BGB). Vermieter können sich also wirksam zu längeren Fristen für ihre eigenen Kündigungen verpflichten und den Mietern auch kürzere Kündigungsfristen einräumen. Etwas komplizierter wird die Sache, wenn für beide Seiten eine verkürzte Kündigungsfrist, etwa von vier Wochen, vereinbart wird. Überwiegend wird davon ausgegangen, dass die Verkürzung nur für Mieter-, nicht aber für Vermieterkündigungen gilt (OLG Zweibrücken WuM 1990, 8).

Nicht jede Kündigung beendet den Vertrag mit Ablauf der Kündigungsfrist. Grundsätzlich bestimmt die Kündigungsfrist nur die Zeit, die mindestens zwischen Kündigungszugang und Vertragsende liegen muss. Verwechseln Sie also nicht die Frage, welche Kündigungsfrist einzuhalten ist, mit der Frage, zu welchem Zeitpunkt Ihr Mietvertrag gekündigt werden kann. Denn es gibt Verträge, bei denen die Kündigung nur oder frühestens zu einem bestimmten Zeitpunkt zulässig ist, etwa bei bestimmten Altmietverträgen (vgl. dazu die nachfolgenden Ausführungen) und bei Vereinbarungen, durch die das Recht zur ordentlichen Kündigung zeitweise ausgeschlossen wird (siehe S. 71 ff.).

a) Kündigungsfristen für die ordentliche Kündigung bei Altmietverträgen

Auch für die vor dem 1.9.2001, also vor der Mietrechtsreform geschlossenen Altmietverträge, gilt vom Grundsatz her die Regelung, dass die Mieter unabhängig von der Vertragslaufzeit mit einer Dreimonatsfrist ordentlich kündigen können (§ 573c Abs. 1 BGB). Sollten allerdings in Ihrem Altmietvertrag davon abweichende Kündigungsfristen vereinbart worden sein, so ist Vorsicht geboten. Entwarnung gilt nur für den häufigsten Fall: Viele dieser Verträge sehen parallel zur alten gesetzlichen Regelung (§ 565 Abs. 2 BGB a. F.) vor, dass spätestens am dritten Werktag eines Kalendermonats zum Ablauf des übernächsten Monats gekündigt werden kann und sich die Kündigungsfrist nach fünf, acht und zehn Jahren um jeweils drei Monate verlängert. Wurden diese Fristen durch allgemeine Geschäftsbedingungen (siehe S. 20 ff.) vereinbart, dann gilt heute zugunsten der Mieter die dreimonatige Kündigungsfrist (Art. 229 § 3 Abs. 10 Satz 2 EGBGB). In allen anderen Fällen empfiehlt es sich, rechtlichen Rat einzuholen. Der Teufel steckt hier im Detail.

Kündigungsfristen für Mieter

Vermieter müssen sich hingegen bei eigenen Kündigungen an die Kündigungsfristen halten, die sie in den Altmietverträgen vereinbart hatten, wenn diese länger als die aktuellen gesetzlichen Kündigungsfristen sind (BGH WuM 2008, 290). Unterschreiten können sie diese ohnehin nicht (§ 573c Abs. 4 BGB). In manchen Altmietverträgen wurden die »derzeit« geltenden Kündigungsfristen vereinbart. Damit wurde nur auf das im Kündigungszeitpunkt geltende Gesetz verwiesen, mit der Folge, dass dann die aktuellen Kündigungsfristen gelten.

Kündigungsfristen für Vermieter

Bei manchen Altverträgen stellt sich das Sonderproblem einer Verlängerungsklausel: Sie enthalten Vereinbarungen, wonach sich der Mietvertrag nach einer fest vereinbarten Anfangslaufzeit (meist ein Jahr) jeweils um

Mietverträge mit Verlängerungsklausel

einen weiteren Zeitraum (meist ebenfalls ein Jahr) verlängert, sofern er nicht zuvor fristgemäß gekündigt wurde. Bei Mietverträgen, die nach dem 31.8.2001 geschlossen wurden, sind solche Klauseln unwirksam (BGH WuM 2005, 342), nicht aber bei bis dahin geschlossenen Verträgen. Häufig lautet die entsprechende Klausel: »Der Mietvertrag läuft zunächst bis zum ... (konkretes Datum, z.B. 31.7.1998) und verlängert sich jeweils um ein weiteres Jahr, wenn er nicht ... vor Ablauf gekündigt wurde«. Oft sind an der offen gelassenen Stelle als Kündigungsfrist drei Monate, manchmal sechs Monate, das Wort »fristgemäß« oder die Formulierung »mit ordentlicher Kündigungsfrist« vorgegeben. Selbst eine durch allgemeine Geschäftsbedingungen (siehe S. 20 ff.) vereinbarte Verlängerung um jeweils fünf Jahre ist wirksam (BGH WuM 2010, 508). Für die Kündigungsfrist als solche gelten in diesen Fällen keine Besonderheiten. Diese bestimmt nur, wie lange vor dem anvisierten Vertragsende die Kündigung spätestens erfolgen muss. Doch kann immer nur zum vertraglich vorgegebenen Ablauftermin gekündigt werden (BGH WuM 2007, 463 und 513). Im vorstehend angeführten Formulierungsbeispiel könnte nur einmal im Jahr zum 31.7. gekündigt werden, wenn auch mit der Regelkündigungsfrist, sodass nach dem Beispiel die Kündigung spätestens am dritten Werktag des Monats Mai zugehen müsste. Wurde zu spät gekündigt und damit der nächstmögliche Ablauftermin versäumt, dann ergibt sich daraus oft eine recht lange Restlaufzeit des Mietvertrags. Bei einem kurzfristigeren Auszugswunsch sollte man also klären, ob es neben einer ordentlichen Kündigung andere Möglichkeiten gibt, das Mietverhältnis vorzeitig zu beenden (siehe S. 84 ff.).

b) Kündigungsfristen für die ordentliche Kündigung bei DDR-Altmietverträgen

Es gilt das Mietrecht des BGB Seit der Wiedervereinigung gilt für die neuen Bundesländer und damit auch für die vor dem 3.10.1990 geschlossenen DDR-Altmietverträge das Mietrecht der Bundesrepublik. Also sind heute sowohl Vermieter als auch Mieter vom Grundsatz her an die seit dem 1.9.2001 gesetzlich vorgegebenen Kündigungsfristen (siehe S. 61 ff.) gebunden. Für die Mieter ist dies eine deutliche Verschlechterung. Denn in der DDR galt für sie bei ordentlichen Kündigungen eine Zweiwochenfrist (§ 120 Abs. 2 ZGB). Wenn Sie allerdings über einen DDR-Altmietvertrag verfügen, sollten Sie prüfen, ob dieser eine Klausel enthält, die Ihnen als Mieter eine solche Zweiwochenkündigungsfrist einräumt. Denn nach ganz überwiegender Ansicht steht Mietern in diesem Fall diese kurze Kündigungsfrist von zwei Wochen weiterhin zu (KG RE WuM 1998, 149), während für Vermieterkündigungen die regulären Kündigungsfristen gelten (§ 573c Abs. 1 BGB).

c) Kündigungsfristen bei teilweise gewerblich genutzten Räumen

Wenn die gemieteten Räume nicht nur bewohnt, sondern teilweise auch gewerblich, etwa als Arztpraxis, Büro, Werkstatt oder Lager genutzt werden, also ein sogenanntes Mischmietverhältnis besteht, ist für die Frage, welche Kündigungsfrist gilt, entscheidend, ob die Vorschriften für Gewerbe- oder für Wohnraummiete gelten. In ersterem Fall gelten die oben genannten Kündigungsfristen. Bei Geschäftsraummietverträgen dagegen ist die ordentliche Kündigung spätestens am 3. Werktag eines Kalendervierteljahres zum Ablauf des nächsten Kalendervierteljahres zulässig (§ 580a Abs. 2 BGB). Vor allem aber sind dort abweichende vertraglich vereinbarte Kündigungsfristen wirksam, auch wenn dies für die Mieter von Nachteil ist. Und der Vermieter benötigt für eine ordentliche Kündigung keinen Kündigungsgrund. Es kommt hinzu, dass bei Geschäftsraummietverhältnissen Zeitmietverträge nicht nur zulässig, sondern üblich sind, während zeitliche Befristungen bei Wohnraummietverträgen nur noch in Ausnahmefällen wirksam sind. Vor allem wegen des Mieterschutzes ist Mietern in der Regel daran gelegen, dass für ihr gesamtes Mietverhältnis Wohnraummietrecht gilt. Denn bei Mischmietverhältnissen wird Wohnraummiet-

Mischmietverhältnisse

**Flächen-
anteile sind
maßgebend**

recht dann angewandt, wenn der Wohnzweck nach den Absprachen der Parteien überwiegt. Nur dann greift auch der wohnraumtypische Kündigungsschutz (OLG Schleswig RE WuM 1982, 266; BGH WuM 1986, 274). Dabei kommt es vor allem darauf an, welche Flächenanteile auf die unterschiedlichen Räume entfallen, welche Mietpreise diesen zugeordnet sind und ob die Mieter schwerpunktmäßig anderen Wohnraum nutzen. Auch wenn der Vertragstext mit »Gewerbemietvertrag« überschrieben ist, ist Wohnraummietrecht anwendbar, wenn sich nachweisen lässt, dass der Wohnzweck überwiegt. Weil dies im Streitfall die von den Schutzvorschriften begünstigten Mieter beweisen müssen (siehe S. 32 ff.), tun Sie gut daran, darauf zu achten, dass Absprachen, aus denen hervorgeht, dass der Wohnzweck überwiegen soll, im Mietvertrag schriftlich fixiert werden, am besten unter genauer Angabe, welche Räume Wohn- und welche Gewerbezwecken dienen sollen.

2.2 Vertraglicher Ausschluss der ordentlichen Kündigung

**Kurze Kündi-
gungsfrist soll
unterlaufen
werden**

Da Zeitmietverträge bei Wohnraummietverhältnissen nur selten geschlossen werden können, versuchen Vermieter manchmal, die kurze Kündigungsfrist zu unterlaufen, indem sie vertraglich eine Mindestmietzeit vorgeben, während der die ordentliche Kündigung ausgeschlossen ist. Gegen das Verbot, die Kündigungsfristen zulasten der Mieter zu verkürzen (§ 573c Abs. 4 BGB), verstößt diese Einschränkung nicht (BGH WuM 2004, 157). Bei Vertragsschluss sollten Sie deshalb unbedingt auf solche Klauseln achten. Nur das Recht zur ordentlichen Kündigung kann eingeschränkt werden, nicht jedoch das Recht zu außerordentlichen Kündigungen, für die auch Mieter einen Kündigungsgrund benötigen (siehe S. 39). Allerdings beziehen sich Kündigungsausschlüsse selbst dann, wenn ihre Formulierung offen lässt, ob auch außerordentliche Kündigungen gemeint sind, nur auf ordentliche Kündigungen (BGH WuM 2006, 152).

Ein Kündigungsausschluss, der länger als ein Jahr gelten soll, muss in gesetzlicher Schriftform (siehe S. 17 f., 43) vereinbart werden (BGH WuM 2007, 272). Wird diese Form nicht eingehalten, so ist der Kündigungsausschluss unwirksam; allerdings kann der Vertrag dann frühestens zum Ablauf eines Jahres nach Überlassung der Räume ordentlich gekündigt werden (§ 550 Satz 2 BGB). Für welchen Zeitraum das Recht, ordentlich zu kündigen, wirksam ausgeschlossen werden kann, hängt von einer ganzen Reihe von Umständen ab. Die derzeitige Rechtslage stellt sich wie folgt dar:

Kündigungsausschluss für länger als ein Jahr bedarf der Schriftform

Formularvertragliche Regelungen (siehe S. 20 ff.), die nur den Mietern die ordentliche Kündigung verbieten, sind stets unwirksam (BGH WuM 2009, 47), es sei denn, es besteht ein Staffelmietvertrag (siehe S. 70). Auch wenn der Vermieter für beide Seiten das Recht zur ordentlichen Kündigung ausgeschlossen hat, ist dies formularvertraglich maximal für eine Zeit von vier Jahren zulässig (BGH WuM 2005, 346). Gerechnet wird vom Vertragsschluss bis zu dem Zeitpunkt, zu dem der Mieter den Vertrag erstmals beenden kann. Sieht der Vertrag also vor, dass die Kündigung erst nach Ablauf von vier Jahren erklärt werden kann, dann ist dies unwirksam, weil noch die Kündigungsfrist (siehe S. 61 f.) hinzukommt (BGH WuM 2011, 35). Anders, wenn die Vierjahresgrenze eingehalten wird: Formularvertraglich kann vereinbart werden, dass frühestens zum Ende von vier Jahren ab Vertragsschluss ordentlich gekündigt werden darf. Kürzere Ausschlüsse sind allenfalls in Sonderfällen unwirksam, z.B. im Falle von Studentenzimmern (BGH WuM 2009, 587) oder wenn Mieter und Vermieter in einer Wohnung leben. Selbst wenn die Mieter Nachmieter stellen dürfen, macht das Kündigungsausschlüsse, die nach diesen Grundsätzen nichtig sind, nicht wirksam (BGH WuM 2011, 35).

Unwirksame Klauseln

Ausschlüsse von mehr als vier Jahren sind nur möglich, wenn sie von Vermieter und Mieter im Einzelnen ausgehandelt wurden (also durch Individualvereinbarung, siehe S. 20 ff.). Welche zeitlichen Grenzen hier gelten,

Individualvereinbarung notwendig

ist derzeit unklar. Ein auf fünf Jahre befristeter Kündigungsausschluss ist wirksam, selbst wenn er nur für die Mieter vereinbart wurde (BGH WuM 2004, 157). Längere Ausschlüsse können aber, wenn sie einseitig zulasten der Mieter vereinbart wurden, unwirksam sein (§ 138 Abs. 1 BGB). Wurde das Recht zur ordentlichen Kündigung für mehr als 30 Jahre ausgeschlossen, so können nach Ablauf dieses Zeitraums beide Parteien mit dreimonatiger Kündigungsfrist kündigen (§ 544 BGB; LG Berlin GE 1992, 151).

Staffelmiete Anderes gilt für den Sonderfall, dass eine Staffelmiete vereinbart wurde. Von Staffelmiete spricht man, wenn mietvertraglich vereinbart wurde, dass sich die Miete nach einer bestimmten Zeit, meist ein Jahr – kürzere Zeitstaffeln sind unzulässig –, um einen festgelegten Betrag erhöht (§ 557a BGB). Bei Staffelmietverträgen kann das Recht zur ordentlichen Kündigung für maximal vier Jahre ausgeschlossen werden (§ 557a Abs. 3 BGB), gerechnet vom Abschluss der Staffelmietvereinbarung an (BGH NZM 2005, 782). Unterhalb dieser Grenze ist ein Ausschluss auch dann wirksam, wenn er formularvertraglich und nur für die Mieter, nicht aber für den Vermieter vereinbart wurde (BGH WuM 2006, 97). Bei längeren Ausschlusszeiten gilt Folgendes: Wurde der Kündigungsausschluss formularvertraglich vor dem 1.9.2001 vereinbart, dann ist dieser nur bis zum Ablauf der ersten vier Jahre wirksam (BGH WuM 2005, 519). Von da an kann mit ordentlicher Frist gekündigt werden. Gleiches gilt für zwischen Vermieter und Mietern individuell ausgehandelte Vereinbarungen (BGH WuM 2006, 445), unabhängig davon, wann sie geschlossen wurden. Wurde der Kündigungsausschluss hingegen nach dem 31.8.2001 formularvertraglich vereinbart, dann ist er komplett unwirksam (BGH WuM 2006, 152) und die Mieter können jederzeit mit ordentlicher Frist kündigen. Ob dies, wenn der Kündigungsausschluss für beide Seiten formularvertraglich vereinbart wurde, auch für den Vermieter gilt, hängt vom Einzelfall ab. In der Regel wird er sich an eine ihn von der ordentlichen

Kündigung ausschließende Klausel nach Treu und Glauben halten müssen. Schließlich hat er diese als Verwender der allgemeinen Geschäftsbedingungen (siehe S. 20 ff.) in den Vertrag eingebracht.

Wenn Ihr Mietvertrag eine solche Klausel enthält, so sollten Sie sich vor Ihrer Kündigung informieren, ob die Frage mittlerweile höchstrichterlich geklärt ist. Notfalls ist zu klären, ob es andere Möglichkeiten gibt, das Mietverhältnis vorzeitig zu beenden (siehe S. 84 ff.)

2.3 Kündigungsgründe bei ordentlicher Kündigung des Vermieters

Nur Mieter benötigen für ihre ordentliche Kündigung keinen Kündigungsgrund, müssen einen solchen also auch nicht im Kündigungsschreiben angeben. Vermieter hingegen benötigen in der Regel für ihre ordentliche Kündigung ein sogenanntes »berechtigtes Interesse« (§ 573 Abs. 1 Satz 1 BGB). Sie müssen diesen Kündigungsgrund folglich auch im Kündigungsschreiben angeben (§ 573 Abs. 3 BGB), und zwar so genau, dass die Mieter genau erkennen können, wozu der Vermieter die Wohnräume konkret benötigt (BayObLG RE WuM 1981, 200 und 1985, 50; BVerfG WuM 1989, 483). Sonst ist die Kündigung unwirksam.

Vermieter muss Kündigungsgrund angeben

a) Die Eigenbedarfskündigung

Häufig kündigen Vermieter wegen Eigenbedarfs. Eine Eigenbedarfskündigung ist nur zulässig, wenn der Vermieter die Mieträume als Wohnung für sich selbst, seine Familienangehörigen oder andere Angehörige seines Haushalts ernsthaft benötigt (§ 573 Abs. 1 und 2 Nr. 2 BGB). Als Familienangehörige gelten insbesondere Eltern, Großeltern, Geschwister und Kinder, aber auch Ehegatten und eingetragene Lebenspartner sowie leibliche Nichten und Neffen (BGH WuM 2010, 163), bei engen sozialen Bindungen auch andere Familienmitglieder, etwa Schwägerin und Schwager (BGH WuM 2009, 294). Gesellschaften bürgerlichen Rechts (siehe S. 52 f.) können sich auf Eigenbedarf ihrer Gesellschafter berufen (BGH WuM 2007, 515 und WuM 2009, 519), während bei anderen Gesellschaften (KG, GmbH, OHG, GmbH & Co. KG) Eigenbedarfskündigungen ausgeschlossen sind (BGH WuM 2007, 459; WuM 2007, 457 und WuM 2011, 113). Da das Besitzrecht der Mieter an ihrer Mietwohnung dem Eigentum des Vermieters im Wesentlichen gleichgestellt ist (vgl. BVerfG NJW 1993, 2035; WuM 1995, 140 und WuM 2004, 80), ist eine Eigenbedarfskündigung nur wirksam, wenn die Gründe des Vermieters ernsthaft, vernünftig und nachvollziehbar sind (BGHZ 103, 91). Das aber reicht auch aus. Notlagen sind nicht erforderlich. Die Gerichte akzeptieren Gründe, die auf der beruflichen oder privaten Lebensplanung des Vermieters beruhen, etwa den Wunsch, durch den eigenen Einzug oder den der Kinder die Nähe zu diesen zu fördern, einen Alterswohnsitz zu begründen, einem Kind eine eigene oder größere Wohnung zu Studienzwecken oder zwecks Familiengründung zu verschaffen. Akzeptieren die Mieter die Kündigung nicht, müssen die Gerichte im Rahmen des Räumungsrechtsstreits sorgfältig prüfen, ob der Nutzungswunsch ernsthaft, die Wohnung für diesen geeignet ist und ob die betreffenden Eigenbedarfspersonen die Wohnung beziehen können und wollen. Der Eigenbedarf muss sich auf die gesamte Wohnung erstrecken.

Ernsthafte, vernünftige und nachvollziehbare Gründe

Vermieter mehrerer Wohnungen sind nicht verpflichtet, das Mietverhältnis mit den Mietern zu kündigen, die dadurch am geringsten beeinträchtigt werden (BGH RE NJW 1994, 554). Doch ist eine Eigenbedarfskündigung rechtsmissbräuchlich und damit unwirksam, wenn der Vermieter seinen Wohnbedarf ohne wesentliche Abstriche durch eine nach Lage und Standard gleichwertige Wohnung befriedigen kann, die nicht bewohnt ist oder demnächst frei wird (vgl. BVerfGE 79, 292). Selbst eine Alternativwohnung, die nicht völlig gleichwertig ist und seinem Wohnbedarf nicht entspricht, muss er zumindest den gekündigten Mietern anbieten, wenn ihm diese im selben Haus oder in derselben Wohnanlage (BGH WuM 2003, 464) bis zum Ablauf der Kündigungsfrist zur Verfügung steht (BGH WuM 2003,

463). Andere Wohnungen, etwa solche, die erst danach frei werden, muss er nicht anbieten (BGH WuM 2008, 497). Auch größere oder kleinere Wohnungen im Haus muss der Vermieter anbieten (BGH WuM 2010, 757). Ob die Mieter diese für geeignet halten, ist ihre Sache. Die orts- oder hausübliche Miete darf der Vermieter für die Alternativwohnung verlangen (OLG Karlsruhe RE GE 1993, 369), muss allerdings bei seinem Angebot die wesentlichen Bedingungen (Ausstattung, Größe, Miethöhe etc.) nennen (BGH WuM 2010, 757). Verstößt er gegen diese Pflichten, so ist die Kündigung rechtsmissbräuchlich und deshalb unwirksam. Gleiches gilt, wenn der Vermieter vorhersieht, dass er in absehbarer Zeit möglicherweise wegen Eigenbedarfs kündigen wird, die Mieter darauf nicht hinweist und diese die Wohnung auf unbestimmte Zeit mieten (BGH WuM 2010, 512). Für absehbar halten die Gerichte Zeiträume von vier bis fünf Jahren. Auch eine Kündigung zum Ablauf von vier Jahren wurde schon als nicht rechtsmissbräuchlich angesehen (BGH WuM 2009, 180).

Bei Eigenbedarfskündigungen durch Vermieter mit mehreren Wohnungen sollten Sie sich stets umhören, ob deren Wohnungen vor oder bis zum Ende der für Sie laufenden Kündigungsfrist frei werden, sei es durch Nachfrage bei anderen Mietern, bei Maklern oder durch Sichtung der Wohnungsinserate. Insbesondere wenn Ihr Vertrag nach Erhalt der Kündigung noch mehr als drei Monate läuft, kann sich auch die mehrfache Nachfrage im Monatstakt lohnen.

Tipp

Auf frei werdende Wohnungen achten

Auch wenn der Wohnbedarf, mit dem der Vermieter die Kündigung rechtfertigt, bereits bei Mietvertragsschluss bestand oder vorhersehbar war, kann die Eigenbedarfskündigung treuwidrig und damit nichtig sein (vgl. BVerfG NJW 1989, 970; LG Paderborn WuM 1994, 331), es sei denn, die Mieter wurden darüber vor Vertragsschluss informiert. In der Regel muss ein Vermieter einen Zeitraum von fünf Jahren überdenken, wenn er eine Wohnung vermietet (vgl. LG Hamburg WuM 1993, 50 und 677; LG Gießen WuM 1996, 416; LG Wuppertal WuM 1991, 691).

Schadens-
ersatz nach
unberech-
tigter Kündi-
gung

Wurde der Kündigungsgrund nur vorgetäuscht, so ist die Kündigung unwirksam und die Mieter können vom Vermieter Schadensersatz verlangen (BGH WuM 2005, 521). Ist kein Rückzug möglich, so können Anwalts- und umzugsbedingte Kosten sowie die Mehrbelastung durch eine höhere Miete verlangt werden. Keine Ansprüche bestehen, wenn die Mieter die Täuschung erkennen und sich dennoch mit dem Vermieter auf einen Auszug einigen. Nicht jeder Mangel der Kündigung begründet Schadensersatzansprüche. Sind die Mieter gewichen, obwohl die Kündigung nicht begründet wurde, können sie keinen Ersatz fordern (BGH WuM 2011, 33), es sei denn, der Vermieter hat ihnen rechtlich tragfähige Kündigungsgründe außerhalb des Kündigungsschreibens so plausibel geschildert, dass sie daran nicht zweifeln mussten und deshalb ausgezogen sind (BGH WuM 2009, 359).

Tipp

Für den Fall, dass entsprechende Ansprüche bestehen, sollten Sie vorsorgen, indem Sie die Rechnungsbelege sorgfältig sammeln und auch den zeitlichen und arbeitsmäßigen Aufwand von Wohnungssuche und Umzug – möglichst durch Zeugen (siehe S. 29 ff.) – sorgfältig dokumentieren.

Wegfall des
Eigenbedarfs
nach Kündi-
gung

Auch eine zunächst wirksame Eigenbedarfskündigung wird wegen Rechtsmissbrauchs nachträglich unwirksam, wenn der Eigenbedarf des Vermieters vor Ablauf der Kündigungsfrist entfällt, etwa weil er die Wohnung selbst beziehen wollte, aber während der Kündigungsfrist gestorben ist (BGH WuM 2005, 782). Entfällt der Eigenbedarf hingegen nach Ablauf der Kündigungsfrist, so bleibt die Kündigung wirksam (BGH WuM 2005, 782).

b) Verwertungskündigung

Wichtig, wenn auch wesentlich seltener als die Eigenbedarfskündigung ist die sogenannte Verwertungskündigung (§ 573 Abs. 2 Nr. 3 BGB). Auch für Mietverträge, die in der ehemaligen DDR vor dem Beitritt am 3.10.1990 geschlossen wurden, können seit dem 1.5.2004 Verwertungskündigungen ausgesprochen werden (Art. 232 § 2

EGBGB n.F.). Der Vermieter hat das für eine solche ordentliche Kündigung erforderliche berechtigte Interesse,

● wenn er die Mietsache anderweitig verwerten will,
● dazu erforderlich ist, das Mietverhältnis zu beenden,
● die beabsichtigte Verwertung angemessen ist und
● ihm bei Hinderung der Verwertung ein erheblicher
  Nachteil entstehen würde.

**Berechtigtes
Interesse des
Vermieters**

Zu diesen Voraussetzungen besteht eine recht komplexe
und im Vergleich zur Kündigung wegen Eigenbedarfs
unübersichtliche, teilweise auch widersprüchliche Ein-
zelfallrechtsprechung mit regionalen Unterschieden. Sie
sollten daher, wenn Sie eine solche Kündigung erhalten,
frühzeitig fachkundigen Rat einholen.

**Fachkundigen
Rat einholen**

c) Ordentliche Kündigungen wegen Vertrags-
verletzungen der Mieter

Vertragsverletzungen der Mieterseite rechtfertigen eine
ordentliche Kündigung dann, wenn ein Mieter seine ver-
traglichen Pflichten nicht unerheblich und schuldhaft
– Letzteres bedeutet fahrlässig oder vorsätzlich – verletzt
hat (§ 573 Abs. 2 Nr. 1 BGB). Von Bedeutung sind vor
allem drei Fallgruppen: Störungen des Hausfriedens, der
vertragswidrige Gebrauch der Mietsache und die unpünktliche bzw. Nichtzahlung der Miete. In jedem Fall müssen
die Mieter eine mietvertragliche Pflicht durch aktives Tun
oder Unterlassen verletzt haben. Dabei haften die Mieter
nicht nur für eigene Handlungen, sondern auch für die ihrer
Familien- und Haushaltsangehörigen (§ 540 Abs. 2 BGB;
OLG RE WuM 1982, 318; LG Düsseldorf WuM 1982, 142)
sowie etwaiger Erfüllungsgehilfen (§ 278 BGB); ob und in
welchem Umfang, ist allerdings umstritten. Zu einer vergleichsweise weitgehenden Haftungszurechnung tendiert
der Bundesgerichtshof: Danach haften die Mieter, wenn
sie Rechtsrat einholen, für die Fehlberatung der bera-
tenden Person bzw. Organisation, etwa des Mietervereins
(BGH NJW 2007, 428).

**Mieter haften
nicht nur
für eigene
Vertrags-
verletzungen**

Abmahnung meist erforderlich

In vielen Fällen, die eine ordentliche Kündigung rechtfertigen, wäre grundsätzlich auch eine fristlose Kündigung (siehe S. 85 ff.) aus wichtigem Grund zulässig (§§ 543, 569 BGB). Solchen Kündigungen muss allerdings in aller Regel eine Abmahnung (siehe S. 86 f.) vorangehen (§ 543 Abs. 1). Für ordentliche Kündigungen ist dies nicht erforderlich, es sei denn, die beanstandete Verhaltensweise ist so geringfügig, dass eine nicht unerhebliche, schuldhafte Pflichtverletzung erst vorliegt, wenn sie nach einer Abmahnung fortgesetzt oder wiederholt wird (BGH WuM 2008, 31). Zu denken ist an Lärmbelästigungen, bislang vom Vermieter hingenommene unpünktliche Mietzahlungen, Unterlassungen und leichtere Vergehen, etwa geringfügige Verstöße gegen die Hausordnung. Nach einer Abmahnung berechtigt bereits eine einzige weitere Pflichtverletzung zur ordentlichen Kündigung (vgl. BGH WuM 2006, 193). Im Falle eines Rechtsstreits muss der Kündigende die seiner Kündigung zugrunde gelegten Pflichtverletzungen beweisen (siehe S. 32 ff.).

Vertragswidriger Gebrauch der Mietsache

Auch dass Mieter die Mieträume oder zugehörige Gemeinschaftsflächen vertragswidrig nutzen, kann eine Vertragsverletzung sein, die eine ordentliche Kündigung rechtfertigt. Dreh- und Angelpunkt ist, ob das beanstandete Verhalten als vertragsgemäßer Gebrauch der Mietsache gelten kann. Wurde etwa die Tierhaltung vertraglich wirksam ausgeschlossen, so berechtigen Zuwiderhandlungen den Vermieter nach vorheriger Abmahnung zur Unterlassungsklage, zur ordentlichen und in gravierenden Fällen sogar zur fristlosen Kündigung. Gleiches gilt für die unberechtigte Aufnahme fremder Personen in die Mietwohnung.

Ordentliche Kündigung wegen Zahlungsverzugs

Viele Vermieter kündigen das Mietverhältnis bei erheblichen Mietrückständen nicht nur fristlos (siehe 88 ff.). Sie sprechen zugleich unter Wahrung der regulären Kündigungsfrist (§ 573c Abs. 1 Satz 2 BGB) eine ordentliche Kündigung (§ 573 Abs. 2 Nr. 1 BGB) aus. Dies ist zulässig, wenn die Mieter ihre Pflicht, die Miete zu zahlen, schuldhaft und nicht unerheblich verletzt haben (BGH WuM 2005, 250). Teilweise wird schon der Verzug mit einer vollen Monatsmiete für einen halben Monat für ausreichend gehalten, um eine ordentliche Kündigung zu rechtfertigen (so LG Berlin GE 2007, 847). Hat der Vermieter die Mieter wegen ihrer wiederholten unpünktlichen Zahlungen abgemahnt, reicht eine einzige weitere Zahlungsverzögerung in der Regel aus, damit eine fristlose und eine ordentliche Kündigung wirksam sind (BGH WuM 2006, 193).

Anders als bei einer fristlosen Kündigung beseitigt eine schnelle Nachzahlung (siehe S. 88 f.) eine ordentliche Kündigung wegen unpünktlicher Mietzahlungen grundsätzlich nicht (BGH WuM 2005, 250). Allerdings können sich Mieter gegen eine solche ordentliche Kündigung damit verteidigen, dass sie ihre Zahlungsunfähigkeit nicht verschuldet haben, etwa infolge plötzlicher unverschuldeter Arbeitslosigkeit oder unvorhergesehener finanzieller Engpässe. Zudem mildert eine schnelle Nachzahlung nach Ansicht des Bundesgerichtshofs unter Umständen das Verschulden.

Nachzahlung der Mieter beseitigt Kündigung nicht

d) Kündigungswiderspruch: In Härtefällen rettet die Sozialklausel

Vermieterkündigungen können die Mieter widersprechen, indem sie sich auf die Sozialklausel (§§ 574 bis 574c BGB) berufen, wenn die Kündigung für sie oder eines ihrer Haushaltsmitglieder eine Härte bedeutet, gegen die die vom Vermieter mit seiner Kündigung geltend gemachten Interessen zurückstehen müssen. Kommt es dann zum Räumungsprozess, so ordnet das Gericht selbst bei einer sonst wirksamen Kündigung an, dass das Mietverhältnis befristet oder unbefristet fortgesetzt wird, sofern die Härtegründe gewichtiger sind als das Vermieterinteresse am Vertragsende. Die Sozialklausel gilt nicht für fristlose Kündigungen sowie die meisten Wohnraummietverhältnisse ohne Kündigungsschutz (siehe S. 80 ff.). Selbst wenn der Vermieter gar keine fristlose Kündigung erklärt hat, haben die Mieter kein Widerspruchsrecht, wenn er einen

Grund geltend machen kann, der auch eine fristlose Kündigung rechtfertigen würde (§ 574 Abs. 1 Satz 2 BGB).

Den Widerspruch rechtzeitig erklären

Die Gerichte müssen die Sozialklausel nur beachten, wenn die Mieter ihren Widerspruch hierzu schriftlich, das heißt vor allem (siehe S. 42 ff.) von allen Mietern unterschrieben, erklärt haben (§ 574b Abs. 1 Satz 1 BGB). Der Widerspruch muss dem Vermieter spätestens zwei Monate, bevor das Mietverhältnis aufgrund der Kündigung enden soll, zugehen, sonst kann dieser den Widerspruch zurückweisen, indem er die Fortsetzung des Mietverhältnisses ablehnt (§ 574b Abs. 2 Satz 1 BGB). Zu früh sollten Sie Ihren Widerspruch allerdings auch nicht erklären, denn Sie provozieren damit unnötigerweise schon zu einem frühen Zeitpunkt eine Räumungsklage.

Bei Kündigungen, für die ein Widerspruchsrecht nach der Sozialklausel besteht, soll der Vermieter die Mieter in der Kündigungserklärung darauf hinweisen (§ 568 Abs. 2 BGB). Ohne diesen Hinweis ist die Kündigung zwar wirksam. Wird er jedoch nicht spätestens 14 Tage vor Ablauf der Widerspruchsfrist nachgeholt, dann können die Mieter ihren Widerspruch noch bis zum ersten Gerichtstermin im Räumungsrechtsstreit erklären (§ 574b Abs. 2 Satz 2 BGB).

Härtegründe

Die Härtegründe müssen in der Person zumindest eines der Mieter und/oder ihrer die Wohnung dauerhaft mitbewohnenden Familienmitglieder und sonstigen Haushaltsangehörigen vorliegen. Seit der Mietrechtsreform sind auch Partner des Mieters einzubeziehen, die mit ihm dauerhaft in Lebensgemeinschaft (mit oder ohne sexuellen Bezug) zusammenleben. Voraussetzung ist, dass ein auf Dauer angelegter gemeinsamer Haushalt besteht und die Beziehung sich durch eine innere Bindung auszeichnet. Letzteres erfordert, dass die Beteiligten füreinander einstehen und ihre Beziehung über eine reine Haushalts- oder Wirtschaftsgemeinschaft hinausgeht. Härtegründe können darin liegen, dass ein oder mehrere Mieter/Mitbewohner schwanger, besonders alt, aufgrund jahrzehntelanger Mietzeit mit dem Wohnumfeld besonders verwurzelt,

krank oder behindert und somit durch den Wohnungswechsel besonders beeinträchtigt oder gefährdet sind oder
wichtige Prüfungen nahe bevorstehen. Auch schlechte
Einkommensverhältnisse der Mieter oder deren mit Einverständnis des Vermieters erfolgten hohen Investitionen
auf die Wohnung können Härtegründe sein, jedenfalls soweit diese nicht abgewohnt wurden.

Als Härtegrund gilt auch, wenn angemessener Ersatzwohnraum nicht zu zumutbaren Bedingungen beschafft
werden kann (§ 574 Abs. 2 BGB).

**Wenn die
Mieter keine
Ersatzwoh-
nung finden**

Dieser Härtegrund muss von den Mietern erarbeitet werden. Denn die Mieter müssen alle zumutbaren Anstrengungen unternehmen, um eine entsprechende Ersatzwoh-
nung zu erlangen und dies im Rechtsstreit darlegen und im
Streitfall auch beweisen (siehe S. 32 ff.). Nach herrschender, wenn auch umstrittener Meinung müssen die Mieter
mit ihrer Suche bei Zugang der Kündigung beginnen.

Sie sollten also zumindest ab Kündigungszugang die einschlägigen Anzeigenteile der Tageszeitungen sichten und
aufheben. Nachfragen bei größeren Wohnungsunternehmen, städtischen Wohnungsbehörden und Maklern sollten
Sie dokumentieren (mit wem genau haben Sie wann gesprochen, welche Auskunft haben Sie erhalten?). Hilfreich
ist es auch, diese Arbeit durch Zeugen (siehe S. 29 ff.)
erledigen zu lassen. Die Dienstleistung von Maklern ist
meist kostenneutral, sofern Sie darauf achten, dass eine
Vermittlungsgebühr nur anfällt, wenn ein Mietvertrag zustande kommt. Wohnungsbesichtigungen sollten Sie ebenfalls gemeinsam mit Zeugen durchführen und sorgfältig
dokumentieren.

Entscheidet das Gericht zu Ihren Gunsten, ist damit die
Kündigung nicht automatisch dauerhaft vom Tisch. Vorrangig soll das Gericht anordnen, dass das Mietverhältnis
nur solange fortgesetzt wird, bis die Härtegründe wegfallen (§ 574a Abs. 1 Satz 1, Abs. 2 Satz 2 BGB). Das Gericht
ordnet dann aufgrund seiner Prognose einen Zeitpunkt an,
zu dem der Vertrag endet und die Mieter ausziehen müs-

**Konse-
quenzen,
wenn Ihr
Widerspruch
Erfolg hatte**

sen, ohne dass eine weitere Kündigung erforderlich ist. Nur
wenn keine sichere Prognose möglich ist, wann die Härtegründe wegfallen, hat das Gericht anzuordnen, dass das
Mietverhältnis dauerhaft fortgesetzt wird (§ 574a Abs. 2
Satz 2 BGB). Wurde das Mietverhältnis auf bestimmte
Zeit fortgesetzt, dann kann unter Umständen durch einen
weiteren Widerspruch eine weitere Fortsetzung erreicht
werden. Prinzipiell ist dies sogar mehrmals möglich.

2.4   Wichtige Ausnahmefälle, in denen der Kündigungsschutz entfällt oder reduziert ist

Wohnraummietverträge zu kündigen, ist für Vermieter,
wie vorstehende Ausführungen zeigen, wegen des gesetzlichen Kündigungsschutzes nicht ganz einfach. Das ist bei
manchen Mietverträgen nicht interessegerecht. Für sie ist
der Kündigungsschutz reduziert oder gilt gar nicht. Im
Folgenden sind die in der Praxis wichtigsten Fälle redu-
zierten Kündigungsschutzes kurz erläutert:

a) Einliegerwohnungen

Vermieter braucht keinen Kündigungsgrund

Für ordentliche Kündigungen sogenannter Einliegerwohnungen benötigt der Vermieter keinen Kündigungsgrund,
muss dafür aber eine um drei Monate verlängerte Kündigungsfrist einhalten (§ 573a Abs. 1 BGB). Dieses Sonderkündigungsrecht besteht, wenn die Mietwohnung in einem
Gebäude mit nicht mehr als zwei Wohnungen – gewerblich
genutzte Räume spielen keine Rolle (BGH WuM 2008,
564) – liegt und die andere Wohnung vom Vermieter selbst
bewohnt wird. Unerheblich ist dabei, ob er bereits im Haus
wohnte, als der Mietvertrag abgeschlossen wurde. Er muss
aber die andere Wohnung im Haus bewohnen, wenn den
Mietern seine Kündigung zugeht (BayObLG WuM 1991,
249; OLG Karlsruhe WuM 1992, 49). Hingegen kann er
sich nicht die Kündigung erleichtern, indem er die Mietwohnung durch Anbau oder Beseitigung von Wohnraum
nachträglich zur Einliegerwohnung macht oder zwei von
drei Wohnungen im Gebäude selbst bewohnt (BGH WuM
2011, 34). Nur wenn das Gebäude bereits bei Vertrags-

schluss zwei Wohnungen aufwies, besteht das Sonderkündigungsrecht (OLG Hamburg WuM 1982, 151), es sei
denn, der Vermieter hat die Mieter bereits bei Vertragsschluss über seine Umbaupläne informiert (LG Memmin-
gen NJW-RR 1992, 523).

Natürlich ist der Vermieter einer Einliegerwohnung nicht
verpflichtet, ohne Kündigungsgrund mit verlängerter Kündigungsfrist zu kündigen. Er kann wählen: Rechtfertigt er
seine Kündigung mit einem der üblichen Kündigungsgründe, gilt die reguläre Kündigungsfrist. Nutzt er sein
Sonderkündigungsrecht, muss er die verlängerte Kündigungsfrist einhalten, die je nach Mietdauer (siehe S. 63)
sechs, neun oder zwölf Monate beträgt. Wirksam ist dies
nur, wenn sich er sich im Kündigungsschreiben ausdrücklich auf dieses besondere Kündigungsrecht beruft (§ 573a
Abs. 3 BGB). Zwar können sich Mieter auch in diesem
Fall auf die Sozialklausel (siehe S. 77 ff.) berufen, nicht
aber auf die für Eigentumswohnungen nach Umwandlung
geltende Kündigungssperre (BGH WuM 2010, 513; siehe
S. 110 ff.).

Vermieter kann wählen

b) Vom Vermieter mitbewohnter Wohnraum

Die vorstehenden Ausführungen zur Einliegerwohnung
gelten in der Regel auch für Wohnungen, die der Vermieter
selbst mitbewohnt (§ 573a Abs. 2 BGB). Ob die Wohnung
in einem Ein-, Zwei- oder Mehrfamilienhaus liegt, spielt
dabei keine Rolle. Wichtig ist dieser reduzierte Mieterschutz vor allem für Wohnungen, die vom Mieter teilun-
tervermietet wurden.

c) Vom Vermieter mitbewohnter und möblierter Wohnraum

Keinen Kündigungsschutz genießen Mieter von Wohnraum, den der Vermieter teilweise selbst, also persönlich
bewohnt und überwiegend mit Einrichtungsgegenständen
ausgestattet hat. Typischer Fall ist die Studentenbude in
der Vermieterwohnung. Hier können beide Seiten spätestens am 15. eines Monats zum Ablauf des Monats kündi-

Studenten-bude in der Vermieter-wohnung

gen und der Vermieter benötigt für seine ordentliche Kündigung auch keinen Kündigungsgrund (§§ 573c Abs. 2, 549 Abs. 2 Nr. 2 BGB). Die Sozialklausel (siehe S. 77 ff.) findet auf diese Mietverhältnisse keine Anwendung (§ 549 Abs. 2 Nr. 2 BGB). Wurde der so möblierte Wohnraum dem Mieter allerdings überlassen, damit er dort mit seiner Familie oder anderen Haushaltsmitgliedern dauerhaft wohnt, gelten die oben beschriebenen Regeln zur Einliegerwohnung (§§ 573a Abs. 2, 549 Abs. 2 Nr. 2 BGB).

d) Vorübergehend vermieteter Wohnraum

Kürzere Kündigungsfrist kann vereinbart werden

Wurde der Wohnraum nur zum vorübergehenden Gebrauch vermietet, kann eine kürzere Kündigungsfrist zwischen den Parteien vereinbart werden (§ 573c Abs. 2 Satz 3 BGB). Wurde vertraglich nichts vereinbart, gelten die üblichen Kündigungsfristen (siehe S. 61 ff.). Auch die Sozialklausel (siehe S. 77 ff.) gilt nicht (§ 549 Abs. 2 Nr. 2 BGB). Typische Fälle vorübergehenden Gebrauchs sind der zeitlich begrenzte Aufenthalt in einer Ferienwohnung, einem Hotelzimmer oder sonstige Fälle des Kurzaufenthalts (Messe, Bed & Breakfast etc.) oder die vorübergehende Anmietung einer Wohnung für die Dauer eines vorübergehenden Geschäftsaufenthalts. Nicht nur die Mieter, sondern auch Vermieter können in diesen Fällen ordentlich kündigen, ohne dafür einen Grund zu benötigen (§ 549 Abs. 2 Ziffer 1 BGB). Auch die Sozialklausel gilt nicht.

e) Wohnungen in Studenten- und Jugendwohnheimen

Vermieter braucht keinen Kündigungsgrund

Auch für Wohnräume, die in Studenten- und Jugendwohnheimen vermietet wurden, benötigen Vermieter keinen Kündigungsgrund (§ 549 Abs. 3 BGB). Allerdings gelten für diese Räumlichkeiten die normalen Kündigungsfristen (siehe S. 61 ff.). Auch können sich Mieter auf die Sozialklausel (siehe S. 77 ff.) berufen, etwa wenn der Kündigungszeitpunkt in eine Prüfungsphase des betroffenen Mieters fällt. Der Wohnraum befindet sich dann in einem

Studenten- und Jugendwohnheim, wenn das Gebäude
Heimcharakter hat und die Vermietung vorwiegend an
Studentinnen und Studenten bzw. Jugendliche und nicht
zur Gewinnerzielung, sondern fremdnützig erfolgt, also in
der Regel zu Preisen deutlich unterhalb der ortsüblichen
Miete (vgl. AG München WuM 1992, 133; LG Konstanz
WuM 1995, 539).

f) Untervermietung und gewerbliche Zwischen- vermietung

Bei Untermietverträgen besteht zwischen Hauptmieter/
Untervermieter und Untermietern in der Regel ein ganz
normales Mietverhältnis. Daher gilt dafür in der Regel
auch uneingeschränkt der mietrechtliche Kündigungsschutz. Auf die Ausnahmefälle, in denen der Hauptmieter
und (Unter-)Vermieter die Wohnung mitbewohnt, wurde
bereits hingewiesen. Bei gewerblicher Zwischenvermie-
tung, also Fällen, in denen der dann als Zwischenvermieter bezeichnete Untervermieter die Wohnung nicht privat,
sondern zu kommerziellen Zwecken (also mit Gewinner-
zielungsabsicht) vermietet, stellt sich der Untermieter deutlich günstiger, weil er bei Ende des Hauptmietvertrages
selbst kraft Gesetzes Hauptmieter wird (§ 565 Abs. 1 Satz
1 BGB). Wenn der Vermieter die Mieträume übergangs-
los im direkten Anschluss an das beendete Hauptmietver-
hältnis an einen anderen gewerblichen Zwischenvermieter
weitervermietet, so tritt dieser anstelle des bisherigen Zwi-
schenvermieters mit allen Rechten und Pflichten in das
bestehende Untermietverhältnis ein und der Untermieter
bleibt ein solcher (§ 565 Abs. 1 Satz 2 BGB). Zulasten des
Untermieters abweichende Vereinbarungen sind unwirksam (§ 565 Abs. 3 BGB).

**Es gilt miet-
rechtlicher
Kündigungs-
schutz**

g) An Personen mit dringendem Wohnbedarf vermietete Wohnungen

Zwischen-vermieter braucht keinen Kündigungsgrund

Mieten eine juristische Person des öffentlichen Rechts, etwa eine Kommune, oder ein anerkannter Träger der Sozialhilfe die Wohnung als Zwischenvermieter an, um sie an Wohnungssuchende mit dringendem Wohnbedarf (unter anderen Alleinerziehende, Alte, kinderreiche Familien, Obdachlose, Flüchtlinge) weiterzuvermieten, so besteht weder gegenüber dem Hauptvermieter, noch gegenüber dem Zwischenvermieter Kündigungsschutz. Der Zwischenvermieter kann die mit seinen Untermietern geschlossenen Mietverträge ohne Kündigungsgrund kündigen (§ 549 Abs. 2 Nr. 3). Auch die Sozialklausel (siehe S. 77 ff.) und die sonst im Rahmen von Räumungsprozessen gewährten Räumungsfristen (siehe S. 106 ff.) finden keine Anwendung. Voraussetzung ist allerdings, dass die Mieter bei Vertragsabschluss ausdrücklich darauf hingewiesen wurden, dass sie bei Kündigung des Zwischenmietverhältnisses durch den (Haupt-)Vermieter keinen Kündigungsschutz genießen (§ 549 Abs. 2 Nr. 3).

3. Außerordentliche Kündigungen von Mietern und Vermietern

Neben der ordentlichen Kündigung gibt es eine Vielzahl von Gründen, die eine außerordentliche Kündigung rechtfertigen. Kennzeichen außerordentlicher Kündigungen ist, dass sie unabhängig davon, ob eine ordentliche Kündigung möglich ist, zulässig sind, wenn ihre Voraussetzungen vorliegen. Das bedeutet, sie sind auch bei Ausschluss des ordentlichen Kündigungsrechts (siehe S. 68 ff.) und bei Zeitmietverträgen (siehe S. 97 f. und S. 115 ff.) zulässig. Die praktisch wichtigsten Kündigungsgründe werden im Folgenden dargestellt.

Kündigung »mit gesetzlicher Frist«

Wie ordentliche Kündigungen können außerordentliche Kündigungen, sofern sie nicht fristlos erfolgen, nur unter Beachtung von Kündigungsfristen ausgesprochen werden. Oft findet sich in den gesetzlichen Regelungen die Formulierung, dass »mit gesetzlicher Frist« gekündigt werden könne. Dies bedeutet, dass das Mietverhältnis spätestens bei Ablauf des übernächsten Monats endet, wenn die Kündigung spätestens am 3. Werktag dem Vermieter zugeht (§ 573d Abs. 2 Satz 1 BGB). Bei Einliegerwohnungen (S. 80 f.) verlängert sich diese Frist nicht (§ 573d Abs. 2 Satz 2 BGB). Für die Berechnung gelten die gleichen Grundsätze wie für die reguläre dreimonatige Kündigungsfrist (siehe S. 61 ff.). Mietverträge über möblierte Zimmer innerhalb der Wohnung des Vermieters (siehe S. 81 f.) können zum Monatsende gekündigt werden, wenn die Kündigung spätestens am 15. des Monats dem Vermieter zugeht (§ 573d Abs. 2 Satz 1 BGB).

Nur ausnahmsweise kann ohne Einhaltung einer Kündigungsfrist gekündigt werden. Dies ist in der Regel dann der Fall, wenn dem zur Kündigung Berechtigten nicht zugemutet werden kann, dass er eine ordentliche Kündigung ausspricht und damit das Mietverhältnis bis zum Ende der Kündigungsfrist fortsetzt. Für Mieter, die eine solche fristlose Kündigung aussprechen, bedeutet dies allerdings nicht, dass sie sofort ausziehen müssen. Ihnen steht in der Regel eine etwa ein- bis zweiwöchige sogenannte »Ziehfrist« für den Wohnungswechsel zu, während der sie zwar keine Miete mehr, aber dafür Nutzungsentgelt in etwa gleicher Höhe (siehe S. 208) zahlen müssen.

Außerordentliche fristlose Kündigung

3.1 Fristlose Kündigungen wegen erheblicher Vertragsverletzungen

Außerordentliche fristlose Kündigungen wegen Vertragsverletzungen lassen sich mit einer Vielzahl von Gründen rechtfertigen. Mit Vertragsverletzungen sind nicht etwa nur Verstöße gegen Pflichten gemeint, die sich direkt aus dem Mietvertragstext oder mündlich Vereinbartem ergeben. Erfasst ist die Verletzung aller wesentlichen Pflichten, die sich aus dem Umstand ergeben, dass Mieter und Vermieter einen Mietvertrag geschlossen haben. Die sich daraus ergebenden Pflichten sind im Wesentlichen gesetzlich vorgegeben. Insbesondere zählen dazu die Pflicht des Vermieters, den Mietern die Wohnung in ordnungsgemäßem

Zustand zu überlassen und zu erhalten (§ 535 BGB) und die Pflicht der Mieter, die Mieträume ordentlich zu behandeln, nach Mietende zurückzugeben, die Miete pünktlich zu zahlen und Mängel der Mietsache dem Vermieter umgehend mitzuteilen (§ 536c BGB).

!

Kündigung muss innerhalb angemessener Zeit erfolgen

Die Möglichkeit, durch fristlose Kündigung das Mietverhältnis sofort zu beenden, wird damit gerechtfertigt, dass dem Kündigenden bei schwerwiegenden Vertragsverletzungen nicht zuzumuten ist, das Ende der ordentlichen Kündigungsfrist abzuwarten (§ 314 Abs. 1 und 3 BGB). Wartet er allzu lange, so widerlegt er diese Vermutung, es sei denn, es gibt dafür einen nachvollziehbaren Grund. Mehr als zwei bis drei Monate sollte man in der Regel nicht warten, auch wenn sich kein einheitlicher Maßstab abzeichnet. Es dürfte stets von den Umständen des jeweiligen Einzelfalls abhängen, welcher zeitliche Rahmen gilt (BGH WuM 2010, 352 zur Kündigung wegen Gesundheitsgefährdung).

Stets erforderlich: die Kündigungsbegründung

Neben einer ordnungsgemäßen Kündigungserklärung und deren Zugang (siehe S. 25 ff.) ist zu beachten, dass im Kündigungsschreiben der jeweilige Kündigungsgrund angegeben ist. Dies gilt bei außerordentlichen Kündigungen nicht nur für den Vermieter, sondern auch für Mieter. Die Beweislast (siehe S. 32 ff.) für das Bestehen der Kündigungsgründe trägt stets der Kündigende.

Meist vorher erforderlich: die Abmahnung

Außerdem sind mit der Verletzung mietvertraglicher Pflichten begründete fristlose Kündigungen, von wenigen Ausnahmen abgesehen, erst nach erfolglosem Ablauf einer zur Abhilfe bestimmten angemessenen Frist oder erfolgloser Abmahnung zulässig (§ 543 Abs. 3 Satz 1 BGB; BGH WuM 2007, 319). Durch eine Abmahnung wird die andere Vertragspartei nachdrücklich aufgefordert, Handlungen zu unterlassen, die entweder dem Mietvertrag oder gesetzlichen Bestimmungen zuwiderlaufen, oder aber Pflichten zu erfüllen, die vertraglich oder gesetzlich geschuldet sind. So kann etwa der Vermieter Mieter wegen vertragswidriger Tierhaltung oder ungenehmigter Untervermietung abmahnen. Vermieter können z.B. wegen

Übergriffen des Hausmeisters oder anderer Mieter abgemahnt werden. Die Abmahnung ist keine freundliche Bitte, sondern eine Warnung, dass man das bisherige Verhalten nicht weiter hinnimmt und bei Fortsetzung oder Wiederholung rechtlich dagegen vorgehen wird. Sie muss die Pflichtverletzung, die beanstandet wird, nennen, kann mündlich, sollte jedoch aus Beweisgründen schriftlich erfolgen. Mit fristloser Kündigung muss dabei nicht gedroht werden (BGH WuM 2007, 570). Wer abmahnt, trägt für das vertragswidrige Verhalten in einem späteren Prozess, etwa auf Räumung oder Unterlassung, die Beweislast (siehe S. 32 ff.). Daher kann man gegen die Abmahnung als solche nicht selbstständig klagen (BGH WuM 2008, 217).

Abhilfe-verlangen

Wird ein vertragswidriger Zustand, etwa ein Mietmangel (z.B. Schimmel in der Wohnung) beanstandet, dann muss dem Vertragspartner eine Frist gesetzt werden, diesem Zustand abzuhelfen. Angemessen sind Fristen, in denen die Abhilfe realistischerweise erfolgen kann. Fristen sollte man möglichst mit konkretem Datum setzen (also nicht »14 Tage«, sondern »spätestens bis zum 31.7.2011«). Nur in extremen Fällen, wenn Abmahnung und Abhilfeverlangen offensichtlich erfolglos wären oder ein Zuwarten unzumutbar ist, kann darauf verzichtet und sofort gekündigt werden. Dies gilt etwa bei gravierenden Gefahrenlagen, massiven Beleidigungen und anderen Straftaten von Mietern, ihren Mitbewohnern, des Vermieters oder seiner Vertreter, aber auch, wenn der Betreffende zu erkennen gibt, dass er sein Verhalten keinesfalls ändern wird.

Ziehfrist

Die fristlose Kündigung beendet das Mietverhältnis, sobald sie dem Adressaten zugegangen ist. Zur Räumung und Rückgabe der Wohnung bleibt den Mietern danach nur eine kurze Ziehfrist, bevor der Vermieter auf Räumung klagen kann. Diese liegt zwischen ein bis zwei Wochen (LG Berlin GE 1994, 707: 1 Woche; LG Baden-Baden WuM 1996, 472: 1 bis 2 Wochen; LG Hannover NJW-RR 1992, 659: mehr als 2 Wochen, wenn noch keine neue Wohnung vorhanden ist).

a) Fristlose Kündigung wegen Verzugs mit der Mietzahlung

Häufigster Grund für außerordentliche fristlose Kündigungen des Vermieters sind rückständige Mieten. Rückstände rechtfertigen eine fristlose Kündigung in zwei Konstellationen (§ 543 Abs. 2 Nr. 3, § 569 Abs. 3 Nr. 1 BGB): Bei Zugang der Kündigung muss ein Rückstand bestanden haben, der

- entweder an zwei direkt aufeinanderfolgenden Fälligkeitsterminen entstanden ist (BGH NJW 2008, 3210) und insgesamt einen nicht unerheblichen Teil der Miete erreicht (Faustregel: eine Monatsmiete und ein Cent) oder
- über mehr als zwei aufeinanderfolgende Termine aufgelaufen ist und am Ende eine Höhe von mindestens zwei Monatsmieten erreicht.

Wirksam ist die Kündigung nur, wenn sie begründet wird (§ 569 Abs. 4 BGB), also im Kündigungsschreiben steht, welche Mieten der Vermieter für rückständig hält (BGH WuM 2010, 484). In einfachen Fällen reicht die Angabe des Gesamtrückstands (BGH WuM 2004, 97). Betriebskostenvorauszahlungen zählen zur Miete, nicht jedoch Nachzahlungen, die sich aus Betriebskostenabrechnungen ergeben, oder andere Forderungen des Vermieters. Da die Miete an einem festen Tag im Monat, meist dem 3. Werktag (§ 556b Abs. 1 BGB), fällig ist, muss der Vermieter nicht mahnen oder abmahnen, bevor er kündigt (BGH WuM 2009, 231), es sei denn, ein Ausnahmefall liegt vor, etwa weil die Miete nach längerer Mietzeit offensichtlich versehentlich nicht gezahlt wurde (OLG Hamm WuM 1998, 485).

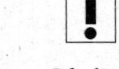

Oft die Rettung: die rasche Nachzahlung

Eine wegen Zahlungsverzugs ausgesprochene fristlose Kündigung wird wirkungslos, wenn die Mieter spätestens zwei Monate, nachdem sie alle die Räumungsklage des Vermieters zugestellt erhalten haben (sogenannte Schonfrist), den Mietrückstand beglichen haben oder eine öffentliche Stelle, üblicherweise das Sozialamt, sich dazu bindend verpflichtet hat (§ 569 Abs. 3 Nr. 2 BGB). Fehler, die das Sozialamt im Rahmen der Schonfristzahlung begeht, werden dem Mieter zugerechnet (LG Berlin GE 2001, 552).

Für die Wahrung der Schonfrist reicht es, dass die Zahlung oder Überweisung innerhalb der Frist erfolgt ist (LG Heidelberg WuM 1995, 485; LG Hamburg, WuM 1992, 124). Zahlungen beseitigen die Kündigung nur, wenn sämtliche bis dahin aufgelaufenen Mietrückstände und Nutzungsentschädigungen – so bezeichnet man die nach einer wirksamen Kündigung an die Stelle der Miete tretenden Zahlungsansprüche des Vermieters – ausgeglichen werden, also insbesondere auch die durch den Verzug aufgelaufenen Verzugszinsen.

Die Verzugszinsen können Sie im Internet unter www.basiszins.de errechnen lassen. Einen kleinen Sicherheitszuschlag für die Zeit zwischen Einzahlung und Buchung auf dem Vermieterkonto sollten Sie hinzufügen. Der auf fünf Werktage entfallende Zins dürfte ausreichen. Achten Sie auch unbedingt darauf, dass Sie seit Erhalt der Kündigung aufgelaufene und am Tag der Nachzahlung fällige weitere Miet- bzw. Nutzungsentgeltforderungen (siehe S. 205 ff.) begleichen. Außerdem sollten Sie im Feld »Verwendungszweck« der Überweisung unbedingt angeben, welche Geldschuld Sie tilgen (z.B. »Nachzahlung Miete Juli bis Sept. 2010«).

Tipp

Sicherheitszuschlag bei Verzugszinsen

Auch wenn eine rechtzeitige Nachzahlung die fristlose Kündigung beseitigt, sollte man sich auf diesen Rettungsanker nicht verlassen. Denn eine solche »Heilung« erfolgt nur, wenn nicht bereits eine in den letzten zwei Jahren erfolgte Kündigung auf diesem Wege beseitigt wurde (§ 569 Abs. 3 Nr. 2 Satz 2 BGB). Vor allem ist bei Zahlungsverzug auch eine ordentliche Kündigung (siehe S. 76 f.) möglich, die durch Nachzahlung nicht ohne Weiteres beseitigt werden kann (BGH WuM 2005, 205). Auch müssen die Mieter dem Vermieter etwaige kündigungsbedingte Anwaltskosten erstatten. Diese Pflicht entfällt allerdings bei gewerblichen Großvermietern in einfach gelagerten Fällen (BGH NJW 2011, 296).

b) Kündigung wegen Mietmängeln

Gesundheits-gefährdung und Nicht-gewährung des Gebrauchs

Die wichtigsten Gründe für fristlose Mieterkündigungen sind die Kündigungen wegen Gesundheitsgefährdung (§ 569 Abs. 1 BGB) und wegen Nichtgewährung des Gebrauchs (§ 543 Abs. 2 Nr. 1 BGB). Letztere kann darauf beruhen, dass der Besitz an der Wohnung nicht eingeräumt oder entzogen wurde oder dass der Vermieter Mängel der Mietsache trotz entsprechender Fristsetzung nicht beseitigt hat.

Vermie-ter muss innerhalb angemessener Frist kündigen

Beachten Sie stets, dass eine fristlose Kündigung innerhalb einer angemessenen Frist erfolgen muss, nachdem Sie vom Mangel erfahren haben. Warten Sie damit zu lange, dann widerlegen Sie damit die Vermutung, dass Ihnen die Einhaltung der ordentlichen Kündigungsfrist nicht zuzumuten ist, es sei denn, es gibt einen nachvollziehbaren Grund für dieses Zuwarten. Aus diesem Grund scheidet eine fristlose Kündigung nach § 543 Abs. 1 Satz 2 BGB auch bei geringfügigen Mängeln aus.

Mängelanzei-ge und Abhil-feverlangen

Zulässig ist eine fristlose Kündigung normalerweise nur, wenn der Vermieter den Mangel kannte und zuvor erfolglos aufgefordert worden ist, innerhalb einer angemessenen Frist den Mangel zu beseitigen (§ 543 Abs. 3 BGB; siehe S. 87 f.).

Wenn alles nicht hilft: fristlose Kün-digung

Wenn der Vermieter erhebliche Mängel trotz Abmahnung nicht fristgerecht beseitigt oder Ihnen die Mieträume nicht übergibt, bleibt meist nichts anderes übrig, als fristlos zu kündigen. Dabei müssen Sie die allgemeinen, für Kündigungen geltenden Formalien beachten (siehe S. 39 ff.). Auch bei einer Kündigung wegen Nichtgewährung des Gebrauchs müssen Sie den Grund der Kündigung angeben (§ 569 Abs. 4 BGB). Es muss möglichst klar umrissen sein, aufgrund welcher Umstände und Geschehnisse Sie kündigen. Am besten orientieren Sie sich an den drei Fragen »Was? Wo? Wann?«.

c) Kündigung wegen Gesundheitsgefährdung

Neben der Kündigung wegen Nichtgewährung des Gebrauchs kann auch wegen einer erheblichen Gesundheitsgefährdung gekündigt werden (§ 543 Abs. 1, § 569 Abs. 1 BGB). Die Abläufe (Mängelanzeige, Abhilfeverlangen mit Fristsetzung und anschließende Kündigung, falls der Mangel bzw. die Gesundheitsgefährdung nicht beseitigt wurden) sind im Wesentlichen die gleichen wie bei der Kündigung wegen Nichtgewährung des Gebrauchs. Dabei kommt es nach herrschender Meinung nicht auf den individuellen Gesundheitszustand und damit auch nicht auf besondere Empfindlichkeiten der Mieter an, sondern darauf, ob bei Nutzung der Mieträume objektiv, also für jedermann die Gefahr besteht, dass demnächst Gesundheitsstörungen auftreten.

Objektive Gefahr für Gesundheitsstörungen

Auch fristlose Kündigungen wegen erheblicher Gesundheitsgefährdung sind grundsätzlich erst dann zulässig, wenn der Mieter dem Vermieter zuvor eine angemessene Abhilfefrist gesetzt oder eine Abmahnung erteilt hat (§ 543 Abs. 3 Satz 1 BGB; BGH WuM 2007, 319).

Meist auch hier erforderlich: die Abmahnung

3.2 Andere Sonderkündigungsrechte der Mieter

Neben den fristlosen Kündigungen, die letztlich auf Fehlern der Mietsache beruhen, stehen Mietern eine Reihe anderer Sonderkündigungsrechte zu.

a) Kündigung nach Mieterhöhungen

Im Wohnraummietrecht lösen viele Mieterhöhungen Sonderkündigungsrechte aus, die den Mietern, wie alle Sonderkündigungsrechte, auch dann zustehen, wenn eine ordentliche Kündigung nicht zulässig ist. Außerdem greifen hier andere, teilweise kürzere Kündigungsfristen.

Bei den durch Mieterhöhungen ausgelösten Sonderkündigungsrechten muss man derzeit noch zwischen dem normalen, frei finanzierten Wohnungsbau und dem sozialen Wohnungsbau unterscheiden. Denn für beide Wohnungsarten gelten verschiedene gesetzliche Vorschriften: Unter

Frei finanzierter oder sozialer Wohnungsbau

sozialem Wohnungsbau wird Verschiedenes verstanden. Man spricht mit einer leider auch unter Juristen beträchtlichen Begriffsverwirrung von unterschiedlichen Förderungswegen. Der soziale Wohnungsbau des ersten Förderungsweges wird auch als preisgebundener Wohnungsbau bezeichnet, weil Vermieter während der Preisbindung nur eine Miete verlangen dürfen, die die eigenen Kosten deckt (§ 8 WoBindG). Von »Annuitätswohnungen« oder »altem zweiten Förderweg« spricht man bei steuerbegünstigten Wohnungen (§§ 88 bis 88c II. WoBauG), für die – wenn auch mit höheren Mieten – entsprechende Regeln wie beim sozialen Wohnungsbau des ersten Förderungswegs gelten (§ 88b Abs. 3 II. WoBauG). Wenn im Folgenden von »sozialem Wohnungsbau« gesprochen wird, ist von diesen beiden Wohnungsarten die Rede.

Welche Mieterhöhungen eine Kündigung ermöglichen

Folgende Mieterhöhungsforderungen lösen Sonderkündigungsrechte der Mieter aus: die im frei finanzierten Wohnungsbau mit der Begründung, dass die ortsübliche Vergleichsmiete gestiegen sei, versehene Aufforderung des Vermieters, einer Erhöhung der Miete zuzustimmen (sogenanntes Zustimmungsverlangen; §§ 558 ff. BGB), die im frei finanzierten Wohnungsbau einseitig ausgesprochene Mieterhöhung wegen einer zuvor erfolgten Modernisierung der Wohnung, die im sozialen Wohnungsbau wegen einer gestiegenen Kostenmiete einseitig ausgesprochene Mieterhöhung. Erfolgt eine Mieterhöhung im sozialen Wohnungsbau regelmäßig, weil sich die dem Vermieter gewährte staatliche Förderung jedes Jahr um den gleichen Betrag reduziert, dann hängt das Sonderkündigungsrecht davon ab, ob der Förderungsabbau im Mietvertrag selbst so detailliert dargestellt wurde, dass die Mieter die voraussichtlichen Erhöhungen kalkulieren konnten. Ist dies der Fall, löst die Mieterhöhung kein Sonderkündigungsrecht aus (LG Lüneburg WuM 1984, 160), ansonsten können die Mieter aufgrund der Mieterhöhung außerordentlich kündigen (LG Berlin WuM 1997, 117).

Im frei finanzierten Wohnungsbau muss die Kündigung dem Vermieter bis zum Ende des auf den Zugang des

Mieterhöhungsverlangens bzw. der einseitigen Mieterhöhung folgenden übernächsten Monats zugehen und wird dann zum darauffolgenden übernächsten Monat wirksam (§ 561 Abs. 1 BGB). Wenn Ihnen also ein Mieterhöhungsverlangen oder eine Modernisierungsmieterhöhung am 20.8.2010 zuging, müssen Sie aber darauf achten, dass Ihre Kündigung beim Vermieter spätestens am 31.10.2010 eingeht. Wirksam wird die Kündigung dann zwei Monate später, am 31.12.2010, und zwar auch dann, wenn Sie die Kündigung früher haben zugehen lassen. Das Mietverhältnis kann mit diesem Sonderkündigungsrecht also frühestens vier Monate nach Zugang der Mieterhöhungserklärung bzw. des Mieterhöhungsverlangens beendet werden (LG Bonn NJWE-MietR 1997, 221). Stimmen die Mieter der Mieterhöhung zu, so erlischt ihr Sonderkündigungsrecht. Im preisgebundenen Wohnungsbau hängen sowohl der spätest mögliche Kündigungszeitpunkt als auch der Fristlauf davon ab, ob die Mieterhöhung den Mietern bis zum 15. Kalendertag des laufenden Monats oder danach zugegangen ist (§§ 10 Abs. 2 Satz 1, 11 Abs. 1 WoBindG): Ging diese bis zum 15. Kalendertag zu, dann muss die Kündigung dem Vermieter spätestens am dritten Werktag des Folgemonats zugehen und erfolgt mit Wirkung zum Ende des darauffolgenden Monats. Ging sie bei den Mietern nach dem 15. ein, dann muss die Kündigung spätestens am dritten Werktag des übernächsten Monats zugehen und erfolgt dann mit Wirkung zum Ende des sich diesem anschließenden Monats. All dies gilt übrigens auch, wenn die Mieterhöhung rückwirkend in Kraft treten soll (LG Berlin WuM 1997, 117).

Kündigungsfristen

b) Kündigung nach Modernisierungsankündigung

Ein weiteres Sonderkündigungsrecht steht den Mietern zu, wenn ihnen ihr Vermieter die Durchführung von Modernisierungsarbeiten ankündigt. Modernisierungen sind bauliche Maßnahmen des Vermieters, die dauerhaft

Wann liegt eine Modernisierung vor?

● den Wohnwert der Mieträume und zugehöriger Nebenräume verbessern,

- die Wohnverhältnisse im Haus und auf zugehörigen Flächen verbessern,
- neuen Wohnraum schaffen
- oder Energie oder Wasser nachhaltig einzusparen helfen.

Modernisie-
rungsankün-
digung

Das Sonderkündigungsrecht gilt nach herrschender Meinung (LG Berlin GE 1999, 573 und MM 1995, 187) unabhängig davon, ob der Vermieter eine wirksame Modernisierungsankündigung abgegeben hat oder nicht. Kündigt der Vermieter lediglich Arbeiten an, die der Instandsetzung oder dem Erhalt der Mieträume dienen, deren Ausstattungszustand jedoch nicht ändern, dann rechtfertigt dies keine außerordentliche Kündigung. Gleiches gilt für Bagatellmodernisierungen, die die Mieter nur geringfügig beeinträchtigen und nur zu geringen Mietsteigerungen führen, so etwa der (erstmalige) Einbau einer Gegensprechanlage. Wollen Sie aufgrund einer Modernisierungsankündigung ein Sonderkündigungsrecht geltend machen, müssen Sie schnell reagieren: Nach Erhalt muss Ihre Kündigung dem Vermieter spätestens zum Ende des Folgemonats zugehen und zum Ende des darauffolgenden Monats ausgesprochen werden.

c) Kündigung nach verweigerter Untermietgenehmigung

Mieter können das Mietverhältnis unter Umständen außerordentlich kündigen, wenn sich der Vermieter weigert, ihnen die Untervermietung an eine dritte Person (siehe S. 83) zu genehmigen. Selbst wenn der Vermieter nicht verpflichtet ist, ihnen eine Untermietgenehmigung zu erteilen, löst die Verweigerung ein Sonderkündigungsrecht aus, es sei denn, es liegt in der Person des Dritten ein wichtiger Grund für die Verweigerung (§ 540 Abs. 1 Satz 2 BGB). Dazu müssen jedoch konkrete Anhaltspunkte bestehen, dass der Vorgeschlagene die Mieträume beschädigen oder den Hausfrieden stören wird, wie dies etwa Alkoholismus oder eine vorangegangene Kündigung wegen erheblicher Verstöße gegen den Hausfrieden nahe legen.

Um eine Verweigerung zu provozieren, empfiehlt es sich daher geradezu, vom Vermieter eine Erlaubnis zu verlangen, die dieser in der Regel nicht erteilen muss, nämlich eine zur vollständigen Untervermietung der Wohnung. Verweigert der Vermieter diese, so können die Mieter außerordentlich kündigen (LG Berlin WuM 1996, 763; LG Hamburg NZM 1998, 1003).

Vom Vermieter Erlaubnis verlangen

Allerdings müssen Sie als Mieter einige Formalien beachten, wenn Sie in den Genuss dieses Sonderkündigungsrechts gelangen wollen. Vor allem müssen Sie bei Ihrer Anfrage angeben, an wen genau die Untervermietung erfolgen soll. Der Vermieter muss die Möglichkeit erhalten, den Untermieter zu kontaktieren.

Name des Untermieters angeben

Ohne solche Angaben entsteht ein Sonderkündigungsrecht nur, wenn der Vermieter zu erkennen gibt, dass er die Erlaubnis zur Untervermietung generell, also für jeden denkbaren Einzelfall verweigert (LG Berlin GE 2001, 1268). Die Mieter sollten also neben dem Namen des konkreten Untermieters auch die bisherige Anschrift oder mindestens seine Telefonnummer nennen (LG Berlin MM 2002, 158). Manche Gerichte verlangen noch mehr Detailinformationen. Schweigt der Vermieter auf eine solche Aufforderung, dann gilt dies nach herrschender Meinung als Weigerung (OLG Koblenz RE WuM 2001, 272), jedenfalls dann, wenn die Mieter deutlich gemacht haben, dass sein Schweigen nach Ablauf einer angemessenen Frist als Ablehnung bewertet wird (OLG Köln WuM 2000, 597). Sie sollten dem Vermieter also eine Frist setzen, die es ihm ermöglicht, die Angelegenheit zu prüfen. Für ausreichend wurden Fristen von 20 Tagen (OLG Köln WuM 2000, 597), von zwei Wochen (LG Mannheim ZMR 1998, 565) und von zehn Tagen (LG Berlin MM 2001, 54) gehalten. Verweigert der Vermieter nach Erhalt eines solchen Schreibens die begehrte Untermietgenehmigung oder antwortet er nicht innerhalb der von den Mietern gesetzten angemessenen Frist, dann sind diese nach Fristablauf zur Kündigung mit gesetzlicher Frist zur Kündigung berechtigt (§ 573d Abs. 2 Satz 1 BGB, siehe S. 84 f.).

3.3 Sonderkündigungsrechte nach dem Tod des Mieters

Stirbt ein Mieter, so wird das laufende Mietverhältnis mit den überlebenden Hauptmietern (nicht den Untermietern) fortgesetzt (§ 563a BGB), sofern diese nicht innerhalb eines Monats, nachdem sie von seinem Tod erfahren haben, mit gesetzlicher Frist (siehe S. 88) kündigen. Gibt es keine überlebenden Mieter, so treten in unterschiedlichen Abstufungen die im Haushalt des Verstorbenen lebenden Personen in den Mietvertrag ein (§ 563 Abs. 1 und 2 BGB), es sei denn, diese teilen dem Vermieter innerhalb eines Monats, nachdem sie von dem Todesfall erfahren haben, mit, dass sie dies nicht wollen (§ 563 Abs. 3 BGB). Führen keine Mitmieter oder sonstigen Personen den Mietvertrag weiter, dann werden die Erben Mieter (§ 1922 BGB) und haften mit ihrem eigenen Vermögen für die sich daraus ergebenden Verpflichtungen (§ 1967 Abs. 1 BGB), sofern sie die Erbschaft nicht ausschlagen. Die Erben können das Mietverhältnis gemäß § 564 Satz 2 BGB innerhalb eines Monats, nachdem sie erfahren haben, dass der Mieter gestorben ist und kein Angehöriger in den Mietvertrag eingetreten ist, mit gesetzlicher Frist (siehe S. 61) kündigen.

Vermieter kann kündigen Das gleiche Recht steht dem Vermieter gegenüber den Erben zu, mit der Besonderheit, dass er dabei ausnahmsweise kein berechtigtes Interesse für seine Kündigung benötigt (§§ 564 Satz 2, 573d Abs. 1 BGB). Wird das Mietverhältnis mit dem Ehegatten, Partner oder Haushaltsangehörigen fortgesetzt, so kann der Vermieter diesen seinerseits mit gesetzlicher Frist (siehe S. 61) kündigen, wenn in der Person des bzw. eines der Eintretenden ein wichtiger Grund besteht, der ihm die Fortsetzung des Mietverhältnisses unzumutbar macht (§ 563 Abs. 4 BGB). In all diesen infolge des Todes des Mieters ausgeübten Sonderkündigungsrechten muss der Vermieter seine Kündigung gegenüber allen in den Mietvertrag eingerückten Neumietern aussprechen. Die Gekündigten können sich in diesen Fällen auf die Sozialklausel (siehe 77 ff.) berufen, was allerdings bei Erben, die über eine andere Wohnung verfügen, selten erfolgreich sein wird.

3.4 Vermieterkündigung nach Zwangsversteigerung und Insolvenzverwaltung

Werden eine vermietete Wohnung oder das Haus, in dem sich eine solche Wohnung befindet, zwangsversteigert, dann wird der Ersteigerer mit Zuschlag nicht nur Eigentümer, sondern Vermieter (§ § 57 ZVG, 566 BGB) und kann das Mietverhältnis mit gesetzlicher Frist (siehe S. 61) kündigen. Allerdings benötigt er dazu zusätzlich einen Kündigungsgrund (siehe S. 71 ff.). Wurde die versteigerte Mietwohnung während der Mietzeit der Mieter umgewandelt, dann gilt auch hier (siehe 112 ff.) eine Kündigungssperrfrist (§ 577a BGB; BayObLG RE WuM 1992, 424). All dies gilt auch für den Erwerber, der die Mieträume vom Insolvenzverwalter (siehe S. 58 f.) erstanden hat (§ 111 InsO).

Ersteigerer wird mit Zuschlag Vermieter

3.5 Vertraglich vereinbarte Sonderkündigungsrechte

Mieter und Vermieter können weitere Sonderkündigungsrechte vereinbaren, allerdings nur zugunsten der Mieter. Über die gesetzlichen Sonderkündigungsrechte hinausgehende Vereinbarungen zugunsten des Vermieters sind unwirksam. Sonderkündigungsrechte sollten insbesondere dann vereinbart werden, wenn das ordentliche Kündigungsrecht vertraglich ausgeschlossen ist oder werden soll (siehe 68 ff.).

Sonderkündigungsrechte nur zugunsten des Mieters

II. Kündigung von Zeitmietverträgen

Mietverträge, die befristet, also für eine bestimmte Zeit eingegangen wurden, enden automatisch am vereinbarten Endzeitpunkt (§ 542 Abs. 2 BGB), wenn sie nicht außerordentlich gekündigt (siehe S. 84 ff.) oder verlängert wurden. Für Abschluss und Ende solcher Zeitmietverträge gelten besondere Regeln (siehe S. 113 ff.). Insbesondere sind bei ihnen ordentliche Kündigungen (siehe S. 38) nicht zulässig (BGH WuM 2007, 319/321), es sei denn, die Parteien haben diese Möglichkeit ausdrücklich vereinbart.

III. Wie man den Mietvertrag trotz langer Vertragsbindung beendet

Alte Mietverträge mit Verlängerungsklausel (siehe dazu S. 67 ff.), Kündigungsausschlussvereinbarungen (siehe S. 71 ff.) und Zeitmietverträge ohne Kündigungsrecht (siehe S. 113 ff.) können für Mieter verheerende finanzielle Konsequenzen haben, wenn eine schnelle Kündigung aus persönlichen oder beruflichen Gründen erforderlich ist. Was also tun, damit Sie trotz generell kurzer Kündigungsfristen für Mieter (siehe S. 61 ff.) so schnell kündigen können, wie es erforderlich ist?

1. Bestehen Sonderkündigungsrechte?

Tipp

Prüfen, ob es Sonderkündigungsrechte gibt

Zunächst stellt sich natürlich stets die Frage, ob es Sonderkündigungsrechte gibt, die eine frühzeitige Lösung des Mietvertrags ermöglichen. An erster Stelle sollten Sie prüfen, ob Ihnen eine kürzlich zugegangene Modernisierungsankündigung oder ein Mieterhöhungsschreiben des Vermieters eine kurzfristige Kündigung ermöglichen (siehe S. 93 ff). Eine praktikable Lösung ist häufig die Kündigung, wenn der Vermieter eine erbetene Untervermietung verweigert (siehe S. 95). Notfalls sollten Sie ausloten, ob der Vermieter bereit ist, das Mietverhältnis durch einen Aufhebungsvertrag (siehe S. 101) zu beenden.

2. Kündigung aus »wichtigem Grund«?

Unzumutbares Festhalten am Mietvertrag

Lässt sich der Vermieter darauf nicht oder nur zu indiskutablen Bedingungen ein, dann sollten Sie prüfen bzw. prüfen lassen, ob Sie ausnahmsweise ein Recht zur Kündigung aus wichtigem Grund haben. In seltenen Fällen lassen die Gerichte eine solche Kündigung bei Dauerschuldverhältnissen, zu denen auch Wohnraummietverhältnisse zählen, ausnahmsweise zu, wenn gravierende, unvorhersehbare

Ereignisse ein Festhalten am Mietvertrag unzumutbar machen (§§ 242, 626, 723 BGB analog). In der Regel kann in einem solchen Fall mit gesetzlicher Frist (siehe S. 61) gekündigt werden. So haben Gerichte vereinzelt Mietern, die pflegebedürftig wurden oder in ein Pflegeheim umziehen mussten, ein Sonderkündigungsrecht eingeräumt (vgl. AG Altötting NJW-RR 1997, 1098; AG Calw WuM 1999, 463; LG Hannover WuM 2000, 436). Dies ist jedoch höchst umstritten.

Vor einer Milchmädchenrechnung sei gewarnt: Manche Mieter meinen, sie könnten ihre Mietbelastung reduzieren, indem sie einfach keine Miete mehr zahlen und so eine fristlose Kündigung des Vermieters provozieren. Dann jedoch kann dieser für die Zeit, die der Vertrag nach einer ordentlichen Kündigung noch gelaufen wäre, Schadensersatz in Höhe der Restmiete verlangen. Anwalts- und Prozesskosten kommen unter Umständen noch hinzu. Allenfalls muss der Vermieter ihm zumutbare Weitervermietungsversuche unternehmen, um den Schaden gering zu halten.

3. Oft die letzte Rettung: das Recht zur Nachmieterstellung

Eine schwere Krankheit kann die Mieter berechtigen, über den Weg einer Nachmieterstellung das Mietverhältnis vorzeitig mit dreimonatiger Kündigungsfrist zu beenden. Von Mietern wird oft die Auffassung vertreten, der Vermieter sei verpflichtet, das Mietverhältnis zu beenden, wenn man ihm drei Nachmieter präsentiere. Dies ist zwar ein ebenso zäher wie falscher Volksglaube, aber er hat einen wahren Kern. Zwar enthalten nur wenige Mietverträge eine Nachmieterklausel, die den Vermieter verpflichtet, einen vom Mieter vorgeschlagenen Nachmieter an dessen Stelle im Mietvertrag aufzunehmen (echte Nachmieterklausel), oder die es dem Mieter wenigstens ermöglicht, aus dem Mietvertrag auszuscheiden, wenn der Vermieter den präsentierten Nachmieter nicht akzeptiert (unechte Nachmieterklausel). In bestimmten Härtefällen besteht jedoch

Kündigungsfrist von drei Monaten

ein solches Recht zur Nachmieterstellung auch ohne vertragliche Vereinbarung (OLG Karlsruhe RE WuM 1981, 173; OLG Hamm RE WuM 1995, 577). Diese Rechtsprechung gilt auch nach Inkrafttreten der Mietrechtsreform (BGH WuM 2007, 319). Voraussetzung für ein solches Recht ist, dass der Mieter das Mietverhältnis noch längere Zeit (mindestens sechs Monate) nicht durch ordentliche Kündigung beenden kann (eine Kündigungsfrist von nur drei Monaten reicht nicht; OLG Oldenburg RE WuM 1982, 124) und ihm das Festhalten am Mietvertrag aus schwerwiegenden Gründen nicht zuzumuten ist. Schwere gesundheitliche Probleme des Mieters oder eines mit ihm zusammenlebenden Haushaltsangehörigen, insbesondere Pflegebedürftigkeit (LG Hildesheim ZMR 2000, 679), zählen ebenso dazu wie Familienzuwachs, der eine größere Wohnung erforderlich macht (LG Landshut WuM 1996, 542). Auch eine geplante Heirat hat das Landgericht Hannover (WuM 1988, 12) akzeptiert. Berufliche Gründe kommen ebenfalls in Betracht, jedenfalls dann, wenn sich der Mieter in einer anderen, weiter entfernten Stadt beruflich gebunden hat (LG Bielefeld WuM 1993, 118). Was nicht mehr zumutbar ist, wird stets durch Bewertung des jeweiligen Einzelfalls entschieden. Grundsätzlich gilt: Je weniger, von Heirats- und Familienplanung abgesehen, die konkreten Gründe für den Auszugswunsch von den Mietern beeinflusst werden konnten, desto eher rechtfertigen sie ein Recht zur Nachmieterstellung. Allein finanzielle oder mutwillig selbst verursachte Notstände berechtigen nicht zur Nachmieterstellung.

Festhalten am Mietvertrag für Mieter nicht zumutbar

Berufliche Gründe

Tipp

Nachmieter möglichst schriftlich vorschlagen

Besteht ein solches Recht, so muss der Mieter dem Vermieter den oder die Nachmieter – ein Interessent reicht nach herrschender Meinung aus (LG Saar brücken WuM 1995, 313) – vorschlagen. Dies sollte schon aus Beweisgründen möglichst schriftlich geschehen. Der Vermieter muss dann innerhalb einer Überlegungsfrist von maximal drei Monaten entscheiden, ob er den Mietvertrag mit dem Interessenten fortsetzt oder nicht. Entscheidet er sich dafür, dann endet der Mietvertrag mit dem bisherigen Mieter mit Beginn des neuen Mietvertrages. Entscheidet er sich dagegen, dann können die Mieter ihr Mietverhältnis mit gesetzlicher Frist (siehe S. 61) kündigen, es sei denn, der Vermieter hatte einen in der Person des Nachmieters oder seinen wirtschaftlichen Verhältnissen liegenden Grund, diesen nicht zu akzeptieren (OLG Frankfurt WuM 1991, 475). Als Gründe kommen insbesondere im Vergleich zum bisherigen Mieter geringere finanzielle Leistungsfähigkeit und persönliche Eigenschaften des Nachmieters (Alkoholismus, vorangegangene erhebliche Vertragsverstöße in einem anderen Mietvertragsverhältnis mit dem Vermieter etc.) in Betracht. Zwar muss der Mieter selbst dafür sorgen, dass sich der Nachmieter beim Vermieter bewirbt und vorstellt (vgl. AG Schöneberg MM 2004, 127), doch darf der Vermieter die Vorstellung nicht vereiteln, etwa indem er keinen geeigneten Termin für die Vertragsverhandlungen benennt oder aber Mietinteressenten fortschickt (LG Bielefeld WuM 1993, 118).

4. Den Mietvertrag einverständlich beenden: der Mietaufhebungsvertrag

Ohne Kündigungsgrund und auch ohne Beachtung von Kündigungsfristen und Formvorschriften können Vermieter und Mieter jederzeit einverständlich die Beendigung des Mietvertrags vereinbaren, egal ob es sich um ein unbefristetes Mietverhältnis oder einen Zeitmietvertrag handelt. Da bei einem solchen Mietaufhebungsvertrag viele diverse Aspekte bedacht werden sollten und geregelt werden können, unter Umständen sogar geregelt werden müssen, finden sich ausführlichere Ausführungen dazu auf S. 270 ff.

IV. Weiternutzung der Mietsache nach Vertragsende

Nicht selten nutzen Mieter die Wohnung weiter, ohne dass der Vermieter unmittelbar etwas dagegen unternimmt. Darin liegt, je nach Perspektive, die Chance oder Gefahr,

**Mietverhält-
nis verlängert
sich auf unbe-
stimmte Zeit**

dass der Mietvertrag dadurch fortgesetzt wird. Wichtig ist die nicht selten übersehene, für alle Mietverhältnisse geltende gesetzliche Regelung des § 545 BGB, die lautet: »Setzt der Mieter nach Ablauf der Mietzeit den Gebrauch der Mietsache fort, so verlängert sich das Mietverhältnis auf unbestimmte Zeit, sofern nicht eine Vertragspartei ihren entgegenstehenden Willen innerhalb von zwei Wochen dem anderen Teil erklärt. Die Frist beginnt

1. für den Mieter mit der Fortsetzung des Gebrauchs,
2. für den Vermieter mit dem Zeitpunkt, in dem er von der Fortsetzung Kenntnis erhält.«

Weshalb der Mietvertrag vorher endete, durch Zeitablauf, außerordentliche, fristlose oder ordentliche Kündigung, ist unerheblich. Lediglich wenn Mieter die Wohnung nach behördlicher Einweisung wegen Obdachlosigkeit oder aufgrund der ihnen vom Gericht eingeräumten Räumungsfrist weiternutzen, gilt diese Regelung nicht, weil dann typischerweise nicht davon ausgegangen werden kann, dass die gesetzliche Fiktion »Widerspruchsverzicht gegen die weitere Nutzung = Zustimmung zur Vertragsverlängerung« zutrifft. Bei Räumungsvergleichen und Mietaufhebungsverträgen kann ebenfalls fraglich sein, ob § 545 BGB gilt. Nutzen die Mieter die Mietsache weiter, ziehen sie also aus der Mietwohnung nicht aus, so sind zwei Fälle zu unterscheiden: Wollen sie die Wohnung nur für kurze Zeit nutzen, dann sollten sie, sofern sie nicht gezwungen sein wollen, eine erneute Kündigung auszusprechen und dementsprechend während der gesamten Kündigungsfrist weiter Miete zahlen zu müssen, innerhalb von zwei Wochen ab Fortsetzung des Gebrauchs (in der Regel dem Tagesbeginn nach Ende des Mietverhältnisses) der Vermieterseite in nachweisbarer Form (siehe S. 25 ff.) mitteilen, dass sie damit das Mietverhältnis nicht fortsetzen wollen. Wollen die Mieter dagegen das Mietverhältnis fortsetzen, so sollten sie dafür sorgen, dass der Vermieter möglichst bald ebenfalls in nachweisbarer Form Kenntnis davon erhält, dass sie nicht ausgezogen sind, sondern die Wohnung weiternutzen. Erklärt dieser dann nicht binnen zwei Wochen, dass er das Mietverhältnis nicht fortsetzen will, so wird der alte Mietvertrag zu den bisherigen Konditionen auf unbestimmte Zeit fortgesetzt.

Allerdings kann man schon vor Vertragsende erklären, dass die Fortsetzung nicht akzeptiert wird. Oft teilen Vermieter und Vermieteranwälte bereits in der Kündigung mit, dass sie vorsorglich für den Fall, dass die Mieter nach Mietende nicht ausziehen, einer Verlängerung des Mietverhältnisses widersprechen. Ein solcher Widerspruch ist selbst dann wirksam, wenn zwischen Kündigung und Vertragsende ein längerer Zeitraum liegt (BGH WuM 2010, 418). Auch Mieter sollten ihrer Kündigungserklärung einen solchen Fortsetzungswiderspruch hinzufügen, wenn sie sicher sind, dass sie das Mietverhältnis keinesfalls fortsetzen wollen, und damit rechnen, dass sie vielleicht nicht ganz pünktlich ausziehen können. **Widerspruch gegen Fortsetzung des Mietverhältnisses**

Der § 545 BGB (Wortlaut siehe S. 102) ist keine zwingende Vorschrift, kann also vertraglich ausgeschlossen werden. Ob dies durch Formularmietverträge (siehe S. 20 ff.), die den Inhalt der Regelung nicht wiedergeben, sondern lediglich den Paragrafen nennen, möglich ist, ist umstritten (Klausel unwirksam: OLG Schleswig GE 1995, 1409; AG Charlottenburg MM 2007, 335; Klausel wirksam: LG Erfurt WuM 2008, 283). Allerdings hat der Bundesgerichtshof in einem anderen Fall sogar die Nennung einer abgelegeneren Rechtsnorm für wirksam gehalten (BGH WuM 2004, 290). **Vertraglicher Ausschluss der gesetzlichen Regelung**

Ist eine Fortsetzung nach § 545 BGB wirksam ausgeschlossen oder bestehen insoweit Zweifel, dann sollten Sie möglichst nicht untätig bleiben, weil Sie sonst eine Räumungsklage provozieren. Gerade in Fällen, in denen Sie selbst gekündigt haben, kann es sein, dass Ihr Vermieter mit einer Fortsetzung des Mietverhältnisses einverstanden ist. Sprechen Sie ihn darauf an. Wenn Sie die Wohnung nur vorübergehend weiternutzen wollen, etwa weil die neue Wohnung noch nicht bezogen werden kann, dann kann es auch sinnvoll sein, dass man nur die Weiternutzung bis zu einem festgelegten Zeitpunkt vereinbart, damit keine erneute Kündigung erforderlich ist. Sinnvoll ist **Keine Räumungsklage provozieren** aber in jedem Fall eine von beiden Seiten, Vermieter und Mieter, unterzeichnete schriftliche Vereinbarung.

V.   Wenn Mieter nicht freiwillig weichen: die Räumungsklage

Das Ende des Mietverhältnisses bedeutet nicht, dass der Vermieter die Wohnung gegen Ihren Willen räumen kann. Sofern Sie ihm die Wohnung nicht freiwillig geräumt übergeben, muss er die Räumung mit einer Räumungsklage vor Gericht erzwingen. Für die Räumung benötigt er einen vollstreckungsfähigen Titel, in der Regel ein Urteil, mit dem er den Gerichtsvollzieher mit der Räumung beauftragen kann. Dieser kann die Räumung dann, notfalls mit Hilfe der Polizei, erzwingen.

1.   Unzulässig: Räumung durch Faustrecht

Hausrecht nutzen

Vereinzelt versuchen Vermieter trotzdem, die Wohnung ohne Urteil zu räumen. Für sämtliche den Mietern dadurch entstehende Schäden haften sie streng, auch wenn sie diese nicht verschuldet haben (BGH WuM 2003, 708 und WuM 2010, 578).

Weichen Sie in solchen Fällen keinesfalls freiwillig, sondern verweigern Sie den Zutritt. Nutzen Sie Ihr Hausrecht, das Ihnen als Mieter zusteht, solange Sie nicht freiwillig räumen oder auf Basis eines entsprechenden Urteils durch den Gerichtsvollzieher geräumt werden. Wird Gewalt ausgeübt oder angedroht, sollten Sie umstandslos die Polizei holen und Strafanzeige und Strafantrag wegen Hausfriedensbruchs (§ 123 StGB) stellen. Gegen Gewalt ist in diesen Fällen auch – maßvolle – Notwehr zulässig (§ 32 StGB, § 859 Abs. 1 BGB). Maßnahmen, mit denen der Vermieter Ihnen den Zugang zur Wohnung verwehrt, etwa durch Austausch des Schlosses oder Anbringung eines vorgesetzten Riegelschlosses, dürfen Sie, sofern Sie unmittelbar im Anschluss daran handeln, selbst rückgängig machen (§ 859 Abs. 3 BGB). Achten Sie aber auf Zeugen (siehe S. 29 ff.).

Ist nach den rechtswidrigen Vermietermaßnahmen etwas **Einstweilige** längere Zeit verstrichen, sollten Sie den Zutritt zur Woh- **Verfügung** nung umgehend im Wege einer einstweiligen Verfügung erzwingen. Wichtig ist auch hier schnelles Handeln. Notfalls können Sie die einstweilige Verfügung auch selbst beantragen, und zwar bei dem Amtsgericht, in dessen Bezirk Ihre Wohnung liegt (§ 23 Ziffer 2.a) GVG).

Sind solche Notmaßnahmen nicht (mehr) möglich, sollten Sie den Zutritt zur Wohnung so schnell wie möglich durch eine einstweilige Verfügung erzwingen. Notfalls können Sie diese selbst beantragen, und zwar bei dem Amtsgericht, in dessen Bezirk Ihre Wohnung liegt (§ 23 Ziffer 2. a) GVG). Dies gilt auch für »kalte Räumungen« durch Sperrung der Energie-, Heiz- oder Wasserversorgung, die bei Wohnraum unzulässig sein dürften (vgl. BGH WuM 2009, 469).

2. Der Räumungsprozess

Wenn Sie trotz Kündigung oder anderweitiger Beendigung Ihres Mietvertrages die Wohnung nicht freiwillig herausgeben wollen, dann sollten Sie sich auf die Räumungsklage vorbereiten. Zwar benötigen Privatpersonen bei den erstinstanzlich zuständigen Amtsgerichten keinen Anwalt, sondern dürfen dort selbst auftreten, bei Räumungsklagen ist dies jedoch in der Regel zu riskant, weil juristische Laien die prozessualen Fallstricke nicht kennen und die Gerichte darauf meist nicht ausreichend Rücksicht nehmen.

Kontaktieren Sie spätestens jetzt einen Anwalt, sortieren Sie Ihre Unterlagen und sprechen Sie etwaige Zeugen an. Sichten Sie unbedingt regelmäßig den Briefkasten.

Anwalt einschalten

In der Regel muss keine Seite das erstinstanzliche Urteil des Amtsgerichts akzeptieren. Fast immer sind Räumungsklagen berufungsfähig. Denn die Berufungsgrenze von 600,00 Euro (§ 511 Abs. 2 Nr. 1 ZPO) wird fast immer überschritten, sodass die unterliegende Seite folglich Berufung zum Landgericht einlegen kann. Die Frist für die **Berufung**

Einlegung der Berufung läuft einen Monat ab Zustellung der Urteilsbegründung oder, wenn das Gericht sich mit der Begründung ungebührlich viel Zeit lässt, spätestens fünf Monate nach der Urteilsverkündung (§ 517 ZPO). Maßgeblich ist die Zustellung bei Ihrem Anwalt, sofern Sie anwaltlich vertreten sind. Spätestens für die Einlegung der Berufung benötigen Sie unbedingt einen Anwalt.

3. Räumungs- und Vollstreckungsschutz bei Unterliegen

Zwangsvollstreckung

Natürlich kommt es vor, dass Vermieter den Räumungsrechtsstreit gewinnen und das Urteil rechtskräftig wird, weil die Mieter dagegen keine Rechtsmittel (Berufung, in eher seltenen Fällen auch Revision) einlegen oder nicht mehr einlegen können. Meist wird der Vermieter, wenn die Wohnung dann nicht umgehend geräumt wird, seinen Titel, in diesem Fall das Urteil, im Wege der Zwangsvollstreckung vollstrecken, indem er bei Gericht eine vollstreckbare Ausfertigung des Urteils beantragt und damit einen Gerichtsvollzieher mit der Räumung beauftragt, die dieser im Notfall auch zwangsweise, das heißt mit Hilfe der Polizei durchsetzen kann. Prinzipiell kann der Vermieter auch bereits aus einem nicht rechtskräftigen Urteil vollstrecken (§ 708 Nr. 7 ZPO). Doch kommt dies eher selten vor. Denn zum einen bestehen Abwendungsmöglichkeiten (§§ 711, 712 ZPO). Zum anderen muss der Vermieter den Mietern Schadensersatz leisten, falls das Urteil letztinstanzlich aufgehoben wird (§ 717 Abs. 2 ZPO).

Tipp

Räumungsfrist bei Gericht beantragen

Grundsätzlich steht Mietern, gegen die ein Räumungsurteil ergangen ist, die Einräumung einer angemessenen Räumungsfrist durch das Gericht zu (§ 721 ZPO). Nur bei an Personen mit dringendem Wohnbedarf vermieteten Wohnungen (siehe S. 71 ff.) wird grundsätzlich keine Räumungsfrist gewährt (§ 721 Abs. 7 Satz 1 ZPO). Bei bestimmten Zeitmietverträgen wird eine Räumungsfrist nur ausnahmsweise eingeräumt (siehe S. 113 ff.). Das Gericht kann die Räumungsfrist von Amts wegen, also ohne gesonderten Antrag gewähren, muss dies aber nicht tun.

Daher sollte die Einräumung einer angemessenen Räumungsfrist rechtzeitig beantragt werden, und zwar spätestens vor Schluss der letzten mündlichen Verhandlung, der das Urteil folgt (§ 721 Abs. 1 Satz 2 ZPO). Sprechen Sie also Ihren Anwalt darauf an, falls dieser den Antrag in der Klageerwiderungsschrift nicht gestellt hat.

Antrag rechtzeitig stellen

In der Regel werden Räumungsfristen zwischen zwei und drei Monaten bewilligt. Bei der Fristbestimmung hat das Gericht die Interessen von Vermieter und Mietern abzuwägen, sodass es eine Rolle spielen kann, wie groß die Chancen und Möglichkeiten der Mieter bei der Wohnraumsuche sind, ob die Mieter mit der Räumung rechnen mussten, etwa weil sie einen Zeitmietvertrag geschlossen hatten, oder ob die Wohnraumsuche vorübergehend wegen größerer Belastungen (Examen, Krankheit etc.) unzumutbar ist. Im Wesentlichen gelten hier die gleichen Grundsätze wie bei der Abwägung nach der Sozialklausel (siehe S. 77 ff.). Haben die Mieter während der Räumungsfrist keinen angemessenen Ersatzwohnraum anmieten können, können sie – unter Umständen sogar mehrmals – bei dem das Urteil erlassenden Gericht eine Verlängerung beantragen (§ 721 Abs. 3). Dies muss spätestens zwei Wochen vor Ablauf der bisherigen Räumungsfrist geschehen. Allerdings müssen sie bei der Begründung des Antrags möglichst genau darlegen, dass sie alle zumutbaren Anstrengungen unternommen haben, Ersatzwohnraum zu erlangen und weshalb dies gescheitert ist. Auch hierzu wird zu den Ausführungen zur mehrfachen Verlängerung der Mietzeit nach der Sozialklausel verwiesen. Insgesamt kann allenfalls eine Räumungszeit von insgesamt einem Jahr, gerechnet ab Rechtskraft des Urteils, gewährt werden (§ 721 Abs. 5 Satz 1 ZPO).

Räumungsfristen zwischen zwei und drei Monaten

Es kann vorkommen, dass der durch die Vorschriften zur Räumungsfrist ermöglichte Aufschub nicht ausreicht, weil keine Räumungsfrist gewährt wird, die Maximaldauer erreicht ist oder die entsprechenden Anträge nicht gestellt wurden. In diesen Fällen bleibt den Mietern nur, Vollstreckungsschutz zu beantragen (§ 765 a ZPO), damit das Gericht die zur Räumung erforderlichen Zwangsvollstre-

Tipp

Letzter Notanker: Vollstreckungsschutz beantragen

ckungsmaßnahmen ganz oder teilweise aufhebt, untersagt oder einstweilen einstellt. Auch eine längere Unterbrechung der Zwangsvollstreckung kann notfalls angeordnet werden, ausnahmsweise sogar dauerhafte Aussetzung (BVerfG WuM 1993, 239 und 1997, 591). In Eilfällen kann das Gericht auf Antrag auch eine einstweilige Anordnung erlassen (§ 732 Abs. 2 ZPO). Vereinbarungen, durch die Mieter für die Zukunft auf Vollstreckungsschutz verzichtet haben, sind unwirksam (LG Osnabrück WuM 1980, 256), und zwar auch dann, wenn diese Vereinbarung im Rahmen eines gerichtlichen Räumungsvergleichs erfolgte.

! Vollstreckungsschutz muss spätestens zwei Wochen vor dem Räumungstermin beantragt werden, es sei denn, die Gründe dafür sind später eingetreten oder eine rechtzeitige Antragstellung ist unverschuldet unterblieben (§ 765a Abs. 3 ZPO).

Zuständig ist das Amtsgericht, in dessen Bezirk die Wohnräume liegen. Der entsprechende Antrag kann daher ohne Anwalt gestellt werden, muss aber in jedem Fall schriftlich erfolgen oder mithilfe eines Urkundsbeamten beim Amtsgericht zu Protokoll gegeben werden (§ 496 ZPO).

Vollstreckungsschutz nur in besonderen Fällen

Vollstreckungsschutz wird nur in besonders gravierenden Fällen gewährt, nämlich dann, wenn die Räumung wegen besonderer Umstände für den geräumten Mieter bzw. einen seiner die Wohnung mit bewohnenden Haushaltsangehörigen eine Härte bedeutet, die gegen die guten Sitten verstößt. Dies ist insbesondere dann der Fall, wenn das Leben oder die Gesundheit eines Mieters oder seiner Haushaltsangehörigen durch den Umzug gefährdet sind. Allerdings muss sich der Erkrankte im erforderlichen Umfang ärztlich behandeln lassen und auch sonst alles ihm Zumutbare unternehmen, um das Risiko zu minimieren.

Drohende Obdachlosigkeit

Auch drohende Obdachlosigkeit wird in der Regel als unzumutbare sittenwidrige Härte angesehen (OLG Hamburg WuM 1991, 360), wobei allerdings umstritten ist, ob und wenn ja in welchen Fällen die Unterbringung in einer Obdachlosenunterkunft zumutbar ist.

VI. Umwandlungsschutz bei Eigentumswohnungen

Einzelne Wohnungen oder Gebäude gehören zum Grundstück und können daher in der Regel nur mit diesem zusammen, nicht jedoch einzeln veräußert werden. Der Eigentümer kann dies ändern, indem er das Gebäude in Eigentumswohnungen aufteilt und das Grundstück entsprechend umwandeln lässt.

1. Vom Mieter zum Wohnungseigentümer: Ihr Vorkaufsrecht

Wird die Wohnung nach Mietvertragsschluss und Übergabe in Wohnungseigentum umgewandelt oder soll dies geschehen, so haben die Mieter bei deren erstem Verkauf ein Vorkaufsrecht (§ 577 BGB). Sie können also anstelle des Käufers in den Kaufvertrag zu den Bedingungen eintreten, die mit dem eigentlich vorgesehenen Erwerber vereinbart wurden (§ 464 Abs. 2 BGB). Beim Verkauf an Familien- oder Haushaltsangehörige des Vermieters (siehe S. 75) entfällt das Vorkaufsrecht (§ 577 Abs. 1 S. 2 BGB).

Mieter kann in Kaufvertrag eintreten

Sobald der Kaufvertrag wirksam geschlossen wurde, müssen der Vermieter, ersatzweise der Erwerber, den Mietern den Inhalt des Kaufvertrages unverzüglich mitteilen und sie über ihr Vorkaufsrecht informieren (§ 469 Abs. 1 BGB). Diese können ihr Vorkaufsrecht nur innerhalb einer Frist von zwei Monaten nach Erhalt der Mitteilung ausüben (§ 469 Abs. 2 BGB). Die entsprechende Erklärung muss gegenüber dem Veräußerer abgegeben werden, und zwar für ab dem 1.9.2001 beurkundete Kaufverträge schriftlich (§ 577 Abs. 3 BGB).

Informationspflicht des Eigentümers

Die Verkaufsmitteilung des Vermieters muss folgende Informationen enthalten:

Informationen für Mieter

● den genauen Inhalt des Kaufvertrags, insbesondere detaillierte Angaben über die mit dem Drittkäufer vereinbarten Gegenleistungen,

- die zweimonatige Frist für die Ausübung des Vorkaufs-rechts und
- den oder die Empfänger der Ausübungserklärung.

Unter Umständen Schadens-ersatz

Fehlt eine dieser Angaben, so beginnt die Ausübungs-frist nicht zu laufen, sodass die Mieter auch später noch ihr Vorkaufsrecht ausüben können. Außerdem ist der Vermieter zum Schadensersatz verpflichtet, wenn er die Mieter nicht, falsch oder ungenau unterrichtet hat oder an-derweitig deren Vorkaufsrecht vereitelt. Diese können ihr Vorkaufsrecht auch ausüben, wenn sie von dem Verkaufs-fall erfahren haben, jedoch nicht benachrichtigt wurden.

Vorkaufs-recht ist nicht vererblich

Das Vorkaufsrecht ist nicht vererblich. Stirbt der Mieter, so geht das Vorkaufsrecht auf die Personen über, die als bisherige Haushaltsangehörige in das Mietverhältnis ein-treten (§§ 577 Abs. 4, 563 BGB). Für preisgebundene So-zialwohnungen des ersten Förderungsweges (§ 50 Abs. 1 WoFG, § 1 WoBindG), die bis zum 31.12.2001 umgewan-delt wurden, gilt ein besonderes Vorkaufsrecht, das für die Mieter im Vergleich zum allgemein geltenden Vor-kaufsrecht (§ 577 BGB) unter anderem deshalb günstiger ist, weil es 1. vererblich ist, 2. auch dann gilt, wenn die Wohnung an einen Familien- oder Haushaltsangehörigen des Vermieters veräußert wird und 3. von den Mietern bis zu sechs Monate, nachdem ihnen der Verkauf mitgeteilt wurde, ausgeübt werden kann (§ 2b WoBindG).

2. Ihr Kündigungsschutz nach Umwandlungen

Kündigungs-sperre

Auch wenn die Mieter von einem Kauf Abstand nehmen, sind Neuerwerber eine Zeit lang weitgehend gehindert, den Mietvertrag zu kündigen, weil für die wichtigsten Kündi-gungsgründe eine befristete Sperre besteht: Kündigungen wegen Eigenbedarfs (siehe S. 71 ff.) und wegen Hinderung wirtschaftlicher Verwertung (siehe S. 74 f.) sind für drei Jahre, gerechnet vom ersten Eigentumswechsel nach Um-wandlung, ausgeschlossen (§ 577a Abs. 1 BGB). Für an-dere Kündigungsgründe gilt die Sperre zwar nicht (BGH WuM 2009, 294 und 2010, 513), wohl aber in Fällen, in denen die Wohnung zwangsversteigert wurde (BayObLG

RE WuM 1992, 424), und bei Grundstücken, die mit vermieteten Ein- oder Zweifamilienhäusern bebaut sind und ohne Umwandlung in verschiedene Grundstücke aufgeteilt wurden (BGH WuM 2008, 415 und 2010, 513).

Der aufgrund von Umwandlungen erweiterte Kündigungsschutz besteht nur unter der Voraussetzung eines bestimmten zeitlichen Ablaufs:

Zeitlicher Ablauf

1. Vermietung der Mietwohnung (entscheidend ist die Wohnungsübergabe, nicht der Vertragsschluss).
2. Die Wohnung wird zur Eigentumswohnung umgewandelt.
3. Die Wohnung wird veräußert (entscheidend ist die Eintragung des Erwerbers ins Grundbuch).

Wird also eine Wohnung veräußert, die bereits bei ihrer Anmietung oder Übergabe Eigentumswohnung war, so besteht keine Kündigungssperre. Gleiches gilt, wenn eine Gesellschaft bürgerlichen Rechts wegen Eigenbedarfs eines Gesellschafters kündigt, der anschließend Wohnungseigentümer werden soll (BGH WuM 2009, 519). Wurde ein vorheriger Miteigentümer und -vermieter durch die Umwandlung unmittelbar Alleineigentümer der Wohnung, so wird die Sperrfrist erst durch eine anschließende Veräußerung ausgelöst (vgl. BGH RE WuM 1994, 452). Die Frist beginnt, wenn der erste Erwerber als Eigentümer ins Grundbuch eingetragen wurde. Bei anschließenden Veräußerungen müssen die weiteren Erwerber die Kündigungssperre gegen sich gelten lassen. Da Kündigungen wegen Eigenbedarfs oder Hinderung wirtschaftlicher Verwertung erst nach Ablauf der Sperrfrist zulässig sind (BGH GE 2003, 1326), können die Mieter nach Umwandlung und anschließendem Eigentumswechsel damit rechnen, für die Dauer der Sperrfrist zuzüglich der Kündigungsfrist geschützt zu sein.

Die gesetzlich vorgesehene dreijährige Sperrfrist können die einzelnen Bundesländer durch Verordnung auf bis zu zehn Jahre verlängern. Die dreijährige Sperrfrist wurde für einzelne Städte bzw. Stadtteile und Gemeinden

Sperrfrist kann auf zehn Jahre verlängert werden

in Schleswig-Holstein, Nordrhein-Westfalen, Hessen, Bayern, Baden-Württemberg, Hamburg und Berlin verlängert, wenn auch nur vorübergehend. Informieren Sie sich beim örtlichen Mieterverein.

Kapitel 3
Zeitmietverträge

Von einem Zeitmietvertrag spricht man, wenn vertraglich festgelegt ist, wann er enden soll. Der Vertrag endet dann zum festgelegten Zeitpunkt, ohne dass eine der beiden Parteien den Vertrag kündigen muss, es sei denn, die Parteien haben vereinbart, dass der Vertrag fortbestehen soll (§ 542 Abs. 2 BGB). Solch ein Zeitmietvertrag, auch befristeter Mietvertrag genannt, kann außerordentlich gekündigt (siehe S. 84 ff.) werden, wenn ein entsprechender Grund vorliegt. Dagegen ist eine ordentliche Kündigung (siehe S. 59 ff.) unzulässig (BGH WuM 2007, 319/321), es sei denn, diese Möglichkeit wurde ausdrücklich vereinbart (siehe S. 120). Lässt sich der Vermieter darauf nicht ein, so sollten Sie zumindest bei längeren Vertragslaufzeiten möglichst weniger weitgehende Ausstiegsregelungen vereinbaren (siehe S. 120).

Ordentliche Kündigung ist grundsätzlich nicht zulässig

All dies gilt auch für einen Sonderfall des Zeitmietvertrages, dessen Befristung darin besteht, dass er auf Lebenszeit des Vermieters oder des Mieters geschlossen wurde. Für solche Verträge besteht nach 30 Jahren Laufzeit ein Sonderkündigungsrecht (§ 544 BGB). Bei Zeitmietverträgen, die vor dem 1.9.2001 abgeschlossen wurden, steht Beamten, Bundeswehrsoldaten, Lehrern an öffentlichen Schulen und Universitäten (entscheidend ist dort die Lehrtätigkeit), Angestellten und Arbeitern des öffentlichen Dienstes und Geistlichen ein Sonderkündigungsrecht zu, aufgrund dessen sie im Falle ihrer Versetzung mit gesetzlicher Frist (siehe S. 63 ff.) kündigen können (§ 570 BGB a. F., Art. 229 § 3 Abs. 3 EGBGB).

Mietvertrag auf Lebenszeit

Allerdings sind Zeitmietverträge bei Wohnraum – anders als im Gewerbemietrecht – seit der am 1.9.2001 in Kraft getretenen Mietrechtsreform nur noch in engen, gesetzlich vorgegebenen Grenzen zulässig. Hält sich ein befristet geschlossener Mietvertrag nicht im Rahmen dieser Vorgaben, so ist er in der Regel nicht unwirksam, sondern läuft

Zeitmietverträge nur noch in engen Grenzen zulässig

Verstoß
gegen Schrift-
form

unbefristet (§ 575 Abs. 1 Satz 2 BGB), kann also jederzeit durch ordentliche Kündigung (siehe S. 59 ff.) beendet werden. Diese Konsequenz gilt unabhängig vom Zeitpunkt des Vertragsschlusses meist auch bei Verstößen gegen die Schriftform (siehe S. 17 f. und S. 69): Alle Zeitmietverträge mit einer Laufzeit von mehr als einem Jahr, aber auch diese Zeit überschreitende, nach Vertragsschluss vereinbarte Befristungen, bei denen die Schriftform nicht eingehalten wurde, laufen unbefristet. Sie können damit jederzeit, frühestens allerdings zum Ablauf eines Jahres nach Wohnungsübergabe (§ 550 BGB) bzw. bei Vertragsänderung zum Ablauf eines Jahres nach dem Änderungszeitpunkt (BGH NJW 1987, 948) ordentlich gekündigt werden.

**Entspricht
Mietvertrag
gesetzlichen
Vorgaben?**

Wollen Sie vor Ablauf der vereinbarten Vertragszeit aus einem Zeitmietvertrag ausscheiden, so sollten Sie neben den üblichen Möglichkeiten (siehe S. 61 ff.) prüfen lassen, ob der Ausgangsvertrag und spätere Vertragsänderungen, etwa Mieterhöhungen und Mieterwechsel (siehe S. 43), der Schriftform und speziell für Zeitmietverträge geltenden gesetzlichen Vorgaben genügen.

Wegen der durch die Mietrechtsreform erfolgten Änderungen sollte man zur besseren Orientierung vier Arten zulässiger Zeitmietverträge unterscheiden:

**Arten
zulässiger
Zeitmiet-
verträge**

- Zeitmietverträge, die seit dem 1.9.2001 geschlossen wurden,
- einfache Zeitmietverträge, die ohne Angabe eines Befristungsgrundes vor dem 1.9.2001 geschlossen wurden,
- durch einen gesetzlichen Befristungsgrund qualifizierte Zeitmietverträge, die vor dem 1.9.2001 geschlossen wurden,
- Zeitmietverträge mit geringerem Mieterschutz, für die keine Beschränkungen gelten.

Entscheidend für die Beurteilung, ob altes oder neues Recht gilt, ist stets der Abschluss des Vertrages, nicht der oft spätere Beginn der Vertragslaufzeit.

I. Zeitmietverträge, die seit dem 1.9.2001 geschlossen wurden

In gewöhnlichen Wohnraummietverhältnissen (zu den Ausnahmen siehe S. 119 f.) können seit dem 1.9.2001 Zeitmietverträge nur noch wirksam vereinbart werden, wenn der Vermieter nach Ablauf der Mietzeit die Räume als Wohnung für sich, seine Familienangehörigen oder Angehörige seines Haushalts nutzen will, in zulässiger Weise die Räume beseitigt oder so wesentlich verändern oder instand setzen will, dass dies bei Fortsetzung des Mietverhältnisses erheblich erschwert würde, oder die Räume an einen zur Dienstleistung Verpflichteten vermieten will (§ 575 Abs. 1 BGB). Diese die Befristung rechtfertigende Nutzungsabsicht muss der Vermieter ernsthaft haben (BGH WuM 2007, 319). Sie dürfen also nicht vorgeschoben sein. Außerdem muss er diese Nutzungsabsicht den Mietern schon bei Vertragsabschluss schriftlich mitgeteilt haben, allerdings nicht notwendigerweise im Vertrag selbst (§ 575 Abs. 1 Satz 1 BGB).

Die Angaben müssen genau und nachvollziehbar sein. **Präzise** Schlagwortartige Begründungen oder die Wiedergabe des **Angaben des** Gesetzeswortlauts reichen nicht aus. Zukünftige Nutzer **Vermieters** aus dem Kreise der Angehörigen des Vermieters – infrage kommen nur die Personen, zu deren Gunsten bei einem unbefristeten Mietvertrag eine Eigenbedarfskündigung ausgesprochen werden könnte (siehe S. 71 ff.) – müssen präzise benannt werden. Sind Baumaßnahmen der Befristungsgrund, so muss der Vermieter die geplanten Maßnahmen so genau angeben, dass die Mieter beurteilen können, ob das Vorhaben zulässig ist (LG Köln WuM 2000, 330) und ob die Maßnahmen durch das fortbestehende Mietverhältnis erheblich erschwert würden und damit eine Befristung gerechtfertigt ist (BGH WuM 2007, 319). Bei einem Abriss des Gebäudes, in dem sich die vermieteten Räume befinden, bedarf es demgegenüber keiner näheren Angaben (BGH WuM 2007, 319). Ohne (ausreichende) Mitteilung, aber auch wenn die soeben genannten übrigen Vorgaben nicht eingehalten wurden, gilt das Mietverhältnis als auf unbestimmte Zeit abgeschlossen (§ 575 Abs. 1 Satz 2 BGB), kann also jederzeit ordentlich gekündigt werden.

!

Sozialklausel gilt nicht

Wurde ein solcher Zeitmietvertrag dagegen wirksam geschlossen, so haben Mieter keine Möglichkeit, das Ende des Mietverhältnisses gegen den Willen des Vermieters zu verhindern. Die Sozialklausel (siehe S. 77 ff.) gilt nicht. Auch der Räumungsschutz entfällt weitgehend, da Räumungsfristen nur im Falle einer außerordentlichen Kündigung des Vermieters (siehe S. 84 ff.) und selbst dann allenfalls bis zum vertraglich vorgesehenen Vertragsendzeitpunkt gewährt werden (§ 721 Abs. 7 ZPO).

Änderung des Befristungsgrunds ist nicht zulässig

Oft werden sich die Planungen des Vermieters während der Vertragslaufzeit ändern. Den ursprünglichen Befristungsgrund darf der Vermieter aber nicht durch einen anderen ersetzen. Teilweise wird es allerdings für zulässig gehalten, wenn der Vermieter die Wohnung für andere Angehörige nutzen oder statt eines Umbaus eine wesentliche Instandsetzung vornehmen will. In solchen Fällen sollten Sie sich rechtlich beraten lassen. Die Mieter können vom Vermieter verlangen, dass dieser mitteilt, ob der Befristungsgrund noch besteht (§ 575 Abs. 2 BGB). Nur Anfragen, die frühestens vier Monate vor Ende der vereinbarten Mietzeit erfolgen, müssen beantwortet werden. Dies muss innerhalb eines Monats geschehen. Bei Verspätung können die Mieter eine Verlängerung des Mietverhältnisses um diesen Zeitraum verlangen. Verzögert sich der Eintritt des Befristungsgrundes, etwa weil die Tochter des Vermieters erst später die als Studienaufenthalt vorgesehene Wohnung bezieht, verlängert sich die Mietzeit entsprechend (§ 575 Abs. 3 Satz 1 BGB). Entfällt der Grund, so kann der Mieter vom Vermieter die Umwandlung des Vertrags in einen unbefristeten Mietvertrag verlangen (§ 575 Abs. 3 Satz 2 BGB).

II. Einfache Zeitmietverträge, die vor dem 1.9.2001 geschlossen wurden

Vor dem Inkrafttreten der Mietrechtsreform konnten im Wohnraummietrecht einfache Zeitmietverträge geschlossen werden, ohne dass dafür ein Befristungsgrund erforderlich war. Solche Verträge sind, sofern sie vor dem 1.9.2001 abgeschlossen wurden, weiterhin wirksam (Art. 229 § 3 Abs. 3 EGBGB), enden also mit Vertragsende, ohne dass es einer Kündigung bedarf. Allerdings können die Mieter vom Vermieter verlangen, dass dieser der Fortsetzung des Mietverhältnisses auf unbestimmte Zeit zustimmt (§ 564c Abs. 1 BGB alte Fassung). Das Fortsetzungsverlangen muss dem Vermieter schriftlich spätestens zwei Monate vor dem vereinbarten Vertragsende zugehen. Der Vermieter kann die Fortsetzung nur verweigern, wenn ihm ein gesetzlich zugelassener Kündigungsgrund (siehe S. 71 ff.), etwa Eigenbedarf, zusteht. In diesen Fällen ist die Sozialklausel (siehe S. 77 ff.) zugunsten der Mieter anzuwenden (OLG Hamm RE WuM 1991, 423), was unter anderem zur Folge hat, dass diese unter Berufung auf die ihnen zustehenden Härtegründe noch im ersten Verhandlungstermin des Räumungsrechtsstreits die Fortsetzung des eigentlich beendeten Mietverhältnisses verlangen können.

Tipp

Mieter kann Fortsetzung des Mietverhältnisses verlangen

Stimmt der Vermieter der Verlängerung nicht zu, so sollten Sie ihn als Mieter unbedingt auf Zustimmung verklagen, weil der Vertrag sonst trotz der Verpflichtung des Vermieters, einer Fortsetzung zuzustimmen, mit Ablauf der Befristung endet.

Auf Zustimmung klagen

Für normale Wohnraummietverhältnisse können solche einfachen Zeitmietverhältnisse seit dem 1.9.2001 nicht mehr wirksam vereinbart werden (§ 575 Abs. 1 und 4 BGB). Dies gilt auch für eine bis dahin regional verbreitete Form des einfachen Zeitmietvertrages, der eine regelmäßige, meist einjährige Verlängerung vorsah, wenn er zum Ende der vereinbarten Laufzeit von keiner der Parteien ordentlich gekündigt worden war (siehe S. 65 ff.). Bei

Verträgen, für die nur eine einmalige oder eine bestimmte Anzahl von Verlängerungen vereinbart wurde, können die Mieter nach Eintritt der letzten Verlängerung durch ein Fortsetzungsverlangen erzwingen, dass sich das Mietverhältnis in ein solches auf unbestimmte Zeit umwandelt (OLG Frankfurt a.M. WuM 1991, 17).

III. Qualifizierte Zeitmietverträge, die vor dem 1.9.2001 geschlossen wurden

Neben den soeben besprochenen einfachen Zeitmietverträgen, die nicht auszugswillige Mieter vor Mietende in unbefristete Verträge umwandeln lassen konnten, konnten auch nach altem Recht bereits solche geschlossen werden, deren Verlängerung gegen den Willen des Vermieters in der Regel nicht durchzusetzen möglich war, weil ein gesetzlich vorgesehener Befristungsgrund bestand (§ 564c Abs. 2 BGB). Weil diese Verträge durch einen speziellen Befristungsgrund gekennzeichnet sind, spricht man in Abgrenzung zu den im letzten Abschnitt behandelten einfachen Zeitmietverträgen von »qualifizierten Zeitmietverträgen«

Unterschiede gegenüber der aktuellen Rechtslage

Allzu viel hat sich an der für die Altverträge weiterhin geltenden gesetzlichen Regelung nicht geändert, sodass insoweit auf die obigen Ausführungen auf S. 117 f. verwiesen werden kann. Vier wesentliche Unterschiede bestehen gegenüber der aktuellen Regelung:

(1) Bis zum 1.9.2001 durften qualifizierte Zeitmietverträge nur für maximal fünf Jahre befristet werden. Wurde eine solche Befristung für einen bereits laufenden Mietvertrag vereinbart, so wurde die bisherige Mietzeit auf diese maximale Befristungsdauer nicht angerechnet (BayObLG RE WuM 1989, 612).

(2) Bei vor dem 1.9.2001 geschlossenen qualifizierten Zeitmietverträgen müssen sich nicht die Mieter darum kümmern, ob der Befristungsgrund bei Vertragsende aktuell ist. Vielmehr muss der Vermieter den Mietern drei Monate vor Ablauf der Mietzeit schriftlich (siehe S. 40 f.) mittei-

len, dass seine Verwendungsabsicht noch besteht (§ 564c Abs. 2 BGB alte Fassung). Unterlässt er dies oder verzögert sich der Eintritt des Befristungsgrundes, so verlängert sich das Mietverhältnis entsprechend, bis der Vermieter die Mitteilung nachholt bzw. der Befristungsgrund eintritt.

(3) Die Befristung kann nur dann mit der betrieblichen Nutzung der Mieträume gerechtfertigt werden, wenn die Wohnungen bereits zuvor von Betriebsangehörigen genutzt wurden (§ 564c Abs. 2 Nr. 2.c) BGB alte Fassung).

(4) Entspricht ein vor dem 1.9.2001 geschlossener Zeitmietvertrag nicht den Anforderungen eines qualifizierten Zeitmietvertrags, dann wird daraus nicht etwa, wie bei Neuverträgen, ein unbefristetes Mietverhältnis. Vielmehr handelt es sich dann um einen einfachen Zeitmietvertrag, dessen Umwandlung in ein unbefristetes Mietverhältnis die Mieter vor Ablauf der Laufzeit gegebenenfalls erzwingen können.

IV. Zeitmietverträge ohne Beschränkungen

Die vorstehend genannten Einschränkungen betreffen nicht die in § 549 BGB aufgeführten Mietverhältnisse (siehe S. 85 ff.), also Wohnraum, in dem in Fällen, in denen ein unbefristeter Mietvertrag geschlossen wurde, kein oder lediglich ein stark reduzierter Kündigungsschutz besteht. In diesen Fällen sind auch Zeitmietverträge ohne die ansonsten für befristete Mietverhältnisse geltenden Einschränkungen zulässig. Dies gilt insbesondere für Untermietverhältnisse, in denen der Vermieter die Wohnung mitbewohnt und den Wohnraum überwiegend selbst möbliert hat, es sei denn, er hat die Wohnung dauerhaft, also nicht nur für kurze Zeit und damit vorübergehend dem Mieter zur Nutzung mit seinen Familien- oder anderen Hausangehörigen überlassen (siehe S. 81 f.; § 549 Abs. 2 Nr. 2 BGB). In keinem Fall kann der den Wohnraum mitbewohnende Vermieter bei Zeitmietverträgen sein für unbefristete Mietverträge erleichtertes Kündigungsrecht (siehe S. 81) geltend machen. Auch bei vor dem 1.9.2001

Möblierter Wohnraum

geschlossenen Zeitmietverträgen über in Studenten- und Jugendwohnheimen vermietete Wohnräume können die Mieter durch ein Fortsetzungsverlangen (siehe S. 196) keine Verlängerung des Zeitmietvertrages erzwingen (LG Konstanz WuM 1995, 539).

V. Frühzeitig Kündigungsrechte oder Nachmieterklausel vereinbaren

Kündigungs-recht vorbe-halten

Für Mieter ist die strikte Bindung an die Mietzeit oft der zentrale Nachteil eines Zeitmietvertrages. Daher sollten Sie, wenn der Vermieter auf einer Befristung besteht, bereits bei Abschluss des Vertrages darauf achten, dass Ihnen darin entweder ein Recht zur ordentlichen Kündigung oder zumindest ein Recht zur außerordentlichen Kündigung in bestimmten Fällen (siehe S. 84 ff.), etwa beruflicher Veränderung, oder wenigstens ein Recht zur Nachmieterstellung eingeräumt wird.

Das Recht zur ordentlichen Kündigung kann, wenn der Vertragstext diese Möglichkeit nicht ohnehin vorsieht, zugunsten der Mieter durch Einschub eines einfachen, möglichst an der Einfügungsstelle von beiden Seiten unterschriebenen Satzes auf beiden Mietvertragsformularen vereinbart werden: »Das Mietverhältnis kann von den Mietern jederzeit mit ordentlicher Frist gekündigt werden«.

Kapitel 4
Schönheitsreparaturen

Möglichst frühzeitig vor Rückgabe der Mieträume sollte geklärt werden, in welchem Zustand diese übergeben werden müssen. Neben der Verpflichtung, selbst verursachte Schäden und eigene Einbauten und bauliche Veränderungen zu beseitigen (siehe S. 152 ff.), ist vor allem die Frage der Schönheitsreparaturen zu klären. An und für sich sind diese Sache des Vermieters (§ 535 Abs. 1 Satz 2 BGB). Die Mieter müssen Schönheitsreparaturen nur übernehmen, wenn dies wirksam vereinbart wurde. Die meisten Mietverträge enthalten entsprechende Klauseln. Viele davon, allerdings längst nicht alle, sind nach der neueren Rechtsprechung unwirksam.

Gesetzlich ist der Vermieter für die Schönheitsreparaturen zuständig

I. Was sind Schönheitsreparaturen?

Abnutzungen, die beim normalen Gebrauch der Mieträume entstehen, etwa das Verblassen der Wand- und Deckenbemalung, die Vergilbung des Fenster- und Türanstrichs oder die sich entlang von Schränken, Lichtschaltern und Bildrahmen abzeichnenden Schatten und Farbunterschiede, müssen in regelmäßigen Abständen durch Renovierung beseitigt werden. Diese Arbeiten werden im juristischen Sprachgebrauch als »Schönheitsreparaturen« bezeichnet. Davon zu unterscheiden sind Instandsetzungen, durch die Schäden beseitigt werden, die entstanden sind, weil die Räume beschädigt, falsch oder übermäßig genutzt wurden. Zu den Schönheitsreparaturen zählen das Tapezieren, Anstreichen oder Kalken der Wände und Decken, das Streichen der Fußböden, das Lackieren der Heizkörper einschließlich der Rohre, der Innenfenster und Innentüren sowie der Innenseite von Außenfenstern und Außentüren der Mietwohnung (§ 28 Abs. 4 Satz 5 II. BV). Im preisgebundenen Wohnungsbau (siehe S. 91 f.) können keine weiteren Arbeiten auf Mieter umgelegt werden. Auch für anderen Wohnraum ist die Aufzählung maß-

Schönheitsreparaturen beseitigen die normale Abnutzung

geblich (BGH WuM 2009, 286). Daher können Mieter zu anderen Arbeiten jedenfalls nicht durch allgemeine Geschäftsbedingungen (siehe S. 20 ff.) verpflichtet werden (§ 307 BGB). Das Streichen von Fußböden ist nur regional, etwa im Berliner Altbau, üblich und nur geschuldet, wenn die Böden bei Einzug (nicht notwendig neu) gestrichen waren und kein anderer Bodenbelag darüber verlegt war (vgl. LG Berlin GE 1989, 1117 und 1996, 1183). Nicht zu den durch allgemeine Geschäftsbedingungen umlegbaren Arbeiten zählen das Abziehen und die Neuversiegelung des Parketts (BGH WuM 2010, 85), das Abziehen oder Abschleifen von Dielenböden (LG Berlin GE 1999, 983), die Neuverlegung von Teppichböden (OLG Hamm RE WuM 1991, 248) sowie Lackierarbeiten an Wandschränken (LG Nürnberg-Fürth ZMR 2005, 622). Dübellöcher müssen im Rahmen der Schönheitsreparaturen verschlossen (KG Berlin GE 1981, 1065), allerdings nicht spurlos beseitigt werden (Weitergehendes kann formularvertraglich nicht wirksam vereinbart werden; BGH WuM 1993, 109). Tapeziert werden muss in der Regel nur, soweit die Wände bei Einzug auch tapeziert übergeben wurden und die vorhandene Tapete keinen fachgerechten Anstrich mehr annimmt.

Teppich-reinigung Ob die Reinigung der vom Vermieter gestellten Teppichböden zu den Schönheitsreparaturen zählt oder nicht, ist umstritten (dagegen LG Stuttgart NJW-RR 1989, 1170). Richtigerweise ist davon auszugehen, dass die Mieter, sofern anderes nicht ausdrücklich vereinbart wurde, keine Grundreinigung schulden (AG Braunschweig WuM 1986, 310), aber Teppichböden unabhängig von einer Schönheitsreparaturenvereinbarung bei Auszug in normal sauberem Zustand zurückgeben müssen. In Gewerberäumen zählt die Grundreinigung des Teppichbodens dagegen auch ohne gesonderte Erwähnung im Mietvertrag zu den Schönheitsreparaturen (BGH NJW 2009, 510). Es ist nicht auszuschließen, dass diese Rechtsprechung auch auf die Wohnraummiete erweitert wird. Schon jetzt kann eine Grundreinigung durch eine ausdrückliche Formularvereinbarung auferlegt werden, nicht jedoch die Beauftragung eines Fachbetriebs (OLG Stuttgart RE WuM 1993, 528).

Die Schönheitsreparaturpflicht beschränkt sich auf die Wohnung selbst. Balkone, Kellerräume und außerhalb der Wohnung gelegene Räumlichkeiten sind nicht erfasst. Ihre Renovierung kann jedenfalls nicht durch allgemeine Geschäftsbedingungen den Mietern auferlegt werden. Dies gilt auch für den Außenanstrich von Türen und Fenstern (BGH WuM 2010, 85 und 2009, 286).

Renovierung der Wohnung von innen

II. Übertragung der Schönheitsreparaturen auf die Mieter

Grundsätzlich hat der Vermieter die Schönheitsreparaturen auszuführen (§ 535 Abs. 1 Satz 2 BGB). Schließlich erhält er Miete für die Überlassung und Instandhaltung der Mieträume. Für deren Veränderung oder Verschlechterung durch vertragsgemäßen Gebrauch (siehe S. 153 f.) haften die Mieter nicht (§ 538 BGB). Dennoch werden die Schönheitsreparaturen im Mietvertrag fast immer den Mietern auferlegt. Schon die Formulierung »Die Schönheitsreparaturen trägt der Mieter« reicht dazu, ebenso »Der Mieter führt die Schönheitsreparaturen auf seine Kosten aus«. Meist werden solche Vereinbarungen formularvertraglich getroffen, sodass die Grundsätze für allgemeine Geschäftsbedingungen (siehe S. 20 ff.) gelten. Daher führt ein unwirksamer Teil der Vereinbarung oft zur Nichtigkeit der gesamten Schönheitsreparaturenvereinbarung. Ältere Formulare sehen häufig vor, dass die Alternative »Mieter/ Vermieter« durch Ankreuzen, Unter- oder Durchstreichen eindeutig kenntlich gemacht wird. Ist dies unterblieben oder nicht eindeutig erkennbar, ist die Vereinbarung unwirksam. Bei unwirksamen Klauseln ist die Ausführung von Schönheitsreparaturen Sache des Vermieters (BGH RE WuM 1987, 306 und WuM 2006, 513). Dies gilt auch für Mietverträge, die vor der Wiedervereinigung in der DDR geschlossen wurden (KreisG Eberswalde GE 1994,

Übertragung erfolgt regelmäßig im Mietvertrag

587; LG Berlin GE 1999, 189; AG Köpenick MM 2000, 87).

1.   Pflicht zur malermäßigen Instandsetzung in DDR-Mietverträgen

»Malermäßige Instandsetzung« Allerdings enthalten vor dem 3.10.1990 geschlossene DDR-Mietverträge oft die Klausel, die Mieter seien zur »malermäßigen Instandsetzung« verpflichtet. Das bedeutet, dass sie während der Mietzeit die erforderlichen Schönheitsreparaturen ausführen müssen, nicht jedoch am Mietende (KG RE WuM 2000, 590). Dies gilt auch für Mietverträge, die vor Inkrafttreten des ZGB am 1.1.1976 geschlossen wurden (LG Neuruppin GE 2000, 1684). Nur wenn Mieter während der Mietzeit schlecht oder gar nicht renoviert haben, müssen sie dem Vermieter Kosten ersetzen. Diese fallen aber nur für etwaigen Mehraufwand an, der über die nach dem Auszug ohnehin notwendigen Instandsetzungsmaßnahmen hinaus zusätzlich erforderlich ist, um Substanzschäden der Mieträume oder übermäßige Abnutzung zu beseitigen (vgl. LG Berlin GE 1997, 807 und MM 1999, 394; LG Rostock WuM 2000, 414; KG WuM 2000, 590).

2.   Fachgerechte Ausführung

Fachgerechte Renovierung Wirksame Schönheitsreparaturenklauseln im Mietvertrag verpflichten stets zu fachgerechter Renovierung, ohne dass dies dort ausdrücklich formuliert sein muss. Die Arbeiten müssen daher so sorgfältig ausgeführt werden, wie dies von einem Fachhandwerker in der Regel zu erwarten ist. Dies erfordert einen deckenden, gleichmäßigen Anstrich sowie auf Stoß und ohne Blasen geklebte Tapeten. Bei Lackierarbeiten müssen Unebenheiten des Voranstrichs bzw. der Voranstrich selbst rückstandslos vor dem Anstrich beseitigt werden. Es dürfen sich keine »Farbnasen« bilden (Tropfenbildung). Keinesfalls aber müssen die Arbeiten von einem Fachhandwerker ausgeführt werden (LG Köln WuM 1991, 87). Klauseln, die die Ausführung durch einen »Fachmann« oder »Fachbetrieb« vorgeben, sind unwirksam (OLG Stuttgart RE WuM 1993, 528) und haben zur Folge, dass die Mieter gar keine Schönheitsreparaturen schulden (BGH WuM 2010, 476). Schon die Formulierung, die Mieter seien verpflichtet, Schönheitsreparaturen »ausführen zu lassen«, lässt die gesamte Verpflichtung entfallen (BGH WuM 2010, 476).

3. Zeitpunkt der Ausführung

Die Frage, wann Schönheitsreparaturen durchgeführt werden müssen, beantwortet die Rechtsprechung zurzeit noch weitgehend orientiert am Fristenplan eines 1976 vom Bundesjustizministerium herausgegebenen Mustermietvertrags. Danach sind diese in der Regel in folgenden Abständen auszuführen (BGH WuM 1985, 46; OLG Koblenz WuM 1999, 720):

Fristenplan

- in Nassräumen (Küchen, Bädern und Duschen) in der Regel alle drei Jahre,
- in Wohn- und Schlafräumen, Fluren, Dielen und Toiletten alle fünf Jahre und
- in sonstigen Nebenräumen alle sieben Jahre.

An diesen Fristen orientieren sich Gerichte bislang auch dann, wenn sie im Mietvertrag nicht aufgeführt sind. Gerechnet wird ab Vertragsbeginn bzw. der letzten Renovierung der aktuellen Mieter (siehe S. 128 f.). Sind die Fristen bei Mietende bereits abgelaufen, dann müssen die Mieter vor dem Auszug renovieren, allerdings nur, soweit sich die Räume in einem renovierungsbedürftigen Zustand befinden. Denn die Fristen bieten als sogenannte Regelfristen nur eine Orientierungshilfe dafür, wann normalerweise davon auszugehen ist, dass Räume renovierungsbedürftig sind (BGH MDR 2004, 1290). Ihr Ablauf löst nicht automatisch eine Renovierungspflicht aus. Entscheidend ist vielmehr, in welchem Zustand sich die Räume befinden. Ob sie renovierungsbedürftig sind, ist eine Frage des Maßstabs. Mieterfreundlich ist der Ansatz, dass dies erst der Fall ist, wenn die Mieträume so abgewohnt und verbraucht sind, dass sie sich zur Weitervermietung nicht mehr eig-

Im Mietvertrag angegebene Fristen bieten nur Orientierungshilfe

nen (KG GE 2004, 297). Auch sind die Werkstoffe heute hochwertiger als früher, sodass der Fristablauf als solcher heute nicht mehr so aussagekräftig ist. Darauf kann man sich im Streitfall nach Auszug ruhig berufen. Bei der Entscheidung, ob man renoviert, sollte man aber vorsichtigerweise in Rechnung stellen, dass Gerichte und Gutachter meist schon bei Abnutzungen unterhalb der Grenze, die Weitervermietungen entgegensteht, Renovierungsbedarf bejahen. Nur geringfügige Abnutzungen, etwa wenige Vergilbungsflecken oder die starke Abnutzung einer einzelnen Stelle, verpflichten nicht zur Renovierung (LG Berlin GE 2001, 137).

Schönheits-
reparaturen
während der
Mietzeit
Führen die Mieter während der Mietzeit fällige Schönheitsreparaturen trotz Aufforderung des Vermieters nicht aus, kann dieser dies gerichtlich erzwingen oder einen Vorschuss in Höhe der voraussichtlichen Renovierungskosten verlangen. Dies gilt auch dann, wenn die Substanz der Wohnung durch die Abnutzung noch nicht gefährdet ist (BGH GE 2005, 662). Den Vorschuss darf der Vermieter nicht einbehalten, sondern muss davon die Schönheitsreparaturen ausführen und anschließend darüber abrechnen (AG Tiergarten GE 2007, 155; a.A. LG Berlin GE 1996, 983). Meist fordern Vermieter jedoch erst bei Mietende Schönheitsreparaturen (siehe S. 138 ff.).

4. Lackierarbeiten

Ob auch für die von den Schönheitsreparaturen erfassten Lackierarbeiten die üblichen Fristen gelten, ist umstritten. Denn Lackierungen sind haltbarer als normale Anstriche. Ohnehin wird angesichts der heute besseren Farbqualität bereits diskutiert, ob die im Mustermietvertrag vorgesehenen Regelfristen noch aktuell sind. Die formularvertragliche Vorgabe eines Turnus von drei und fünf Jahren für Lackierarbeiten wird teilweise für unwirksam erachtet (LG Köln WuM 1997, 434 und WuM 1999, 36; ebenso für den Fall zwingender Lackierpflicht LG München WuM 1997, 549 und LG Marburg ZMR 2000, 539). Letztlich hat die Diskussion nur untergeordnete Bedeutung, denn wie alle Schönheitsreparaturen sind auch Lackierarbeiten nur fällig, wenn sie erforderlich sind, was meist nur bei »abgewohnten«, also zumindest leicht vergilbten oder blätternden Lackierungen der Fall sein wird.

5. Wer was beweisen muss

Die Renovierungsbedürftigkeit muss im Streitfall der Vermieter beweisen (siehe S. 32 ff.). Sind allerdings die Renovierungsfristen bei Mietende abgelaufen, wird nach herrschender Meinung vermutet, dass die betreffenden Räume renovierungsbedürftig seien. Im Streitfall müssen dann die Mieter detailliert darlegen, dass kein Renovierungsbedarf besteht (LG Berlin GE 1996, 1373; NZM 2000, 862 und NZM 2002, 119) und dies notfalls auch beweisen (LG Hamburg NZM 2005, 537). Sofern entscheidungserheblich, müssen sie auch darlegen und beweisen (siehe S. 32 ff.), ob und wann sie zuletzt Schönheitsreparaturen ausgeführt haben. Eine entsprechende Regelung im Mietvertrag wiederholt diese Rechtslage nur und ist daher wirksam (vgl. BGH WuM 1998, 592; OLG Celle WuM 2001, 393). Dass sie die geschuldeten Schönheitsreparaturen ordnungsgemäß ausgeführt haben, müssen die Mieter im Streitfall darlegen und beweisen. Dies gilt vor allem dann, wenn sie ein Abnahmeprotokoll unterzeichnet haben, aus dem sich ergibt, dass diese Arbeiten nach dem Zustand der Räume erforderlich sind (LG Berlin GE 2006, 1037) oder wenn sie sich darin wirksam zur Renovierung in bestimmten Räumen verpflichtet haben (LG Berlin GE 1998, 1027). Denn in diesen Fällen ist ihnen der Einwand verwehrt, die Renovierung sei nicht notwendig bzw. die Räume seien nicht renovierungsbedürftig gewesen (siehe S. 213 ff.).

Aus diesem Grund empfiehlt es sich, die bei Renovierungsarbeiten angefallenen Handwerker- und Materialrechnungen sorgfältig aufzubewahren und Zeugen (siehe S. 29 ff.) der Arbeiten, insbesondere Helfer, zumindest zu einer kurzen Gedächtnisnotiz über Zeitpunkt, Ort und Umfang der Arbeiten zu veranlassen.

Vermieter muss Renovierungsbedürfigkeit beweisen

Mieter muss Ordnungsmäßigkeit beweisen

Tipp

III. Nicht immer wirksam: Schönheitsreparaturenvereinbarungen

Klauseln zu Schönheitsreparaturen sorgfältig prüfen

Schönheitsreparaturen auszuführen, kostet oft viel Arbeit, Zeit und Geld. Daher sollten Sie vorher sorgfältig prüfen oder von fachkundiger Stelle prüfen lassen, ob ihre Vertragsklauseln wirksam sind. Wichtig ist dabei, dass durch Schönheitsreparaturen nur die eigenen Abwohnungsfolgen beseitigt werden müssen, nicht aber die Abwohnung der Vormieter. Vor Ablauf der genannten Fristen müssen Mieter daher nur renovieren, wenn die eigene übermäßige Abwohnung dies erforderlich macht. Wurden formularvertraglich kürzere als die üblichen Fristen (siehe S. 125 f.) vereinbart, so müssen zumindest die von der Verkürzung erfassten Räume mangels wirksamer Vereinbarung nicht von den Mietern renoviert werden (LG Hamburg WuM 1992, 476; LG Berlin GE 2001, 1267), selbst dann nicht, wenn Renovierungspflicht und Fristenplan in unterschiedlichen Klauseln des Mietvertrags enthalten sind. Über die Abwohnung hinausgehende Schäden, die sie nicht verschuldet haben, müssen die Mieter nur beseitigen, wenn dies bei ihrer ohnehin fälligen und ordnungsgemäß ausgeführten Renovierung ohne zusätzlichen Arbeits- und Kostenaufwand möglich ist, etwa beim Überstreichen eines bereits ausgetrockneten Wasserschadens. Wohnungsschwärzungen (Fogging) müssen die Mieter dagegen nicht im Rahmen ihrer Schönheitsreparaturenverpflichtung beseitigen (LG Duisburg WuM 2003, 494).

1.   Fehlerhafte Fristenregelungen

Fristen müssen ab Mietbeginn laufen

Viele Formularverträge widersprechen dem Grundsatz, dass Mieter nur die Folgen eigener Abwohnung beseitigen müssen. Besonders häufig sind Klauseln unwirksam, weil sie den Mietern nach viel zu kurzer Zeit Schönheitsreparaturen auferlegen. Unproblematisch und somit wirksam sind Regelungen, die keinerlei zeitliche Vorgaben enthalten. Für sie wie für Fristenpläne, die nicht vorgeben, ab wann die Fristen laufen, gilt, was allgemein zur Fälligkeit von Renovierungspflichten ausgeführt wurde (siehe S. 125 f.): Solche Klauseln sind so zu verstehen, dass die Fristen für die erste von den Mietern auszuführende Renovierung ab Einzug laufen. Sie sind selbst dann wirksam, wenn vereinbart wurde, dass der Vermieter die renovierungsbedürftige Wohnung nicht zu Vertragsbeginn renovieren muss (BGH WuM 2005, 50). Das eigentlich überzeugende Argument empörter Mieter, man könne ihnen doch keine Renovierung bei Auszug abverlangen, obwohl sie die Wohnung abgewohnt und verlottert übernommen hätten, wird von Gerichten nicht akzeptiert. Dass ihnen kaum etwas anderes übrig bleibt, als solch eine Wohnung nach Einzug »freiwillig« zu renovieren, hält man für unerheblich (vgl. BGH WuM 1987, 306; OLG Karlsruhe WuM 1992, 349). Allerdings müssen die Mieter keinen anderen Ausstattungszustand schaffen als jenen, der bei Einzug bestand. Was nicht tapeziert war, muss auch bei Auszug nicht tapeziert werden. Nur die vorhandene Ausstattung muss bei einer wirksamen Renovierungsvereinbarung regelmäßig und gegebenenfalls auch bei Auszug renoviert werden. Wirksam ist auch die Formulierung »alle je nach Grad der Abnutzung erforderlichen Arbeiten sind unverzüglich auszuführen« (BGH WuM 2005, 243), weil sie die Mieter nicht verpflichtet, vorvertragliche Abnutzungen zu beseitigen (KG Berlin GE 2004, 624; BGH WuM 2004, 333). Dagegen ist eine Regelung, wonach die im Fristenplan festgelegten Zeiträume seit der letzten Renovierung laufen, nichtig (BGH NJW 1993, 532; vgl. BGH NJW 1998, 3114 und WuM 2005, 50), weil sie auch Renovierungen vor Vertragsbeginn erfasst.

Sehen vom Vermieter vorformulierte Vertragsklauseln vor, dass die Mieter Schönheitsreparaturen nach einem starren Fristenplan durchführen müssen, so ist die gesamte Schönheitsreparaturenverpflichtung nichtig (BGH WuM 2004, 463 f.), und zwar auch dann, wenn die Regelung mit den starren Fristen in einem gesonderten Absatz steht (BGH WuM 2005, 314). Starr und unwirksam sind Fristangaben ohne jeden Zusatz (BGH GE 2006, 639) und die Vorgabe,

Starre Fristen sind unwirksam

die Schönheitsreparaturen innerhalb der »üblichen Fristen« auszuführen (BGH WuM 2006, 308 und WuM 2006, 377). Die Worte »mindestens« und »spätestens« machen Fristvorgaben ebenfalls starr und damit unwirksam. Auch eine Formularklausel, nach der die laufenden Schönheitsreparaturen »regelmäßig« auszuführen sind, und zwar »mindestens in folgenden Zeitabständen« ist als starre Fristenregelung unwirksam (BGH WuM 2009, 173). Dagegen ist ein durch die Worte, es seien »üblicherweise Schönheitsreparaturen in folgenden Zeiträumen erforderlich« eingeleiteter Fristenplan nicht starr und damit wirksam (BGH NJW 2009, 62). Gleiches gilt für die den Fristen vorangestellten Worte »im Allgemeinen«. Auch die Wendung »in der Regel« spricht gegen starre Fristen, selbst dann, wenn sie in der Kombination mit dem Begriff »spätestens« verwendet werden (BGH WuM 2005, 716 und NJW 2006, 2116). Ob das Wort »regelmäßig« allein formularvertragliche Fristvorgaben unwirksam macht, ist derzeit noch ungeklärt (unwirksam: KG WuM 2008, 398 und 474; wirksam: BGH GE 2007, 1622). Allerdings werden starre Fristen nicht selten durch Anschlussklauseln entschärft, die vorsehen, dass der Vermieter bei vergleichsweise geringer Abnutzung zur Verlängerung der entsprechenden Fristen verpflichtet ist. In diesen Fällen ist die Fristen- und Schönheitsreparaturenvereinbarung wirksam (BGH WuM 2005, 50).

2. Quotenklauseln sind meist unwirksam

Zahlung eines Renovierungskostenanteils

Viele Mietverträge enthalten zusätzlich zur Schönheitsreparaturenvereinbarung sogenannte Quotenklauseln (auch Maler- oder Abgeltungsklauseln). Diese sehen für den Fall, dass die Mieter bei Vertragsende noch keine Schönheitsreparaturen ausführen müssen, vor, dass sie an den Vermieter auf Basis eines Kostenvoranschlages einen prozentualen Renovierungskostenanteil für ihre Abnutzung zahlen müssen. Die Mieter können eine Zahlung dann nur vermeiden, wenn sie die Arbeiten trotzdem ausführen. Grundsätzlich kann eine solche Regelung auch formularvertraglich (siehe S. 20 ff.) wirksam getroffen werden, sofern nicht ausgeschlossen wird, dass die Mieter ersatzweise die eigentlich noch nicht fälligen Renovierungen ausführen oder dem Kostenvoranschlag des Vermieters einen eigenen entgegensetzen.

Nach neuerer Rechtsprechung sind Quotenklauseln jedoch meist unwirksam. Bei starren Fristenregelungen sind auch die Quotenklauseln unwirksam (BGH WuM 2006, 248). Dies gilt erst recht, wenn Quotenklauseln selbst für bestimmte Zeiträume »starre« Prozentsätze vorsehen, etwa zehn Prozent der Kosten nach sechs Monaten Mietzeit, 20 Prozent nach einem Jahr, 40 Prozent nach zwei Jahren usw. (BGH WuM 2006, 677 und WuM 2007, 260). Durch allgemeine Vertragsbedingungen können demnach nur »weiche« Quoten wirksam vereinbart werden, die die Abnutzung der Mieträume seit Mietbeginn und den sich daraus ergebenden Renovierungsbedarf berücksichtigen und dennoch eindeutig erkennen lassen, wie die Abgeltungsquote zu berechnen ist (BGH WuM 2007, 684). Bisher ist keine Formulierung bekannt, die diesen Anforderungen entsprochen hätte. So ist etwa eine Klausel, die Mieter verpflichtet, »angelaufene Renovierungsintervalle zeitanteilig zu entschädigen«, nichtig (BGH NJW 2008, 1438). Darüber hinaus hat die Rechtsprechung Quotenklauseln dann für unwirksam erklärt, wenn diese

Quoten-klauseln sind häufig unwirksam

- den vom Vermieter beigebrachten Kostenvoranschlag für verbindlich erklären (BGH RE WuM 1988, 294 und WuM 2004, 466; LG Stuttgart WuM 1989, 70; LG Duisburg WuM 1990, 201), also ein gegenteiliges, auf einen eigenen Kostenvoranschlag gestütztes Vorbringen der Mieter ausschließen;
- höhere Kostenanteile vorsehen als sich auf Basis der üblichen Fristen errechnen (BGH RE WuM 1988, 294), z.B. 50 Prozent der für die Renovierung der Nassräume zu veranschlagenden Kosten nach einem Jahr Mietzeit, obwohl angesichts des dreijährigen Turnus allenfalls ein Ansatz von 33 Prozent – als Höchstgrenze – in Betracht kommt;

Unwirksame Quoten-klauseln

- für fällige Schönheitsreparaturen eine Quote von 100 Prozent vorsehen (LG Berlin WuM 2002, 517);
- für eine Mietdauer von weniger als einem Jahr eine anteilige Kostentragung vorsehen (vgl. BGH WuM 1988, 294);
- das Recht der Mieter, die Arbeiten selbst auszuführen, ausschließen (BGH WuM 1985, 46 und WuM 2004, 466) oder den Eindruck erwecken, dass dieses Recht nicht besteht (AG Lörrach WuM 1996, 613 und 1998, 216). Teilweise wird vertreten, dass entsprechende Klauseln in seit dem 1.1.2003 geschlossenen Verträgen schon dann unwirksam sind, wenn in ihnen auf dieses Recht nicht ausdrücklich hingewiesen wurde (§ 309 Nr. 5 BGB).

Eine unwirksame Quotenklausel führt jedoch nicht dazu, dass eine für sich allein eigentlich wirksame Schönheitsreparaturenvereinbarung unwirksam wird (BGH WuM 2008, 472). Hat der Vermieter vor Veröffentlichung des ersten einschlägigen BGH-Urteils vom 18.10.2006 Gelder auf der Grundlage einer wegen starrer Quoten unwirksamen Abgeltungsklauseln vereinnahmt, können die Mieter diese zurückverlangen, wenn sie die Klausel für wirksam hielten (§ 812 Abs. 1 Satz 1 BGB; vgl. BGH WuM 2006, 677).

3.   Oft unwirksam: Anfangs- und Endrenovierungsvereinbarungen

Allgemeine Geschäftsbedingungen unwirksam

Durch allgemeine Geschäftsbedingungen (siehe S. 20 ff.) können die Mieter weder zur Anfangsrenovierung bei Mietbeginn oder kurz danach verpflichtet werden (OLG Hamburg RE WuM 1991, 523) noch zur Endrenovierung bei Mietende (BGH WuM 1998, 592/593). Das gilt selbst dann, wenn die Mieter während der Mietzeit nicht renovieren müssen (BGH WuM 2007, 682). Denn Schönheitsreparaturen sollen nur die eigene Abwohnung beseitigen. Individuell ausgehandelte (siehe S. 21 f.) Verpflichtungen zur Anfangs- und Endrenovierung sind dagegen grundsätzlich zulässig.

Jedenfalls für Endrenovierungen gilt dies aber nur einge- **Endrenovie-**
schränkt: Enthält der Mietvertrag zusätzlich eine Formu- **rung**
larklausel, die die Mieter zur Renovierung zu laufenden
Schönheitsreparaturen während der Mietzeit verpflichtet,
so sind beide Verpflichtungen nichtig, selbst dann, wenn
die Endrenovierung nur teilweise erfolgen soll (BGH
WuM 2006, 306). Dies gilt erst recht, wenn beide Vereinbarungen formularvertraglich getroffen wurden (LG
Hamburg WuM 2000, 544). Wurde die Endrenovierungs-
pflicht dagegen später und unabhängig vom Mietvertrag
ausgehandelt, ist dies wirksam (BGH WuM 2009, 173).

Mit einer Endrenovierungsvereinbarung nicht zu verwechseln sind Klauseln, die vorsehen, dass die nach der Schönheitsreparaturenvereinbarung fälligen Renovierungsarbeiten
spätestens bei Auszug erfolgen müssen. Denn die Mieter
werden dadurch nicht zusätzlich verpflichtet. Vielmehr wird
darauf hingewiesen, dass der Vermieter darauf besteht, dass
bereits vorher fällige Arbeiten noch während der Mietzeit
erledigt werden, was sein gutes Recht ist.

Wurden den Mietern formularvertraglich die Anfangsrenovierung und die laufenden Schönheitsreparaturen wäh-
rend der Mietzeit auferlegt, so sind beide Vereinbarungen **Unwirksame**
unwirksam (BGH GE 1993, 309; AG Hamburg NZM **Regelungen**
2000, 1180). Wurden nur die laufenden Schönheitsrepa- **im Miet-**
raturen formularvertraglich vereinbart, die Anfangsreno- **vertrag**
vierung jedoch individuell ausgehandelt, so ist nach einer
älteren BGH-Entscheidung jedenfalls die Übernahme der
laufenden Renovierungsarbeiten unwirksam (BGH GE
1993, 309). Angesichts der jüngeren BGH-Rechtsprechung
lässt sich auch vertreten, dass beide Vereinbarungen unwirksam sind. Die Kombination von Anfangsrenovie-
rungsvereinbarung und Übernahme der laufenden Schönheitsreparaturen wird dagegen für zulässig gehalten, wenn
die Mieter für Anfangsrenovierung einen angemessenen
Ausgleich erhalten, etwa in Form eines Kostenzuschusses
oder der vorübergehend mietfreien Überlassung der Räume. Die von Vermietern häufig erlassenen ein bis zwei
Anfangsmieten reichen oft nicht aus, weil die Arbeits- und

Materialkosten deutlich höher liegen und die Wohnung während der Arbeit nur eingeschränkt nutzbar ist. Beides muss wenigstens annähernd kompensiert werden (AG Mitte MM 2003, 384; LG Berlin GE 2004, 964), sonst ist jedenfalls die Anfangsrenovierungsabrede unwirksam; bei formularmäßiger Vereinbarung der während der Mietzeit zu erbringenden Schönheitsreparaturen beide Vereinbarungen (AG Mitte GE 2007, 787). Renovieren die Mieter kostensparend selbst, so dürften in der Regel – Gerichte rechnen recht unterschiedlich – etwa zwei Drittel der Kosten, die von einem Handwerker in Rechnung gestellt worden wären, angemessen sein. Nutzen sie die (angemessene) Kompensation nicht zur Renovierung, müssen sie diese spätestens bei Auszug nachholen oder dem Vermieter die Kosten für dessen Renovierung ersetzen.

4.   Unwirksame Vorgaben, wie zu renovieren ist

Unwirksame Regelungen im Mietvertrag

Formularklauseln, die die Mieter verpflichten, beim Auszug alle Tapeten zu beseitigen, sind nichtig (BGH WuM 2006, 308 und NZM 2006, 622). Auch andere allgemeine Geschäftsbedingungen (siehe S. 20 ff.), die Mietern vorgeben, wie sie die Schönheitsreparaturen ausführen müssen, sind oft unwirksam. Klauseln, wonach die Mieter beim Renovieren nicht bzw. nur mit Zustimmung des Vermieters von der »bisherigen Ausführungsart« (BGH WuM 2007, 259) oder der »üblichen Ausführungsart« (BGH WuM 2011, 96) abweichen dürfen, sind nichtig und haben die Folge, dass die Mieter gar nicht renovieren müssen. Dies gilt auch, wenn nur »erhebliche« Abweichungen von der bisherigen Ausführungsart unzulässig sein sollen (LG Berlin GE 2007, 845).

Unwirksame Farbdiktate

Aber auch formularvertragliche »Farbdiktate« sind problematisch. Vorschriften, welche Farben zulässig sind, sind nur wirksam, wenn sie ausschließlich für die Rückgabe gelten und den Mietern noch einen gewissen Spielraum lassen (BGH WuM 2011, 96). Die Vorgabe, die Schönheitsreparaturen »in neutralen, deckenden, hellen Farben und Tapeten« auszuführen, führt dazu, dass die Mieter nicht renovieren müssen (BGH WuM 2008, 472; ähnlich – »neutrale Töne«

– BGH WuM 2009, 224). Erst recht gilt dies, wenn Decken und Wände weiß gestrichen werden müssen, selbst wenn nur der Begriff »weißen« darauf hinweist (BGH WuM 2009, 655) oder lediglich Fenster und Türen »nur weiß« zu streichen sind (BGH WuM 2010, 142). Selbst wenn nur die Rückgabe komplett in weißer Farbe erfolgen soll, ist dies unwirksam (BGH WuM 2011, 96). Dagegen ist eine formularvertragliche Regelung, wonach lackierte Holzteile im bei Vertragsbeginn vorgegebenen Farbton zurückzugeben werden müssen, bei farbigem Holzanstrich aber auch weiß und helle Farbtöne akzeptiert werden, zulässig und wirksam (BGH WuM 2008, 722), weil sie sich auf die Rückgabe beschränkt und den Mietern ein Gestaltungsspielraum bleibt.

5. Folgen unwirksamer Klauseln

Die Konsequenzen unwirksamer Schönheitsreparaturenvereinbarungen sind teilweise streitig. Gesetzlich vorgegeben ist, dass ist die Ausführung der Schönheitsreparaturen Sache des Vermieters ist, wenn eine anderweitige Vereinbarung fehlt oder unwirksam ist (§ 535 Abs. 1 Satz 2 BGB; BGH RE WuM 1987, 306; BGH WuM 2006, 513). In vermieternahen Publikationen wird teilweise die Auffassung vertreten, dass dies nur zutrifft, wenn die Wohnung bei Einzug renoviert war. Sei eine unrenovierte Wohnung überlassen worden, entspreche diese dem vertraglich vereinbarten Zustand und der Vermieter müsse nicht renovieren. Richtig ist daran lediglich, dass Mieter, die eine unrenovierte Wohnung anmieten, vom Vermieter keine Renovierung bei Beginn des Mietverhältnisses fordern können (LG Berlin ZMR 1990, 420). Anders verhält es sich mit den Schönheitsreparaturen, die während der Mietzeit erforderlich werden. Bei einer wirksamen Schönheitsreparaturenvereinbarung müssen die Mieter die Abwohnfolgen auch dann beseitigen, wenn ihnen eine unrenovierte Wohnung übergeben wurde (BGH WuM 2005, 50). Die Mieter können durch Vereinbarung keine weitreichenderen Verpflichtungen übernehmen, als jene, die sonst den Vermieter kraft Gesetzes träfen. Folglich gilt die

Rechtsprechung, dass auch eine unrenoviert übergebene Wohnung in regelmäßigen Abständen renoviert werden muss, auch dann, wenn diese Pflicht den Vermieter trifft.

Unkenntnis des Mieters

Oft renovieren Mieter in Unkenntnis, dass ihre Schönheitsreparaturenvereinbarung nichtig ist, lange Zeit selbst. Ob sie sich dadurch stillschweigend verpflichten, selbst zu renovieren, ist umstritten. Richtigerweise ist dies zu verneinen (LG Berlin GE 1984,175 und MM 1989, 153). Allenfalls lässt sich bei sehr langen Zeiträumen vertreten, dass sie vom Vermieter keine Renovierung mehr fordern können (LG Berlin GE 1991, 517 und GE 1996, 473).

Anspruch auf Aufwendungsersatz

Mieter, die renoviert haben, weil sie nicht wussten, dass ihre Schönheitsreparaturenvereinbarung nichtig war, können dafür vom Vermieter Wertersatz fordern (BGH WuM 2009, 395). Wer die Arbeiten nicht durch Handwerker, sondern selbst ausgeführt hat, kann nur verlangen, was er selbst aufwenden musste (Materialkosten, die unter Umständen fiktive Vergütung für eigene Arbeit und jene der Helfer, die mit etwa 7,50 bis 10 Euro pro Arbeitsstunde zu veranlagen ist). Hat der Vermieter Schönheitsreparaturklauseln verwendet, deren Nichtigkeit bei Vertragsschluss bekannt war, können die Mieter dagegen vorgehen, dabei entstehende Anwaltskosten ersetzt verlangen (KG NJW 2009, 2688; LG Berlin WuM 2010, 561) und notfalls gerichtlich feststellen lassen, dass sie nicht renovieren müssen (BGH WuM 2010, 143). Dies gilt nicht, wenn der Vermieter zuvor schriftlich verbindlich bestätigt hat, dass die Klausel unwirksam sei (LG Berlin GE 2010, 621).

Unwirksame Klauseln sollen durch wirksame ersetzt werden

Häufig fordern Vermieter die Mieter auf, nichtige Schönheitsreparaturklauseln durch Änderung des Mietvertrags gegen wirksame Vereinbarungen auszutauschen, und drohen, die nächste Mieterhöhung werde sonst höher ausfallen. In der Regel ist dies, weil nicht zulässig (BGH WuM 2008, 487 und 560), eine leere Drohung. Nur bei preisgebundenen Wohnungen (siehe S. 91 f.) ist eine Erhöhung möglich (BGH WuM 2010, 296), und zwar um maximal 8,50 Euro/m²/Jahr (§ 28 Abs. 4 der II. BV). Auch in diesen Fällen ist eine Vertragsänderung für Mieter nur sinnvoll, wenn sie nicht bald ausziehen und die Erhöhung damit die billigere Lösung ist.

6.   Anerkenntnis anstelle unwirksamer Klauseln?

Trotz nichtiger Schönheitsreparaturenklauseln im Mietvertrag müssen Mieter beim Auszug manchmal renovieren, etwa weil sie dies beim Einzug im Übergabeprotokoll zusätzlich mit dem Vermieter individuell vereinbart (siehe S. 21 f.) haben (BGH WuM 2009, 173). Oft stellen Gerichte darauf ab, dass die Mieter vor, während oder nach dem Auszug zum Ausdruck gebracht haben, sie seien zur Renovierung verpflichtet. Ein solches sogenanntes deklaratorisches Anerkenntnis wurde etwa bejaht, wenn Mieter gebeten hatten, die Frist für die Renovierungsarbeiten zu verlängern (KG GE 2006, 1230 und WuM 2006, 436). Auch wenn sie Schadensersatz wegen unterlassener oder schlecht ausgeführter Schönheitsreparaturen leisten oder sich mit dem Vermieter verständigen, wie die Schönheitsreparaturen ausgeführt werden sollen, wird dies oft als Anerkenntnis gewertet, sodass Rückforderungen der Mieter (siehe S. 136) scheitern.

Renovierung trotz unwirksamer Vereinbarung

Oft widersprechen solche Entscheidungen der Rechtsprechung des Bundesgerichtshofs: Durch ein deklaratorisches Anerkenntnis werden Streitigkeiten oder Unklarheiten einer Vereinbarung ganz oder teilweise durch Vertrag beendet, wozu nicht ausreicht, dass jemand eine Forderung bezahlt (vgl. BGH GE 2007, 984). Ohnehin würde ein Anerkenntnis lediglich Einwände ausschließen, die die Mieter zur Zeit der Vereinbarung kannten oder mit denen sie rechnen mussten (vgl. BGH WuM 1983, 685; NJW 2006, 903 und WuM 2006, 677).

Wenn Mieter um Fristverlängerung bitten oder sich auf Renovierungsvereinbarungen gestützte Vermieterforderungen bezahlen, gehen sie in aller Regel (irrtümlich) davon aus, sie seien dazu aufgrund ihres Mietvertrages verpflichtet, wollen aber keine Vereinbarung treffen, dass die zugrunde liegende Vereinbarung wirksam ist. Solange Mieter und Vermieter davon ausgehen, dass ihre Schön-

Keine Heilung einer unwirksamen Klausel durch Abnahmeprotokoll

heitsreparaturklausel gilt, wird deren Unwirksamkeit nicht dadurch geheilt, dass beide ein Abnahmeprotokoll unterzeichnen, das die mieterseits durchzuführenden Renovierungsarbeiten detailliert aufführt (BGH NJW 2006, 2116). Ohnehin wollen die Beteiligten in solchen Protokollen meist nur den Zustand der Wohnung gerichtsfest dokumentieren, nicht aber Pflichten vereinbaren.

Achten Sie dennoch darauf, dass im Protokoll (siehe S. 196 ff.) nur der Zustand der Räume dokumentiert wird, nicht aber Verpflichtungen enthalten sind. Angesichts gerichtlicher Tendenzen, vorschnell Anerkenntnisse zu bejahen, gehen Mieter erhebliche Risiken ein, wenn sie frühzeitig signalisieren, renovieren zu wollen, um Fristverlängerung oder Stundung bitten oder Schadensersatzforderungen begleichen, die der Vermieter mit nicht oder schlecht ausgeführten Schönheitsreparaturen begründet.

Frühzeitige Äußerungen vermeiden

Vermeiden Sie solche Äußerungen oder Verhaltensweisen. Solange das Mietverhältnis noch läuft, besteht dafür selten Anlass, es sei denn, Sie wollen mit dem Vermieter verhandeln. In diesem Fall aber sollten Sie sich über die aktuelle Rechtslage informieren, zumal sich die Rechtsprechung im Bereich der Schönheitsreparaturen immer noch in Bewegung befindet. Meist empfiehlt es sich, sich bis zum Auszug weder positiv noch negativ dazu zu äußern, ob man renoviert. Es reicht völlig aus, entsprechende Forderungen des Vermieters als Information zu werten und freundlich zur Kenntnis zu nehmen (Pokerface).

IV. Schönheitsreparaturen am Ende des Mietvertrages

Außer in den seltenen Fällen einer wirksamen individuell ausgehandelten Endrenovierungsvereinbarung (siehe S. 123 ff.) sind die Mieter bei Vertragsende zur Renovierung der Wohnung nur verpflichtet,

- wenn sie zur Durchführung der Schönheitsreparaturen wirksam verpflichtet wurden und

● soweit die Räume ihrem konkreten Zustand nach renovierungsbedürftig sind.

Letzteres wird normalerweise dann der Fall sein, wenn die Fristen seit Wohnungsübergabe oder ihrer letzten Renovierung bei Mietende abgelaufen sind (siehe S. 125 ff.). Spätestens bei Auszug müssen die Mieter fällige Renovierungsarbeiten nachholen, es sei denn, es wurde bei Vertragsschluss oder danach vereinbart, dass die Mieter die Räume bei Auszug unrenoviert zurückgeben dürfen (OLG Köln ZMR 2006, 265).

Mieter schuldet fachgerechte Ausführung

Da eine fachgerechte Ausführung geschuldet ist (siehe S. 124 f.), sollten Sie diese Arbeiten nur dann selbst ausführen, wenn Sie dazu tatsächlich in der Lage sind. Zur Schwarzarbeit kann unabhängig von moralischen und straf- bzw. ordnungsrechtlichen Aspekten deshalb nicht geraten werden, weil Sie bei schlecht oder gar nicht ausgeführten Arbeiten auch zivilrechtlich schutzlos gestellt sind. Mangels wirksamen Vertrags (§§ 134, 138 BGB) haften Schwarzarbeiter weder für Fehler, noch kann man durchsetzen, dass diese das Entgelt zurückzahlen (§§ 814, 817 Satz 2 BGB). Auch wenn Sie Handwerker mit der Renovierung gegen Rechnung beauftragen, können Fehler geschehen. Aber zumindest können Sie die Verantwortlichen dann auf Nachbesserung oder Schadensersatz in Anspruch nehmen. Wenn Sie in der Lage sind, Handwerker mit der Renovierung zu beauftragen, sollten Sie auch überlegen, ob nicht stattdessen eine finanzielle Regelung mit dem Vermieter in Betracht kommt (siehe S. 145 ff.).

Auswahl der Handwerker

Wollen Sie die Arbeiten durch Handwerker ausführen lassen, sollten Sie erwägen, die Firma zu beauftragen, die der Vermieter selbst üblicherweise beauftragt. Jedenfalls dann, wenn Sie wissen, das diese ordentlich arbeitet, schlagen Sie dabei zwei Fliegen mit einer Klappe: Zum einen werden die meisten Vermieter vermeiden, an der Arbeit eigener Geschäftspartner herumzumäkeln, zum anderen schalten Sie jene, die der Vermieter sonst mutmaßlich mit der Prüfung Ihrer Arbeit beauftragen würde, als Interessenten einer negativen Beurteilung aus.

1. Sanierungsarbeiten nach Auszug

Ausgleichs-
anspruch des
Vermieters

Nicht selten nutzen Vermieter den Auszug der Mieter, um die leer stehende Wohnung anschließend umfassend zu sanieren. Der Effekt der Schönheitsreparaturen würde dadurch beseitigt; die Mieter hätten »umsonst« renoviert. In diesen Fällen kann der Vermieter nicht darauf bestehen, dass die Mieter renovieren, auch wenn eine wirksame Übernahme der Schönheitsreparaturen vereinbart ist. Die Mieter ihrerseits dürfen nicht renovieren. Denn sofern der Mietvertrag für diese Fälle nichts anderes bestimmt, wandelt sich der Schönheitsreparaturenanspruch des Vermieters in einen Ausgleichsanspruch in Geld um (BGHZ 92, 363 und 151, 53). Das klingt teuer, muss es aber nicht unbedingt sein. Da die Mieter nicht verpflichtet sind, Renovierungsarbeiten durch Handwerker ausführen zu lassen (siehe S. 124 f.), kann der Vermieter von ihnen immer dann, wenn sie die Arbeiten in Eigenleistung bzw. durch Verwandte oder Bekannte erbracht hätten, nur den Betrag verlangen, den sie für das notwendige Material und deren Arbeitsleistung hätten aufwenden müssen (BGHZ 92, 363; BGH WuM 2005, 50). Was dies im Detail bedeutet, ist umstritten. Die eigene Arbeit ist unentgeltlich. Auch die Renovierung durch Verwandte oder Bekannte erfolgt oft kostenlos und verursacht, nimmt man die Rechtsprechung des Bundesgerichtshofs ernst, allenfalls Kosten in Höhe der Verpflegung während der Arbeiten und gegebenenfalls für finanziell nicht ins Gewicht fallende Geschenke. Teilweise wird deshalb vertreten, dass bei solcher Hilfe und erst recht bei Eigenleistung für Arbeitslohn keine Kosten anzusetzen sind (vgl. LG Frankfurt WuM 1989, 562). Teilweise wird auf den zeitlichen Aufwand der Eigenleistung abgestellt und dafür ein Betrag von 10,00 Euro pro Stunde eingesetzt (LG Potsdam GE 2004, 821).

Tipp

Falls Sie von solchen Umbauplänen erfahren, sollten Sie sicherstellen, dass Sie die entsprechende Absicht im Streitfall beweisen können. Wenn man signalisiert, dass man demnächst renovieren will, kann den Vermieter unter Umständen dazu bewegen, seine Umbauabsichten schriftlich zu bestätigen. Entsprechende belegbare Äußerungen des **Beweise** Vermieters erhält man eventuell auch, wenn man ihm po- **sichern** tenzielle Nachmieter schickt und mit diesen Kontakt hält.

Im Streitfall müssen die Mieter darlegen und beweisen, dass sie die Schönheitsreparaturen in kostensparender Eigenleistung erbracht hätten. Diese Möglichkeit scheidet aus, wenn sie deutlich zum Ausdruck gebracht haben, dass sie Schönheitsreparaturen gar nicht ausführen werden, etwa durch entsprechende Äußerungen, oder wenn sie auch nach ihrem Auszug trotz entsprechender Aufforderung des Vermieters nicht renovieren. In solchen Fällen kann der Vermieter den Betrag verlangen, den er selbst ohne Umbau für die Durchführung der Schönheitsreparaturen hätte aufwenden müssen (BGH WuM 2005, 50). Renovierungsaufwand, der durch den Umbau, etwa infolge Verkleinerung der Wohnfläche entfällt, ist davon abzuziehen.

Auch aus diesem Grund sollten Sie sich nicht frühzeitig dazu äußern, ob und wie Sie die Schönheitsreparaturen ausführen werden.

Bei Zeitmietverträgen (siehe S. 113 ff.) steht Vermietern, die die Wohnung nach Vertragsende umbauen, keinerlei Kostenersatz zu, wenn eben diese Umbauten der Grund für die Befristung waren (LG Hamburg WuM 1998, 663).

2. Abweichung von der bisherigen Ausstattung

Wie die Mieter im Einzelnen renovieren müssen, kann ih- **Wie reno-** nen der Vermieter nicht vorschreiben. Er kann vorgeben, **viert wird,** dass fachgerecht renoviert wird (siehe S. 124 f.), anderes, **ist Sache der** insbesondere die Farbgebung, nur in engen Grenzen (sie- **Mieter** he S. 134 f.). Da Wohnungen als Mittelpunkt der privaten Existenz der Entfaltung der Persönlichkeit dienen (BVerfG NJW 1993, 2035; OLG Karlsruhe WuM 1993, 525 f.), ist die Farbgestaltung den Mietern während der Mietzeit freigestellt (KG Berlin GE 1977, 754; LG Hamburg GWW 1982, 112; LG Berlin MM 1989, 322). Allerdings müssen sie die Mieträume in dem Ausstattungszustand zurückzu-

**Anforde-
rungen an
Renovierung
bei Auszug**

geben, in dem ihnen diese bei Vertragsbeginn übergeben worden waren (siehe S. 152 ff.). Selbst wenn sie nicht zu Schönheitsreparaturen verpflichtet sind, müssen sie aufgrund ihrer allgemeinen Rückgabepflicht die Wohnung in einem Zustand zurückgeben, der eine Weitervermietung ermöglicht, müssen also von ihnen während der Mietzeit aufgebrachte »Schockfarben« (kräftige, dunkle oder grelle Farben) durch einheitliches Streichen in weißem oder hellem Ton beseitigen (AG Pankow/Weißensee, Urteil MM 2008, 75; AG Coburg Info M 2010, 215). Auch sonst sollten bei einer Auszugsrenovierung nur neutrale und hell gedeckte Farben (weiß, helle Gelb- und Pastelltöne) zum Einsatz kommen. Die Mieter müssen jedoch keine anderen Farben oder Tapeten verwenden, als bei Wohnungsübergabe vorhanden waren oder später vom Vermieter eingebracht wurden, es sei denn, etwas anderes wurde individuell vereinbart (siehe S. 20 ff.). Dies gilt selbst dann, wenn die Wohnung bei Einzug mit Zustimmung des Vermieters nach den Mieterwünschen farblich gestaltet wurde (vgl. LG Mannheim WuM 1976, 49). Nur ausgefallenere Tapeten (Glasfaser-, Styropor- und Fototapeten sowie schlecht überstreichbare Struktur- und Mustertapeten) sind zu beseitigen. Als Ersatz müssen, sofern eine tapezierte Wohnung übergeben wurde, neutrale Tapeten angebracht werden. Raufasertapeten werden von den Gerichten in Wohnräumen, sogar in der Küche (LG Berlin GE 1996, 265), in der Regel aber nicht im Bad akzeptiert.

Tipp

Wollen Sie nicht auf Konfliktkurs gehen, kann es sinnvoll sein, sich vom Vermieter schriftlich bestätigen zu lassen, dass er mit der Farbe und gegebenenfalls auch der Tapetenwahl einverstanden ist. Aber auch hier ist Vorsicht vor vorschnellen Anerkenntnissen geboten (siehe S. 137 f.).

3. Häufiges Problem: schadhafter Untergrund

Ein häufiges Problem wird oft erst bei Durchführung der Arbeiten erkennbar: Beim Abziehen der Tapeten oder beim Entfernen der bisherigen Lackierung stellt man fest, dass der Untergrund schadhaft ist, weil die Fensterrahmen marode sind oder der Putz von den Wänden bröckelt. Kein sorgfältiger Handwerker würde jetzt einfach drübertapezieren oder drüberstreichen, sodass die Durchführung solcher Arbeiten ohne vorherige Instandsetzung des Untergrundes nicht fachgerecht wäre und zu Ersatzansprüchen des Vermieters führen würde. Die Mieter schulden im Falle einer ordnungsgemäß vereinbarten Schönheitsreparaturenverpflichtung aber allenfalls geringfügige Ausbesserungsarbeiten, also etwa das Verspachteln kleiner Schäden. Bei größeren bauseitigen Schäden wird teilweise angenommen, dass die Renovierung nicht fällig ist und damit nicht verlangt werden kann, solange der Vermieter die Schäden nicht beseitigt hat (KG GE 2004, 297). Allerdings müssen die Mieter, sobald sie von den Schäden wissen, diese dem Vermieter umgehend mitteilen, sonst machen sie sich schadensersatzpflichtig (§ 536c BGB). Folgende Lösung bietet sich an:

Man schildert dem Vermieter sofort nach Feststellung des Problems schriftlich und möglichst detailliert den Mangel, fordert ihn unter Hinweis darauf, dass man vorher zur Durchführung fachgerechter Schönheitsreparaturen an der betreffenden Stelle nicht in der Lage ist, auf den Mangel zu beseitigen, und setzt ihm dafür eine angemessene Frist. Angemessen ist eine Frist, in der die erforderlichen Arbeiten bei zügigem Vorgehen üblicherweise problemlos erledigt werden können. Im Zweifel erkundigen Sie sich beim Handwerksbetrieb, wie viel Zeit man für die betreffenden Arbeiten benötigt, und rechnen drei bis fünf Arbeitstage für Beauftragung und Vorbesichtigung hinzu. Achten Sie darauf, dass Sie die Frist präzise mit Datum setzen [richtig: »spätestens bis zum 30.11.2011«; falsch: »binnen 14 Tagen«] und dass Sie im Streitfall den Zugang des Schreibens beweisen können (siehe S. 32 ff.). Wichtig ist auch, dass Sie unmissverständlich deutlich machen, dass Sie die betreffenden Schönheitsreparaturen durchführen werden, sobald dies möglich ist. Kommt der Vermieter der Aufforderung nicht oder nicht rechtzeitig nach, so befindet er sich in Annahmeverzug (§ 293 BGB) und kann folglich keine

Tipp

Vermieter umfassend informieren

Forderungen gegen Sie stellen, solange er den Untergrund nicht instand gesetzt hat.

Ein entsprechendes Schreiben könnte wie folgt aussehen:

Information des Vermieters

(Name und Anschrift
aller im Mietvertrag als Mieter
aufgeführten Personen)

Per Einschreiben/Rückschein!/Per Boten
(auf sicheren Zugang achten)

An
(Vermieter bzw. Hausverwaltung
Name und Anschrift)
(Ort, Datum)

Schönheitsreparaturen in der Mietwohnung ...
(Adresse der Wohnung)

Sehr geehrte(r) Herr/Frau .../Damen und Herren,

[Alternative Tapezieren] beim Entfernen der Tapeten im Wohnzimmer unserer Mietwohnung haben wir heute feststellen müssen, dass der Untergrund der von der Tür aus gesehen linken Wand extrem schadhaft ist: Mit Ausnahme eines sich entlang des Bodens hinziehenden Streifens von etwa einem Meter Höhe fällt auf der gesamten Fläche der Wand der offenbar alte, extrem brüchige und teilweise feuchte Putz ab. Es bröckeln teilweise handtellergroße Stücke ab. Eine fachgerechte Tapezierung ist bei diesem Zustand des Untergrundes nicht möglich.

[Alternative Lackierarbeiten] als wir heute mit dem Lackieren der Wohnzimmerfenster beginnen wollten, mussten wir feststellen, dass sowohl der Rahmen des von der Tür aus gesehen rechten Fensters als auch der Rahmen des Oberlichts des mittleren Fensters extrem marode sind. Das Holz ist feucht und morsch, sodass eine fachgerechte Lackierung nicht möglich sein wird, weil der Lack binnen Kurzem wieder abblättern würde.

Da wir demnächst ausziehen, möchten wir die Renovierungsarbeiten so schnell wie möglich zum Abschluss bringen. Zur Wiederherstellung eines einwandfreien Untergrunds, der eine fachgerechte Durchführung der Schönheitsreparaturen ermöglicht, sind jedoch nicht wir, sondern Sie als Vermieter zuständig, sodass wir Sie höflich auffordern, die dazu erforderlichen Arbeiten möglichst umgehend, spätestens aber bis zum (Datum Fristende, z.B. »30.11.2011«) durchzuführen. Sobald dies geschehen ist, werden wir [Alternative 1:] die Tapezierarbeiten/ [Alternative 2:] die Lackierarbeiten im Wohnzimmer fortführen und bieten dies hiermit ausdrücklich an. Bitte teilen Sie uns möglichst frühzeitig mit, wann Sie die Arbeiten ausführen wollen.

Mit Dank im Voraus und freundlichen Grüßen

(Unterschriften aller Mieter)

Solch ein Schreiben sollten Sie natürlich nur auf den Weg bringen, wenn Sie sicher sind, dass die Schönheitsreparaturenklausel in Ihrem Mietvertrag auch wirklich wirksam ist. Manche Gerichte nehmen recht umstandslos bei entsprechenden Äußerungen ein Anerkenntnis an, das die Mieter zu Arbeiten verpflichtet, die sie nach dem Mietvertrag gar nicht schulden (siehe oben).

4. Zahlungsausgleich mit dem Vermieter vereinbaren

Viele Vermieter bestehen auf Durchführung der Schönheitsreparaturen nicht, um dem Nachmieter eine schöne Wohnung zu übergeben, sondern aus rein finanziellem Interesse. Besonders in solchen Fällen müssen Sie stets damit rechnen, dass der Vermieter die Ausführung Ihrer Schönheitsreparaturen bemängelt, um zu einem Schadensersatzanspruch zu gelangen und gegebenenfalls die Mietkaution einbehalten zu können. Insbesondere wenn Sie die Renovierung nicht selbst durchführen, sondern einen Handwerker beauftragen, stellt sich daher oft die Frage, ob ein

Finanzielle Interessen des Vermieters

finanzieller Ausgleich nicht einfacher und billiger kommt; natürlich nur, wenn Sie ganz sicher sind, dass Sie zur Ausführung der Schönheitsreparaturen verpflichtet sind.

Tipp

Frühzeitig Vermieter kontaktieren

Wenn für Sie eine solche Lösung in Betracht kommt, sollten Sie frühzeitig, also rechtzeitig vor Ablauf des Mietvertrages an den Vermieter herantreten, damit Sie beim Scheitern der Verhandlungen noch ausreichend Zeit haben, die Arbeiten ausführen zu lassen. Sinnvollerweise beginnt man die Verhandlungen nur, wenn man selbst zumindest annähernd genau weiß, wie viel die Arbeiten kosten würden. Bei umfangreicheren Arbeiten kann ein Kostenvoranschlag eine sinnvolle Investition sein. Gehen Sie zumindest bei Vermietern mit einem größeren Wohnungsbestand davon aus, dass diese für entsprechende Renovierungen weniger als Sie zahlen müssen, weil sie aufgrund häufigerer Aufträge günstigere Konditionen aushandeln können.

Verrechnung mit Mietkaution

Oft wird keine Zahlung, sondern eine Verrechnung mit der Mietkaution vereinbart. Für die Mieter ist dies in der Regel günstiger, weil sie nicht zahlen und anschließend auf die Kaution warten müssen und der Vermieter zudem im Falle weiterer Forderung eine größere Barriere zu überwinden hat, wenn er diese durchsetzen will. Wenn Sie eigene Investitionen auf die Mieträume vorgenommen haben, z.B. Bad modernisiert, eine Heizung eingebaut, neue Böden verlegt haben oder eine passgerechte Einbauküche möglichst in der Wohnung lassen wollen, dann empfiehlt sich eine entsprechende Verrechnung. Nicht nur über Schönheitsreparaturen, sondern auch über streitige Rück- und Ausbauten (siehe S. 152 ff.) kann auf diesem Weg eine Vereinbarung getroffen werden.

Eine entsprechende Vereinbarung sollte schriftlich geschlossen und von beiden Seiten unterschrieben werden. Sie kann wie folgt formuliert werden:

In Ergänzung zum zwischen ... (Name aller Vermieter) und ... (Name aller Mieter) geschlossenen Mietvertrag vom ... (Datum der letzten Unterschrift unter dem Vertrag) über die Wohnung ... (Adresse und Lage der Mietwohnung im Haus, also z.B.: Im Schönblick 7, 00000 Wolkenkuckucksheim, 1. OG links) vereinbaren die Parteien, dass die/der Mieter/Mieterin in der Wohnung keinerlei Schönheitsreparaturen und andere Rückbauarbeiten ausführen muss/müssen.

[Ist bei bestimmten Arbeiten unklar oder streitig, ob sie zu den Schönheitsreparaturen zählen, empfiehlt sich folgende Ergänzung:] Insbesondere folgende Arbeiten müssen nicht ausgeführt werden: ... .

[Alternative 1: Zahlung:] Im Gegenzug zahlt/zahlen er/sie an den Vermieter ... Euro auf dessen Konto ... (Kontonummer) bei der ... (Kreditinstitut), Bankleitzahl ..., bis zum ... (Datum der Zahlung) einen Teilbetrag von ... Euro (Betrag des Ausgleichs).

[Alternative 2: Kautionsverrechnung:] Im Gegenzug ist der Vermieter berechtigt, die gesamte Mietkaution/von der bei Mietbeginn entrichteten Kaution in Höhe von... Euro zzgl. Zinsen einen Teil Betrag von ... Euro (Betrag des Ausgleichs) einzubehalten.

[Alternative 3: Mieterinvestitionen:] Im Gegenzug überlassen die/der Mieterin/Mieter dem Vermieter auf Dauer, entschädigungslos und unter Ausschluss jeglicher Gewährleistung folgende von ihnen in die Wohnung eingebauten/eingebrachten Gegenstände: ... .

(Ort, Datum, Unterschriften aller Mieter und Vermieter)

5. Schönheitsreparaturen von der Steuer absetzen

Haben Sie die Renovierung durch Handwerker ausführen lassen, können Sie die auf die Arbeitsleistung entfallenden Kosten teilweise von der Steuer absetzen (§ 35a Abs. 2 Satz 2 EStG). Akzeptiert werden seit dem 1.1.2009 maximal Lohnkosten von 6.000 Euro pro Jahr, die mit bis zu 20 Prozent, also 1.200 Euro von Ihrer Steuerschuld abgezogen werden können. An Innenwänden und Decken ausgeführte Maler- und Tapezierarbeiten gelten nicht mehr als haushaltsnahe Dienstleistungen im Sinne von § 35a Abs. 2 Satz 1 EStG (BFH NJW 2010, 3326). Den dort wesentlich höheren maximalen Erstattungsbetrag von 4.000 Euro können Sie also durch einen Wohnungswechsel in der Regel nur nutzen, wenn Sie für Reinigungs- oder Umzugsarbeiten Dienstleister beauftragen. Voraussetzung für die Steuererstattung ist in beiden Fällen, dass

- die Rechnung den auf die Arbeitsleistung entfallenden Betrag getrennt von den nicht berücksichtigungsfähigen Materialkosten ausweist,
- zumindest der Arbeitslohn unbar (also durch Überweisung oder Abbuchung) entrichtet wurde, die Zahlung also durch Kontoauszug nachgewiesen werden kann (Quittungen reichen nicht),
- ein entsprechender Antrag im Rahmen der Lohnsteuer- bzw. Einkommensteuererklärung gestellt wurde.

Arbeits- und Material- kosten getrennt ausweisen

Weist die Rechnung die Kosten für Arbeits- und Materialkosten nicht getrennt aus, so sollten Sie eine entsprechende Ergänzung bzw. Neufassung verlangen. Notfalls sollten Sie die Arbeitskosten selbst schätzen und den Unterlagen für das Finanzamt eine nachvollziehbare Berechnung beifügen.

Lassen Sie sich vom Dienstleister frühzeitig dessen Kontoverbindung nennen und klären Sie die bargeldlose Bezahlung bei Auftragserteilung, damit es damit später keine Probleme gibt. Da das Datum der Zahlung maßgeblich ist, können Sie höhere Beträge ansetzen, wenn Sie eine Rate vor Jahreswechsel und eine zweite danach entrichten.

V. Schadensersatzansprüche des Vermieters

Soweit sich die Wohnräume in einem renovierungsbedürftigen Zustand befinden, müssen Mieter, die sich wirksam zur Ausführung der Schönheitsreparaturen verpflichtet haben, spätestens bei Vertragsende renovieren, wenn die regulären Regelfristen bereits abgelaufen sind (siehe S. 125 f.). Kommen sie dieser Pflicht nicht nach oder renovieren sie nicht fachgerecht, dann sind sie unter Umständen zum Schadensersatz verpflichtet (§§ 280, 281 Abs. 1 Satz 1 BGB). Ein solcher Anspruch auf Schadensersatz besteht aber erst dann, wenn der Vermieter

Voraus-setzungen

- den Mietern konkret und genau mitgeteilt hat, welche Arbeiten er von ihnen fordert, und
- ihnen für deren Ausführung eine angemessene Frist gesetzt hat (BGH NJW 2006, 2116).

In der Regel reicht eine 14-Tages-Frist für die Renovierung einer kompletten Wohnung aus (KG NZM 2007, 356). Erst wenn die Mieter diese Arbeiten nicht fristgerecht ausgeführt haben, kann der Vermieter ihnen die Ausführung verweigern und stattdessen Schadensersatz von ihnen fordern.

Viele Vermieter begnügen sich mit allgemeinen Aufforderungen oder Mängelbeschreibungen. Damit sie Schadensersatz fordern können, ist es jedoch erforderlich, dass für die Mieter eindeutig erkennbar ist, welche Arbeiten sie genau verlangen (BGH NJW 2006, 2116). Eine Mängelliste, in der verschiedene Bestandteile nur mit allgemeinen Begriffen wie »verschmutzt«, »beschädigt«, »nicht fachgerecht gestrichen« oder »schadhaft« beschrieben werden, ist nicht ausreichend.

Nicht selten begehen Vermieter den Fehler, den Mietern nach deren Auszug umstandslos Renovierungskosten in Rechnung zu stellen. Ein solcher Anspruch auf Schadensersatz steht ihnen jedoch mangels vorheriger Aufforderung nur dann zu, wenn die Mieter zuvor die Renovierung ernsthaft und endgültig abgelehnt haben (§ 281 Abs. 2 BGB). Dass Mieter ohne Renovierung ausgezogen sind, reicht in der Regel nur, wenn sie bereits vor Mietende erklärt hatten, nicht renovieren zu wollen (BGH NJW 1991, 2416) oder der Vermieter ihnen zuvor konkret mitgeteilt hatte, welche genauen Arbeiten sie durchführen sollten

Ernsthafte und endgültige Ablehnung der Renovierung

(KG NZM 2007, 356). Konnten die Mieter dagegen bei Auszug davon ausgehen, dass der Vermieter nochmals an sie herantreten werde, haben sie die Arbeiten nicht endgültig verweigert (KG WuM 2008, 592).

Diese vergleichsweise strengen Anforderungen bieten für Mieter Chancen, Risiken zu reduzieren. Nicht selten ist man trotz aller Sorgfalt bei der Renovierung unsicher, ob die allgemeinen Beanstandungen des Vermieters zutreffen oder nicht. Manchmal ist auch trotz Rechtsberatung nicht völlig sicher, ob die Gerichte im Falle eines Rechtsstreits der Einschätzung folgen, dass die im Mietvertrag enthaltene Schönheitsreparaturenklausel unwirksam ist. Wenn die Mieter die Wohnung dennoch, ohne (weitere) Renovierungsarbeiten durchzuführen, übergeben, dann sollten sie es konsequent vermeiden, darüber zuvor oder bei der Übergabe selbst mit dem Vermieter zu streiten oder die Durchführung solcher Arbeiten abzulehnen. Sie würden damit die für den Schadensersatzanspruch des Vermieters erforderliche Aufforderung mit Fristsetzung entbehrlich machen. Sich so zu verhalten, ist manchmal nicht einfach, zumal nicht wenige Vermieter spätestens bei der Übergabe massiv Druck ausüben, etwa mit Aussage: »Wenn Sie nicht renovieren, dann nehme ich die Wohnung nicht zurück«. Eigentlich ist dies eine leere Drohung, weil der Vermieter bei Vertragsende verpflichtet ist, die geräumte und ihm angebotene Wohnung zurückzunehmen (siehe S. 184 ff.). Aber die Versuchung liegt nahe, sich dann auf einen Streit einzulassen und die Schönheitsreparaturen zu verweigern.

Tipp

Auf Übergabe bestehen

Lassen Sie sich auf einen solchen Streit nicht ein. Verweisen Sie darauf, dass jetzt wegen des Mietendes erst einmal die Wohnung übergeben werden muss und dass Sie, wenn Sie doch noch Arbeiten durchführen müssten, sich später noch einmal einen Schlüssel geben lassen können. Bestehen Sie auf die Übergabe und insbesondere die Rückgabe aller Schlüssel (eingehender hierzu S. 189 ff.).

Unter Umständen kann der Vermieter sogar dann von den Mietern Schadensersatz verlangen, wenn diese Schönheitsreparaturen fehlerhaft durchgeführt haben, obwohl sie dazu nicht verpflichtet waren. Dies setzt aber voraus, dass ihre Arbeiten wirklich einen Schaden, also eine Verschlechterung der Mieträume verursacht haben (LG Berlin MM 2002, 481), und dem Vermieter dadurch höhere Kosten entstanden sind, als wenn die Mieter überhaupt keine Arbeiten durchgeführt hätten (BGH WuM 2009, 224). Auch wenn sich die von den Mietern verursachten Schäden durch Renovierungsarbeiten beseitigen lassen, die ohnehin erforderlich sind, etwa weil die Wohnung normal abgewohnt ist oder schon bei Einzug wegen zuvor fehlerhafter Renovierung Schäden bestanden, kann der Vermieter keinen Schadensersatz verlangen (LG Berlin MM 2003, 45 und MM 2010, 110). Dies gilt in solchen Fällen selbst für Maßnahmen, durch die die Mieter den Ausstattungszustand der Wohnung verändert haben (siehe S. 141 f.), z.B. durch Tapezieren halber Wände oder mit nicht überstreichbaren Wasserschutztapeten (BGH NJW 2006, 2115/2116).

Wegen fehlerhafter Renovierung Schadensersatz

Kapitel 5
Rückbaupflicht und Mieter-
investitionen

Am Ende des Mietverhältnisses müssen die Mieter dem Vermieter die Mieträume zurückgeben (§ 546 Abs. 1 BGB). Oft stellt sich die Frage, in welchem Zustand dies zu geschehen hat. Müssen Einbauten, bauliche Veränderungen beseitigt werden? Muss der Vermieter Verbesserungen der Mieter übernehmen oder gar bezahlen?

I. Rückbaupflichten bei Rückgabe der Wohnung

Wiederherstellung des ursprünglichen Ausstattungszustandes

Vom Grundsatz her gilt, dass die Mieter die Mieträume in dem Zustand zurückgeben müssen, in dem diese sich bei Vertragsende befinden (BGH NJW 1983, 1049/1050; a.A. OLG Düsseldorf GE 2004, 815). Die Rückgabepflicht beinhaltet jedoch, dass die Mieter jedenfalls dann, wenn der Vermieter darauf nicht verzichtet hat, von ihnen vorgenommene Veränderungen des Ausstattungszustands und Einbauten beseitigen (BGHZ 96, 141; LG Berlin GE 1989, 999) und den vor ihren Maßnahmen bestehenden ursprünglichen Ausstattungszustand der Räume wiederherstellen müssen.

 Nur der Ausstattungszustand muss wiederhergestellt werden. Die Rückbaupflicht als solche verpflichtet also nicht etwa zur Renovierung einer bei Einzug renoviert übergebenen Wohnung.

Ob die Mieter verpflichtet sind, die durch die gewöhnliche Wohnraumnutzung verbundene Abnutzung der Mieträume durch Renovierung zu beseitigen, richtet sich allein danach, ob sie sich dazu vertraglich verpflichtet haben (siehe S. 121 ff.). Beseitigen müssen die Mieter jedoch, sofern nichts anderes vereinbart wurde,

- Abnutzungserscheinungen, die durch übermäßigen oder nicht vertragsgemäßen Gebrauch der Mieträume verursacht wurden,
- eigene bauliche Veränderungen, insbesondere Einbauten, Einrichtungen und Installationen,
- von den Vormietern durch Vereinbarung übernommene bauliche Veränderungen und
- von den Mietern, ihren Mitbewohnern oder Besuchern fahrlässig oder vorsätzlich verursachte Schäden.

1. Änderungen im Rahmen vertragsgemäßen Gebrauchs

Streitpotenzial bieten oft jene kleinen (Ver-)Änderungen, die vergleichsweise einfach wieder rückgängig gemacht werden können, weil sie durch die normale Wohnraumnutzung entstanden sind. Für die notwendigerweise durch solchen »vertragsgemäßen Gebrauch« entstehenden Veränderungen oder Schäden haften die Mieter jedoch nicht (§ 538 BGB), müssen diese also auch bei Mietende nicht beseitigen (BGH NJW 2002, 3234; OLG Düsseldorf GE 2004, 815). Vom vertragsgemäßen Gebrauch gedeckt sind alle Maßnahmen, die für die Wohnraumnutzung typisch sind. Die Übergänge zu darüber hinausgehenden, rückbaupflichtigen Änderungen sind fließend. Als Faustregel gilt, dass qualitative Verschlechterungen des bei Einzug überlassenen Zustands, die auf normaler Abnutzung beruhen, von den Mietern nur beseitigt werden müssen, wenn sie die Schönheitsreparaturen wirksam übernommen haben (siehe S. 121 ff.). Veränderungen, die dagegen die Ausstattung der Wohnung verändern, sind jedenfalls dann, wenn sie so stark vom üblichen Geschmack abweichen, dass eine Weitervermietung erschwert wird, rückgängig zu machen.

Mieter haften nicht für Verschlechterungen durch vertragsgemäßen Gebrauch

Zum vertragsgemäßen Gebrauch zählen die übliche Abnutzung von vom Vermieter gestellten Fußböden und Teppichböden, die altersbedingte Verformung von Fenstern, Türen, Rollläden, kleinere Risse im Verputz, das Verblassen der Anstriche sowie gebrauchstypische Abnutzungserscheinungen, wie Abstumpfungen oder kleine Absplitterungen des Emaillebelags einer Badewanne (LG Köln WuM 1985, 258), ferner leichte Flecken, Kratzer und Dellen im Parkett des typischerweise mit Schuhen betretenen Flurbereichs, wenn diese nur bei näherer Betrachtung erkennbar sind (LG Berlin GE 1996, 925). Brand- und Farbflecken auf dem Teppich und Schlagschäden an Sanitärgegenständen und durch außergewöhnliche Belastungen der Böden verursachte Einbuchtungen und Kerben (etwa Spuren von Pfennigabsätzen im Linoleumboden) sind dagegen Schäden, die in der Regel vor dem Auszug beseitigt werden müssen und sonst zum Schadensersatz verpflichten.

Rauchen gehört zum vertragsgemäßen Gebrauch Auch starkes Rauchen gehört zum vertragsgemäßen Gebrauch (BGH WuM 2006, 513), es sei denn, es wurde vertraglich wirksam untersagt oder eingeschränkt. Formularvertraglich (siehe S. 20 ff.) dürfte dies nicht möglich sein. Eine völlig geruchsneutrale Rückgabe ist nicht geschuldet (OLG Düsseldorf GE 2004, 815 zu vertragsgemäß als Teelager genutzten Gewerberäumen). Solange man die Folgen des Rauchens beseitigen kann, indem man streicht und/oder tapeziert, müssen die Mieter dies nur tun, wenn sie vertraglich die Renovierungspflicht wirksam übernommen haben (siehe S. 121 ff.). Besteht keine solche Pflicht, kann der Vermieter eine Sanierung durch die Mieter auch nicht mit dem Argument erzwingen, er müsse wegen der rauchbedingten Verschlechterungen früher renovieren (BGH WuM 2008, 213). Nur wenn so exzessiv geraucht wurde, dass die Negativfolgen nicht durch normale Schönheitsreparaturen (siehe S. 121 f.) beseitigt werden können, sondern darüber hinausgehende Arbeiten erfordern (etwa mit nikotinresistenten Farben streichen, Türen und Rahmen abschleifen, diese austauschen oder den Untergrund sanieren), müssen die Mieter die Gebrauchsspuren in jedem Fall beseitigen oder Kostenersatz leisten (BGH WuM 2008, 213).

Während der Mietzeit dürfen die Mieter den Wohnungseingang mit zusätzlichen Sicherheitsvorrichtungen ausstatten (ausgenommen nach außen gerichtete Videoinstallationen), Innentüren und die zugehörigen Türzargen entfernen, Bilder aufhängen, Einbauschränke und Hochbetten montieren, Teppichböden verlegen und auch die für Spiegel, Konsole, Handtuch- und Toilettenpapierhalter erforderlichen Löcher bohren und Nägel einschlagen. Im allgemein üblichen Umfang dürfen sie Dübel anbringen (BGH WuM 1993, 109), um Regale, Bilder, Wandschränke und Sanitärinstallationen zu verankern. Auch Deckenverkleidungen, Wandpaneele und andere Holzverkleidungen dürfen die Mieter anbringen, es sei denn, der Vermieter kann dagegen schwerwiegende Sicherheitsinteressen geltend machen. Dabei entfernte Vermieterausstattungen (Innentüren, Herd, Spüle oder Einbauküche) sind fachgerecht zu lagern und bei Auszug wieder zu installieren. Diese Änderungen müssen aber vor Rückgabe der Wohnung beseitigt werden. Soweit entsprechende Montagen im Rahmen des vertragsgemäßen Gebrauchs erfolgten, müssen die für die Montage erforderlichen Löcher in der Wand nicht unbedingt beseitigt werden, es sei denn, es sind unüblich viele oder große Löcher, die bleiben. Allerdings gehört die Beseitigung von Dübeln und das Füllen der Löcher zu den Schönheitsreparaturen. Diese Arbeiten sind also geschuldet, falls die Mieter vertraglich wirksam verpflichtet sind, vor ihrem Auszug zu renovieren (siehe S. 121 ff.). 100 Dübel im Bad sprengen jedoch den gewöhnlichen vertragsgemäßen Gebrauch und müssen deshalb, ebenso wie von den Mietern verursachte Löcher im Boden und Klebereste, unabhängig von etwaigen Schönheitsreparaturenverpflichtungen beseitigt werden.

Dübel

Bei Einbauten, die die Mieter im Rahmen des vertragsgemäßen Gebrauchs vorgenommen haben, sollten sie zur besseren Orientierung zwischen den Einbauten selbst und der durch sie verursachten Abnutzung bzw. Verschlechterung der Mietsache unterscheiden. Durch den vertragsgemäßen Gebrauch verursachte, typischerweise unvermeidbare Abnutzungen und Verschlechterungen, wie etwa die zur Anbringung erforderlichen Löcher und die unterschiedliche Abnutzung um und hinter den angebrachten

Einbauten

Gegenständen, müssen die Mieter nicht beseitigen (§ 538 BGB), wohl aber die Gegenstände selbst (siehe S 157 f.).

Verkleben von Teppichböden

Ob das Verkleben von Teppichböden vom vertragsgemäßen Gebrauch gedeckt ist oder vom Vermieter genehmigt werden muss, ist umstritten. Jedenfalls darf der vorhandene Boden dabei nicht beschädigt werden. Ob im Einzelfall auch das Anbohren von Badkacheln erlaubt ist, ist ebenfalls umstritten. Daher sollten Sie die Löcher möglichst in den Fugen anbringen, um Konflikte zu vermeiden.

Nicht ordnungsgemäß durchgeführte Renovierungsarbeiten

Haben die Mieter nicht ordnungsgemäß renoviert, etwa nicht deckend gestrichen, Mustertapeten überstrichen oder fehlerhaft tapeziert, so ist zu unterscheiden, wer zur Renovierung verpflichtet war (siehe S. 128 ff.): Haben die Mieter, obwohl dazu vertraglich aufgrund der Abnutzung verpflichtet (siehe S. 125 f., 138 ff.), nicht fachgerecht renoviert (siehe S. 124 f.), müssen sie dies korrigieren, um sich keinen Schadensersatzforderungen auszusetzen (siehe S. 148 ff.). Sonst müssen sie Fehler nur beseitigen, wenn dem Vermieter ein Schaden entstanden ist, dieser also nicht ohnehin Arbeiten ausführen muss, durch die der Fehler ohne zusätzlichen Aufwand beseitigt werden kann, nicht aber, wenn bevorstehende Umbau- oder Sanierungsmaßnahmen die Arbeiten zunichtemachen würden (siehe S. 159).

Ungewöhnliche Anstriche und Tapeten

Eine andere Frage ist, ob Mieter die bei Einzug bestehende Ausstattung der Wohnung wiederherstellen müssen, wenn sie diese durch andere Farben oder eine andere Tapetenart geändert haben. Jedenfalls dann, wenn dies im Rahmen ihrer Pflicht, die Schönheitsreparaturen auszuführen, geschah, schulden sie keine Wiederherstellung (BGH WuM 2006, 308). Dennoch wird bislang mehrheitlich vertreten, dass Mieter, die uneinheitliche oder ungewöhnliche Anstriche (»Schockfarben«) oder Tapeten aufgebracht haben, die dem üblichen Geschmack widerstreiten, diese vor dem Auszug durch den Ausgangszustand oder zumindest eine neutrale Ausstattung ersetzen müssen, wenn sonst die Weitervermietung erschwert ist (siehe S. 141 ff.). Letztlich kann hier nichts anderes gelten, als bei fehlerhaften Renovierungen (siehe oben): Tätig werden müssen die Mieter nur, wenn der Vermieter nicht ohnehin Arbeiten ausführen muss, durch die ein die Weitervermietung ermöglichender Zustand ohne Mehraufwand wiederhergestellt werden kann.

2. Bauliche und andere Änderungen der Ausstattung

Ohne Zustimmung des Vermieters sind Mieter nicht berechtigt, grundlegende Veränderungen der Mietsache vorzunehmen oder ihren baulichen Zustand zu verändern. Denn die bauliche Veränderung des Ausstattungszustands ist in der Regel nicht vom vertragsgemäßen Gebrauch gedeckt. Mauerdurchbrüche, der Einzug von Zwischendecken oder Wänden, Holzverkleidungen, abgehängte Decken, die Entfernung, der Einbau und der Austausch von Böden, Bodenbelägen, Kohleöfen, Gastherme, Einbauküche oder Heizkörpern, einer neuen Heizanlage und anderen Ausstattungsgegenständen, etwa die Installation eines Durchlauferhitzers, müssen vom Vermieter vorher genehmigt worden sein. Ohne Zustimmung dürfen Mieter Fliesen weder verlegen, noch vorhandene Fliesen austauschen. Ob die Maßnahmen den Wert der Wohnung erhöhen oder nicht, ist dabei ohne Belang. Bei gravierenden baulichen Veränderungen, die er nicht genehmigt hat, kann der Vermieter den Mietvertrag auch fristlos wegen Vertragsverletzung kündigen (siehe S. 85 ff.) und Schadensersatz fordern. Dies gilt auch, wenn die Mieter während der Mietzeit ihren Rückbauaufforderungen nicht nachkommen.

Zustimmung des Vermieters erforderlich

Folgerichtig sind die Mieter verpflichtet, von ihnen vorgenommene oder auf ihre Kosten veranlasste bauliche Veränderungen der Mieträume, Einbauten, Einrichtungen oder Installationen bei Auszug zu beseitigen. Dies gilt in der Regel nach herrschender Meinung selbst dann, wenn der Vermieter die Veränderungen ausdrücklich genehmigt hat (vgl. BGH NJW 1981, 2564; OLG Düsseldorf ZMR 1990, 218; LG Berlin GE 1994, 583), weil dieser damit in

Bei Auszug Einbauten entfernen

der Regel nicht automatisch erklärt hat, auf einen Rückbau
zu verzichten.

Bevor Sie in Ihrer Mietwohnung Arbeiten ausführen, die
nur mit erheblichem Aufwand wieder rückgängig gemacht
werden können, sollten Sie sich diese nicht nur schriftlich
genehmigen lassen, sondern sich auch schriftlich zusichern lassen, dass Sie bei Vertragsende keinen Rückbau
schulden. Am besten ist eine von allen Parteien (alle Mieter, alle Vermieter) unterschriebene Ergänzungsvereinba-
rung zum Mietvertrag, in der auch die Konditionen einer
Entschädigung bei vorzeitigem Auszug geregelt werden.

3. Ausnahmen von der Rückbaupflicht

Nur in seltenen Fällen sind Rückbauforderungen des
Vermieters ausgeschlossen, nämlich dann, wenn die Einbauten

● mit seiner Erlaubnis und
● fachgerecht vorgenommen wurden,
● den Wert der Mieträume dauerhaft steigern,
● der allgemein üblichen Ausstattung entsprechen,
● und keinerlei nachvollziehbares Interesse des Vermieters an ihrer Entfernung ersichtlich ist.

Daher schulden Mieter meist keinen Rückbau, wenn die
Mieträume dadurch nach allgemein geltenden Maßstäben
deutlich verschlechtert würden (vgl. LG Hamburg WuM
1988, 305; OLG Frankfurt WuM 1992, 57; LG Münster
WuM 1999, 515), etwa weil sie erstmals Badfliesen fachgerecht verlegt (LG Berlin GE 1999, 316) oder eine in-
standsetzungsbedürftige Elektroinstallation ersetzt (LG
Berlin GE 2010, 1269) hatten. Anderes gilt nur, wenn der
Vermieter an der Wiederherstellung des ursprünglichen

**Nachvoll-
ziehbares
Interesse des
Vermieters**

Zustands ein nachvollziehbares Interesse hat. Hier sind
Gerichte zugunsten des Vermieters meist großzügig. Änderungen, die speziellen Bedürfnissen der Mieter dienten
und nicht der allgemein üblichen Ausstattung entsprechen,
etwa der behindertengerechte Umbau eines Bades, sind
rückbaupflichtig, sofern der Vermieter darauf nicht ver-

zichtet. In einzelnen Fällen wurden Rückbauforderungen des Vermieters von den Gerichten auch zurückgewiesen, weil sie als Rechtsmissbrauch (§§ 226, 242 BGB) bewertet wurden, etwa weil der Nachmieter bereit war, die Einbauten zu übernehmen und sich verpflichten wollte, diese nach Ende seiner eigenen Mietzeit zu beseitigen (OLG Frankfurt WuM 1992, 57). Der Grundsatz von Treu und Glauben jedoch erfasst nur krasse Fälle. Entsprechende Wertungsentscheidungen der Gerichte sind schlecht prognostizierbar. Daher sollten Mieter darauf nicht hoffen.

Würden anschließende, vom Vermieter genehmigte Sanierungs- oder Baumaßnahmen des Nachmieters die Rückbauarbeiten zunichte machen, so ist die Rückbauforderung des Vermieters ebenfalls unzulässig (KG GE 1998, 354). Dies gilt natürlich erst recht für anschließende Baumaßnahmen des Vermieters, der – anders als im Falle von Schönheitsreparaturen (siehe S. 184 ff.) – in solchen Fällen von den Mietern auch keinen finanziellen Ausgleich verlangen kann (BGH WuM 1986, 57). Auch wenn die Baumaßnahmen der Mieter erfolgten, weil sie dazu mietvertraglich verpflichtet waren oder um die mit dem Vermieter vereinbarte Ausstattung der Mieträume herzustellen, ist kein Rückbau geschuldet (vgl. OLG Düsseldorf MDR 1990, 551).

Sanierungs- und Baumaßnahmen des Nachmieters

4.   Einbauten bei DDR-Altmietverträgen

Mieter, die in den neuen Bundesländern ihre Installationsmaßnahmen, Um- oder Ausbauten an der gemieteten Wohnung oder dem gemieteten Einfamilienhaus vorgenommen haben, stehen sich etwas günstiger: Haben sie ihre Maßnahmen vor dem 3.10.1990 vollständig beendet, dann richten sich ihre Rechte und Pflichten nach dem alten Recht der DDR (BGH WuM 1999, 334). Dies gilt auch dann, wenn die Maßnahmen vor Inkrafttreten des Zivilgesetzbuchs am 1.1.1976 erfolgt waren.

Einrichtungsgegenstände, die vor dem Stichtag ohne bauliche Veränderungen installiert wurden, etwa Auslegware, Küchenherde und -spülen oder Boiler, können in der

Ohne bauliche Veränderungen installierte Einrichtungsgegenstände

Regel in den Mieträumen bleiben. Dies gilt insbesondere dann, wenn es wirtschaftlich nicht vertretbar wäre, sie zu entfernen und den ursprünglichen Zustand wiederherzustellen (§ 113 Abs. 1 ZGB). Dies wird bei den genannten Gegenständen nur selten der Fall sein. Da aber gesetzlich, anders als bei baulichen Maßnahmen, nur ein Recht der Mieter zum Ausbau, keine Pflicht dazu vorgesehen ist, müssen die Mieter solche Installationen bei Auszug, sofern vertraglich nichts anderes vereinbart wurde, generell nicht entfernen. Nehmen die Mieter allerdings ihr Recht wahr, die Gegenstände auszubauen und mitzunehmen, so müssen sie den ursprünglichen Zustand wiederherstellen (§ 113 Abs. 1 ZGB).

Bauliche Maßnahmen

Bei Baumaßnahmen besteht dann keine Rückbaupflicht, wenn

- der Vermieter diesen zugestimmt hatte oder
- sie zu einer im gesellschaftlichen Interesse liegenden Verbesserung führten (§ 112 ZGB).

Gesellschaftliches Interesse

Zu den baulichen Maßnahmen zählt auch die Bepflanzung von Freiflächen, die zum gemieteten Gebäude gehören (vgl. BGH WuM 2007, 443). Was im gesellschaftlichen Interesse liegt, ist natürlich eine Wertungsfrage. Im gesellschaftlichen Interesse liegende Verbesserungen wurden beispielsweise bejaht bei der fachgerechten Verfliesung des Bades (AG Zwickau WuM 1999, 217), dem Bau einer Garage und der Vergrößerung einer Gartenterrasse (LG Potsdam WuM 2000, 605), der fachgerechten Verlegung eines Linoleumbodens (LG Berlin MM 1999, 394) und dem Einbau von Gasaußenwandheizern (AG Köpenick MM 2000, 333). Bei eher individualistischen, auf Vorlieben und spezielle Bedürfnissen ausgerichteten Maßnahmen wurde das »gesellschaftliche Interesse« bestritten, etwa beim Einbau eines Kamins, einer Sauna und Loggia-Verglasung (LG Berlin GE 2002, 1566) oder von Deckenplatten (AG Zwickau NZM 2000, 239).

5.　Einbauten der Vormieter

Einrichtungen und Gegenstände, die bei Mietbeginn in der Wohnung vorhanden, eingebaut und verlegt waren, sind stets uneingeschränkt Bestandteile der Mietsache, müssen also nicht zurückgebaut werden, es sei denn, dem Mietvertrag ist das Gegenteil zu entnehmen (vgl. LG Berlin GE 1989, 999). Dennoch fordern Vermieter beim Auszug oft von ihren Mietern, bei vom Vormieter geschaffene Einbauten oder andere Ausstattungsgegenstände zu entfernen und den Ausgangszustand wiederherzustellen. Selbst professionelle Hausverwaltungen meinen oft irrtümlicherweise, es gebe eine Art Haftungsverbund von Vor- und Nachmieter. Dies trifft jedoch nur dann zu, wenn Mieter vom Vormieter Einbauten oder Ausstattungsgegenstände durch Vertrag gekauft oder unentgeltlich erworben haben (vgl. OLG Hamburg WuM 1990, 390; OLG Düsseldorf GE 2007, 222), was im Streitfall vom Vermieter zu beweisen ist. Selbst wenn dieser mit der Übernahme einverstanden war, sind Mieter in solchen Fällen zum Rückbau verpflichtet (LG Berlin GE 1987, 39; OLG Hamburg WuM 1990, 390). Für Schäden, die der Vormieter durch seine Einbauten verursacht hatte, haften sie jedoch nicht, wenn sie selbst daran keine Schuld trifft (AG Charlottenburg GE 1998, 1403; LG Berlin NZM 1999, 839). Ebenso wenig umfasst die Rückbaupflicht die Beseitigung von Schäden, die durch die übernommene Einrichtung verdeckt waren, etwa Styropor- und Klebereste sowie abblätternde Farbe, sofern die Mieter damit nicht rechnen mussten (AG Köln WuM 2008, 216).

Bestandteile der Mietsache

Regelungen im Mietvertrag, wonach bestimmte Ausstattungen oder Einbauten der Wohnung nicht zur Mietsache gehören und/oder nicht mitvermietet werden, sind häufig unwirksam, weil sie durch allgemeine Geschäftsbedingungen vereinbart wurden und überraschend sind oder gegen wesentliche gesetzliche Wertungen verstoßen (siehe S. 20 ff.). Oft sind entsprechende Klauseln, etwa »Nicht vermietet sind zurückgelassene Einrichtungen des Vormieters, insbesondere Gardinenstangen, Kühlschrank,

Unwirksame Klauseln

Teppiche, Lampen usw.« oder »Vom Vormieter in der Wohnung zurückgelassene Gegenstände sind nicht Bestandteil der Mietsache.«, auch nicht hinreichend konkret. Woher sollen die Mieter wissen, welche Gegenstände zurückgelassen wurden? Allenfalls entbinden Klauseln dieser Art Vermieter von ihrer Instandhaltungspflicht, verpflichten die Mieter aber nicht, beim Einzug vorhandene Einbauten zu entfernen, es sei denn, sie haben diese vom Vormieter erworben (siehe oben).

Der Vermieter kann sich auch nicht damit herausreden, er habe nicht gewusst, dass die Einbauten oder sonstigen Ausstattungsgegenstände vom Vormieter zurückgelassen worden seien. Er hätte die Wohnung vor ihrer Weitervermietung besichtigen und den von ihm gewünschten Ausstattungszustand herstellen können. Bei festen Einbauten wird im Streitfall er zu beweisen (siehe S. 164 f. und S. 32 ff.) haben, dass sie nicht vor Übergabe der Wohnung deren Bestandteil geworden sind.

Tipp

Beweise sichern

Dennoch schadet es bei losen oder nicht fest mit dem Gebäude verbundenen Gegenständen nicht, wenn Sie als Mieter Sorge tragen, dass Sie beweisen können, dass diese sich bereits bei Einzug in der Wohnung befanden, sei es durch Zeugen oder durch einen Eintrag im Übergabeprotokoll. Meist liegt die Fertigung eines solchen Protokolls bei Einzug eher im Interesse des Vermieters als der Mieter. Aber wenn schon ein solches gefertigt wird, dann sollte man als Mieter penibel darauf achten, dass Schäden und Einbauten darin detailliert vermerkt sind (siehe S. 164 ff.).

Hilfreich kann es auch sein, sich Namen und Adresse der Vormieter zu besorgen. Da diese schon ein halbes Jahr nach Auszug wegen der dann eingetretenen Verjährung (§ 548 BGB) Vermieteransprüche auf Rückbau in aller Regel nicht mehr zu befürchten haben, kann man auf sie nach entsprechender Information meist problemlos als Zeugen (siehe S. 29 ff.) zurückgreifen, ohne befürchten zu müssen, dass sie sich aus Eigenschutz ins Nichterinnern flüchten.

6. Schadensersatzansprüche bei Verletzung von Rückbaupflichten

Von Mietern, die ihren Rückbaupflichten bis zum Vertragsende nicht nachgekommen sind, kann der Vermieter Schadensersatz fordern. Bei Einbauten, die die Mieter vertragswidrig, also nicht im Rahmen des vertragsgemäßen Gebrauchs und ohne Genehmigung des Vermieters vorgenommen haben, gilt dies ohne weitere Einschränkung ebenso wie bei von ihnen schuldhaft, also vorsätzlich oder fahrlässig verursachten Schäden (§ 280 Abs. 1 BGB). Weil den Mietern in diesen Fällen eine schuldhafte Vertragsverletzung vorzuwerfen ist, besteht ihre Schadensersatzverpflichtung, ohne dass sie dazu erst aufgefordert werden müssten.

Verschulden des Mieters erforderlich

Anders verhält es sich bei den Rückbaupflichten, die sich aus Veränderungen ergeben, die die Mieter im Rahmen des vertragsgemäßen Gebrauchs oder mit Genehmigung des Vermieters vorgenommen haben. Hier haben sich die Mieter vertragsgemäß verhalten und sind lediglich ihrer Pflicht, die Änderungen rechtzeitig zum Auszug rückgängig zu machen, nicht oder nur unvollständig nachgekommen, etwa indem sie zwar ihre Einbauten entfernt, aber den Ursprungszustand nicht ordnungsgemäß wiederhergestellt haben. Wie bei schlecht oder gar nicht ausgeführten Schönheitsreparaturen (siehe S. 148 ff.) kann der Vermieter von den Mietern nur dann Schadensersatz fordern, wenn er ihnen zuvor detailliert mitgeteilt hat, welche Arbeiten er fordert und ihnen dafür eine angemessene Frist gesetzt hat (§§ 280 Abs. 3, 281 BGB; vgl. OLG Brandenburg ZMR 1997, 584; BGH NJW 2002, 3234; LG Berlin GE 2003, 324). Dies gilt jedenfalls dann, wenn die von den Mietern eigentlich geschuldeten Rückbauarbeiten einen erheblichen Kosten- und Arbeitsaufwand erfordern. Angemessen ist eine Frist dann, wenn die geforderten Arbeiten in dieser Zeit ausgeführt werden können. Führen die Mieter die Arbeiten nicht innerhalb der Frist aus, kann der Vermieter von ihnen Schadensersatz fordern, in der Regel die Kosten, die ihm durch eine entsprechende Beauftra-

Angemessene Frist

gung eines Handwerksunternehmens entstehen. Würde durch den Rückbau ein besserer als der ursprüngliche Zustand vor dem Einbau hergestellt, dann ist der Ersatzanspruch entsprechend zu kürzen. Denn die Mieter schulden keine Verbesserung der Mieträume.

Anspruch verjährt in sechs Monaten

Nicht nur die Rückbaupflicht selbst verjährt bereits ein halbes Jahr nach Wohnungsrückgabe (siehe S. 224 ff.), sondern auch der entsprechende Schadensersatzanspruch. Das kann ein Rettungsanker sein. Denn – was Vermieter häufig vergessen – erst, wenn die Mieter ausreichend präzise zu den Rückbauarbeiten aufgefordert wurden und die dabei gesetzte Frist haben verstreichen lassen, kann Schadensersatz verlangt werden. Wenn die Mieter die Rückbauarbeiten allerdings ernsthaft und endgültig verweigern, ist eine solche Aufforderung entbehrlich (§ 281 Abs. 2 BGB; KG GE 2007, 512; vgl. BGH NJW 2002, 3234).

Tipp

Aus diesem Grund sollten Sie vermeiden, über Rückbauarbeiten, die Sie nicht ohnehin ausführen wollen, mit dem Vermieter zu debattieren oder gar die Durchführung der Arbeiten abzulehnen (siehe S. 148 ff. und S. 224 ff.).

Erlöschen des Anspruchs

Nach Ansicht des Landgerichts Berlin (GE 2003, 1081) erlöschen Schadensersatzansprüche, die dem Vermieter zustehen, weil die Mieter ihre Rückbauverpflichtungen nicht oder nicht ausreichend erfüllt haben, wenn er die Mietwohnung weitervermietet, ohne dies beanstandet zu haben, weil er damit zum Ausdruck bringt, dass er auf entsprechende Forderungen verzichtet. Ob dies generell gilt, ist fraglich, doch muss Sie dies als Mieter nicht davon abhalten, sich im Streitfall vor Gericht auf diese Entscheidung zu berufen.

7.   Wer was beweisen muss

Versucht der Vermieter, Rückbau- oder Schadensersatzforderungen gerichtlich durchzusetzen, ist oft entscheidend, wer was zu beweisen hat (siehe S. 32 ff.). Von besonderer Bedeutung ist dabei, dass Mieter nur Veränderungen und Schäden beseitigen müssen,

- die während ihrer Nutzung der Mieträume verursacht wurden,
- von ihnen zu vertreten sind und
- nicht lediglich auf vertragsgemäßem Gebrauch beruhen.

Deshalb ist stets der Zustand von Interesse, in dem sich die Mieträume befanden, als diese Ihnen vom Vermieter übergeben wurden. Grundsätzlich muss der Vermieter diesen beweisen, wenn er den Rückbau mit der Begründung fordert, die betreffenden Einbauten seien bei Einzug der Mieter nicht Bestandteil der Wohnräume gewesen. Schadensersatzforderungen setzen voraus, dass er einen Schaden erlitten hat, was nur dann der Fall sein kann, wenn dieser bei Übergabe der Wohnung an die Mieter noch nicht bestand. Der Vermieter muss also beweisen, dass er die Mieträume und ihre Bestandteile in ordnungsgemäßem Zustand übergeben hat (OLG Düsseldorf WuM 2003, 621). Gerade bei langjährigen Mietverhältnissen und insbesondere dann, wenn der Vermieter ein- oder mehrfach gewechselt hat, geraten Vermieter daher leicht in Beweisnot. Die nicht selten, oft handschriftlich in Mietverträgen eingefügte Klausel, dass die Mieter bestätigen, dass sich die Mietsache in ordnungsgemäßem bzw. vertragsgemäßem Zustand befindet, ändert daran nichts, ebenso wenig die Klausel, dass die Mietsache wie gesehen übernommen wird. Denn zum Zustand der Räume bei ihrer Übergabe an die Mieter ist damit nichts ausgesagt.

Zeitpunkt der Übergabe der Mieträume ist maßgebend

7.1 Nachteile und Gefahren von Einzugsprotokollen

Um ihre Beweissituation zu verbessern, erstellen insbesondere größere Wohnungsunternehmen und Hausverwaltungen bei Einzug routinemäßig Übergabeprotokolle (zu Protokollen bei Auszug siehe S. 196 ff.). Bei solchen von beiden Vertragspartnern oder deren Vertretern unterzeichneten Urkunden wird in der Regel vermutet, dass sie vollständig und zutreffend ausgefüllt sind. Den Mietern nutzt es daher wenig, dass Schäden bereits bei Einzug bestanden, wenn diese im beidseitig unterzeichneten Protokoll nicht aufgeführt sind. Sie müssen dies auch beweisen (LG Berlin MM 2002, 481; OLG Düsseldorf GE 2003, 1060), etwa durch Zeugen, die sich präzise an den Zustand bei Übergabe erinnern können. Dies wird nur in seltenen Fällen gelingen, es sei denn, diese haben ihr Erinnerungsvermögen durch Gedächtnisprotokolle und Fotos verstetigt (siehe S. 29 ff.). Allerdings sind vom Vermieter gestellte Protokollformulare in der Regel allgemeine Geschäftsbedingungen (siehe S. 20 ff.). Diese sind nur so weit wirksam, als darin ein konkreter, gemeinsam festgestellter Zustand handschriftlich dokumentiert wurde, während Formulierungen wie »Die Wohnung wird in ordnungsgemäßem Zustand übergeben« oder »Andere als die aufgeführten Mängel bestehen nicht« nichtig sind (§ 309 Nr. 12.b), vgl. OLG Celle WuM 1994, 889).

!

**Einzugs-
protokoll
überprüfen**

Mietern nutzt ein Einzugsprotokoll nur, wenn es sehr genau und detailliert den Zustand der Wohnung wiedergibt oder wenn diese unrenoviert und marode ist und dies im Protokoll auch so vermerkt wird. Insbesondere bei Einbauten des Vormieters, die Sie nicht übernommen haben, sollte dokumentiert werden, dass sich diese bei Übergabe in der Wohnung befanden. Dennoch liegt die Fertigung von Einzugsprotokollen oft weniger im Mieter- als im Vermieterinteresse, zumal es für Mieter auch nachteilig sein kann, wenn sie die Mieträume direkt bei Übergabe intensiv auf nicht unmittelbar ins Auge springende Schäden untersuchen und diese im Übergabeprotokoll dokumentieren lassen. Mieter, die die Mängel bei Wohnungsübergabe kennen (oder erkennen mussten; siehe S. 178), können für diese nicht die Miete mindern, Schäden, die aufgrund der Mängel an eigenen Sachen entstanden sind, nicht ersetzt verlangen, oder die Mängel selbst auf Kosten des Vermieters beseitigen zu lassen, es sei denn, sie haben bei der Übergabe einen entsprechenden Vorbehalt erklärt (§ 536b BGB). Ohne einen solchen Vorbehalt können Mieter mit Mängeln, die im Übergabeprotokoll erwähnt wurden, keine fristlose Kündigung (siehe S. 90) rechtfertigen (OLG

**Beseitigung
der Mängel
kann verlangt
werden**

Hamburg ZMR 2005, 855). Das Recht, die Beseitigung der Mängel zu verlangen (§ 535 Abs. 1 BGB), wird dadurch allerdings nicht ausgeschlossen (LG Berlin GE 2003, 1331).

Daraus ergeben sich folgende Regeln zum Umgang mit Einzugsprotokollen, wenn Sie diese, wozu Sie nicht verpflichtet sind, unterzeichnen wollen: Unterschreiben Sie nur, wenn auch Sie ein von der Vermieterseite unterschriebenes Exemplar des Protokolls erhalten. Als ordnungsgemäß bestätigen sollten Sie nur, was tatsächlich keine Schäden aufweist und auch sonst in Ordnung ist. Sinnvoll ist dies nur nach einer gründlichen Inspektion der Wohnung. Dabei sollten alle Zimmer bei guter Beleuchtung eingehend gemustert werden (Übergabetermin bei Tageslicht vereinbaren). Es sollten alle Armaturen (Wasserhähne, WC-Spülungen, Heizungsregler etc.) betätigt und alle Fenster und Türen geöffnet und geschlossen werden. Die Ausstattung, insbesondere Einbauten, Einbauküchen, Boiler etc. müssen notiert werden. Auch kleine Schäden sollten im Protokoll präzise aufgeführt werden, wenn Sie sich nicht darauf verlassen wollen, dass der Vermieter bei Auszug ähnlich großzügig wie Sie denkt und Ihnen die Schäden später nicht anlastet. Wenn sich beim Vermieter angesichts Ihrer Pedanterie Unmut regt, können Sie mit charmantem Lächeln darauf verweisen, dass schließlich nicht Sie das Protokoll wünschen. Hinsichtlich schwererer Mängel empfiehlt es sich, mit dem Vermieter gleich zu vereinbaren, bis zu welchem Zeitpunkt diese von ihm spätestens beseitigt sein müssen, und dies im Protokoll zu vermerken. Damit Ihnen durch die Unterschrift des Protokolls keine Rechte verloren gehen, sollten Sie an dessen Ende (auf beiden Exemplaren) einen von Ihnen unterschriebenen Vorbehalt aufnehmen, der wie folgt formuliert sein kann:

Tipp

Umgang mit Übergabeprotokollen

Vorbehalt in Übergabeprotokoll

> »Wegen der vorstehend aufgeführten Schäden und Mängel behält/behalten sich der/die Mieter/Mieterin sämtliche Rechte aus den §§ 536, 536a und § 543 Abs. 2 Nr. 1 BGB (Minderung, Schadens- und Aufwendungsersatz, Recht zur fristlosen Kündigung wegen Nichtgewährung des Gebrauchs) vor.«

7.2 Beweislast bei Schäden, die während der Mietzeit entstanden sind

Mögliche Einwände der Mieter

Bestanden die vom Vermieter geltend gemachten Schäden bei Wohnungsübergabe noch nicht, so bleiben den Mietern zwei Einwände: Sie können sich darauf berufen, dass die Schäden nicht durch sie verursacht wurden oder unvermeidbare Folge ihres vertragsgemäßen Gebrauchs (siehe S. 153 ff.) waren. Eigentlich müssen die Mieter dies beweisen. Können die Schäden auch von anderen stammen, muss allerdings der Vermieter zuvor seinerseits nachweisen, dass diese weder von ihm, anderen Hausbewohnern oder unbeteiligten Dritten verursacht wurden (OLG Karlsruhe RE NJW 1985, 141; BGH NZM 2005, 100 und GE 2005, 120), also nicht aus seiner Risikosphäre kommen (BGH WuM 1994, 466). Zu letzterer zählen auch der gewöhnliche Verschleiß und Ursachen im Bereich der baulichen und technischen Ausstattung des Gebäudes. Insbesondere bei Mängeln, die erkennbar nicht oder nicht nur auf den bloßen Gebrauch der Mietsache zurückgeführt werden können, muss der Vermieter beweisen, dass die Ursachen aus der Mietersphäre und nicht aus seinem eigenen Verantwortungsbereich kommen (KG MM 2004, 409). Gelingt ihm dies, müssen sich die Mieter entlasten (BGH WuM 1998, 93). Bleibt auch danach offen, wer für den Schaden verantwortlich ist, müssen die Mieter die Schäden nicht beseitigen und auch keinen Schadensersatz leisten.

Die Rechtsprechung unterscheidet bei Schäden, die im Rahmen des Mietgebrauchs an der Mietsache, also den Wohnräumen und den dazugehörigen Einbauten und Installationen, entstanden sind, nach vor allem räumlich abgegrenzten Verantwortungssphären: Da die Mieter nach Übergabe über die Mieträume verfügen, ohne dass der Vermieter dazu – von etwaigen Besichtigungsrechten abgesehen – Zugang hat, müssen sie sich entlasten, wenn Ursachen aus anderen Bereichen ausgeschlossen erscheinen, sei es, weil der Vermieter dies nachweisen konnte, sei es, weil die Ursache von vornherein nur von außerhalb oder aus seinem Verantwortungsbereich kommen konnte. Bei einem Brand, der im Kinderzimmer in der Nähe eines dort stehenden Ventilators ausgebrochen ist, müssen die Mieter im Prozessfall darlegen und gegebenenfalls auch beweisen, dass weder sie noch ihre Kinder den Brand verursacht haben und sie kein Fahrlässigkeitsvorwurf trifft, etwa wegen Nutzung eines schadhaften alten Gerätes, Verwendung falscher Sicherungen oder Verletzung ihrer Aufsichtspflicht (vgl. OLG Hamm ZMR 1997, 21). Kann der Schaden auch durch den Verschleiß von Bestandteilen der Mieträume oder zum Haus gehörenden Anlagen verursacht worden sein, muss sich zunächst der Vermieter entlasten. Im Brandfall kann dies bedeuten, dass Brandursachen aus dem Bereich der Elektroinstallation ausgeschlossen werden müssen (LG Frankfurt a.M. WuM 1996, 535), soweit diese nicht von den Mietern erneuert worden ist.

Räumlich abgegrenzte Verantwortungssphären

Häufig führen Feuchtigkeits-, Schimmel- und Foggingschäden zu gerichtlichen Auseinandersetzungen. Sie alle können durch bauliche Mängel (z.B. Kältebrücken, ungünstige Luftströmungsverhältnisse, elektrostatische Aufladung der Raumluft) verursacht sein, aber auch durch Mieterverhalten (zu wenig oder zu viel Lüften, ungünstiges Heizen, unzureichendes Putzen) begünstigt oder mitverursacht werden. Als Fogging (auch Schwarzfärbung, Schwarze Wohnung oder Magic Dust) wird ein Phänomen bezeichnet, bei dem die Mieträume, meist nach dem Neubezug oder einer Sanierung mit Beginn der ersten Heizperiode, von schwarzen, klebrigen, schimmel- oder rußartigen Flecken übersät werden, die sich kaum abwaschen lassen und nach dem Überstreichen oft wieder erscheinen. Verursacht wird Fogging durch schwerflüchtige Kohlenwasserstoffe (PAK), die durch Klebstoffe, Farben, Teppich- und andere Kunststoffböden in die Luft abgegeben werden, sich dann mit Staubteilchen in der Luft verbinden und ablagern. Meist liegt der Mangel in der Verschmutzung, aber höhere PAK-Konzentrationen sind auch gesundheitsschädlich. Welche Mietpartei, Vermieter oder Mieter, bei Feuchtigkeitsschäden, Schimmel oder Fogging für die Kosten der Mängelbeseitigung aufkommen und eventuell sogar fristlos kündigen darf, kann nur durch Sachverständigengutachten festgestellt werden. Eine Klärung erfolgt häufig erst im Laufe eines Rechtsstreites und oft auch erst nach Ende des Mietverhältnisses, das unter Umständen aufgrund dieser Mängel gekündigt wurde (siehe S. 85 ff.). Auch hier teilt die Rechtsprechung, wie oben dargestellt, Verantwortungssphären zwischen Vermietern und Mietern auf (vgl. LG Duisburg WuM 2003, 494; BGH WuM 1994, 466; 2006, 147 und 08, 476). Solche Prozesse sind wegen der erforderlichen kostenintensiven Sachverständigengutachten und der hohen Schadenssummen meist teuer und riskant. Denn die Kosten hat der Unterlegene zu tragen. Sofern Sie nicht rechtsschutzversichert sind, sollten Sie daher frühzeitig überlegen, ob Sie das Risiko einer solchen Auseinandersetzung tragen oder sich nicht um eine Kompromisslösung bemühen wollen.

Tipp

Stets sollten Sie darauf bedacht sein, Schäden, die während der Mietzeit aufgetreten sind, so gut wie irgend möglich zu dokumentieren. Gleiches gilt für Belege für etwaige Schadensursachen, die außerhalb der Wohnung liegen oder sich daraus ergeben, dass Vermieterinstallationen verschleißbedingt kaputtgegangen sind. Sinnvoll kann die Dokumentation durch Zeugen (siehe S. 29 ff.), insbesondere durch Handwerker (stets Name und Adresse erfragen!) sein. Beschädigte Gegenstände oder Austauschteile sollten bis zur Regulierung aufgehoben werden. Bei umfangreicheren Schäden, wie sie insbesondere nach Bränden und Wasserschäden auftreten, empfiehlt sich die

Schäden während der Mietzeit dokumentieren

Schadensaufnahme durch Gutachter. Vorsicht ist bei Unterzeichnung von Abnahme- und Vorabnahmeprotokollen geboten, die den Zustand der Mieträume bei bzw. kurz vor Auszug dokumentieren (siehe S. 196 ff.).

Im Prozess muss zunächst der Vermieter darlegen und nachweisen, dass die Mängel nicht aus seiner Risikosphäre stammen, insbesondere keine baulichen Ursachen haben. Kann dies ausgeschlossen werden, müssen die Mieter darlegen und, wenn dies bestritten wird, beweisen, dass sie die Mängel nicht durch ihr Belüftungs-, Heiz- und Reinigungsverhalten verursacht haben und auch die von ihnen in die Mieträume eingebrachten Sachen nicht schadensursächlich waren. Bleibt auch danach offen, wer für den Schaden verantwortlich ist, muss der Vermieter die Mieträumlichkeiten auf seine Kosten instand setzen, bis dahin die Minderung der Miete hinnehmen und gegebenenfalls auch eine wegen der Schäden erfolgte fristlose Kündigung. Solche Prozesse sind wegen der erforderlichen kostenintensiven Sachverständigengutachten und der hohen Schadenssummen in aller Regel sehr teuer und riskant, denn die Kosten hat der Unterlegene zu tragen. Sofern Sie nicht rechtsschutzversichert sind, sollten Sie sich daher frühzeitig überlegen, ob Sie das Risiko einer solchen Auseinandersetzung tragen oder Sie sich nicht um eine Kompromisslösung bemühen wollen.

Verteilung der Beweislast

II.   Wegnahmerecht und Ersatzansprüche der Mieter

Ersatz für Wertsteige- rungen

Nicht immer geht es bei Einbauten und anderen vom Mie- ter vorgenommenen Änderungen der Mieträume allein um das Interesse, das der Vermieter an der Rückgabe hat. Gerade bei wertsteigernden Maßnahmen stellt sich oft die Frage, ob Mieter für Wertsteigerungen Ersatz verlangen oder ihre Einbauten bei Auszug mitnehmen können.

1.   Das Wegnahmerecht: wertvolle Einbauten bei Auszug mitnehmen?

Dass Mieter ihre eigenen Einrichtungsgegenstände, insbe- sondere Möbel, Hausrat und anderes Inventar, bei Auszug mitnehmen dürfen, liegt auf der Hand. Bei Gegenständen, die sie mit den Mieträumen fest verbunden und in diese eingebracht haben, wie dies etwa beim Einbau von Fuß-

Fliesen, Heizung u.a.

bodenbelägen, Fliesen, Heizungen, Badinstallationen oder Boilern der Fall ist, liegt die Sache nicht ganz so einfach. Zum einen müssen die Mieter die Mieträume nach einem Einbau in den ursprünglichen, vor dem Einbau bestehen- den Zustand versetzen (§ 258 Satz 1 BGB). Zudem dürfen sie unabhängig von der Eigentumslage solche Einrich- tungen bei Auszug zwar grundsätzlich ausbauen und mit- nehmen (539 Abs. 2 BGB), in der Regel aber nur, wenn ihnen der Vermieter dafür keine angemessene Entschädi- gung bietet (§ 552 Abs. 1 BGB). Vereinbarungen, durch die den Mietern die Wegnahme untersagt wird, müssen eben- falls eine angemessene Entschädigung vorsehen; sonst sind sie unwirksam (§ 552 Abs. 2 BGB). Bei Maßnahmen, die dauerhaft bestehen bleiben oder ausschließlich im Ei- geninteresse der Mieter erfolgten, kann allerdings oft kein Aufwendungsersatz verlangt werden (siehe S. 177 ff.). Auch gegen den Willen des Vermieters und trotz eines an- gemessenen Abfindungsangebots können die Mieter ihre Einbauten entfernen und mitnehmen, wenn sie daran ein berechtigtes Interesse haben (§ 552 Abs. 1 BGB). Ein sol- ches kann etwa bei Gegenständen aus dem Familienbesitz bestehen, aber auch wirtschaftliche Gründe haben, etwa die Ersparnis gegenüber Neuanschaffungen. Für Installationsmaßnahmen, Um- oder Ausbauten, die Mieter in den neuen Bundesländern vor dem 3.10.1990 an einer Wohnung oder einem Einfamilienhaus vorgenommen haben (siehe S. 159 f.), kann der Vermieter die Wegnahme nicht abwenden, indem er eine Entschädigung anbietet (§§ 112, 113 ZGB).

Mit Ausbau und Wegnahme ihrer Einbauten müssen die Mieter nicht warten, bis sich der Vermieter äußert und ihnen die Übernahme anbietet (OLG Köln WuM 1995, 268). Sie müssen ihm ihre Absicht auch nicht ankündigen. Sie können, sofern nichts anderes vereinbart wurde, die betreffenden Gegenstände ausbauen und mitnehmen. Zwar kann der Vermieter die Wegnahme durch Zahlung einer angemessenen Entschädigung abwenden. Doch reicht dazu weder eine entsprechende Ankündigung, noch die Hinterlegung eines angemessenen Entschädigungsbetrages; vielmehr muss eine konkrete Zahlung erfolgen oder unmittelbar angeboten werden (KG GE 2001, 850; a.A. AG Aachen WuM 1987, 123). Böse Überraschungen sind bei Übergabe der Wohnung also meist nicht zu erwarten, es sei denn, dass damit zu rechnen ist, dass der Vermieter aufgrund streitiger Forderungen (Miete, Betriebskostennachzahlungen, Schadensersatz etc.) sein Pfandrecht (§ 562 BGB) an den eingebrachten Sachen geltend machen kann (siehe S. 210 ff.).

Im Einzelfall kann es schwierig sein, zwischen Einrichtungen, für die die genannten Regeln gelten, und dem keinen Einschränkungen unterliegenden Inventar zu unterscheiden. Die Einschränkungen gelten nur für Gegenstände, die von den Mietern mit den Mieträumlichkeiten fest verbunden wurden, wenn dies auf Dauer geschehen und dem wirtschaftlichen Zweck der Räume, der Vermietung, dienen sollte (BGHZ 101, 37/41). Wenn der Einbau von vornherein nicht zu vorübergehenden Zwecken, sondern – entscheidend ist dabei der Wille der den Einbau ausführenden Mieter – auf Dauer zum endgültigen Ver-

Bei Auszug Einrichtungen einfach mitnehmen

Einbau dauerhaft oder vorübergehend?

Einbauküchen

bleib in den Mieträumen vorgenommen wurde, handelt es sich um keine Einrichtung, die weggenommen werden darf, sondern um eine Verwendung auf die Mietsache, für die die Mieter unter Umständen Ersatz verlangen dürfen. Dies ist bei Einbauküchen der Mieter in der Regel nicht der Fall. Diese gelten nach herrschender Meinung nicht als Einrichtungen (OLG München WuM 1985, 90, 91; OLG Düsseldorf WuM 2000, 21), können von diesen also bei Auszug ohne Einschränkung ausgebaut und mitgenommen werden. Sofern mit dem Vermieter nichts anderes vereinbart wurde, können die Mieter also z.B. von

Waschbecken, Badewannen u.a.

ihnen eingebaute Waschbecken, Badewannen, Badeöfen, Toiletten (BGH WuM 1969, 1114), Kücheneinrichtungen, Heizungsanlagen (BGH NJW 1958, 2109), Sanitärinstallationen, die im Austausch gegen vorhandene Einrichtungen des Vermieters eingebaut wurden (KG MM 1987, 181), entfernen und mitnehmen. Gleiches gilt für von den Mietern im Garten gepflanzte Sträucher und Bäume (OLG Köln WuM 1995, 268; OLG Düsseldorf NZM 1998, 1020), es sei denn, diese können aufgrund ihres Alters und ihrer Größe nicht mehr umgepflanzt werden. Bauliche Veränderungen, die der Wiederherstellung oder Verbesserung der Mieträume selbst dienten, also auf Dauer damit verbunden bleiben sollten, etwa Zwischendecken und -wände, Strom- und Wasserleitungen zählen in der Regel nicht dazu.

Tipp

Frühzeitig eine angemessene Entschädigung vereinbaren

Oft ist den Mietern weniger daran gelegen, die Einrichtungen mitzunehmen. Meist besteht das Interesse darin, sich den unter Umständen aufwendigen Rückbau zu ersparen und für die Einbauten entschädigt zu werden. Wie hoch eine solche Entschädigung sein muss, ist umstritten. Die bislang wohl herrschende Meinung orientiert sich am Zeitwert der Gegenstände und geht dabei von den Anschaffungs- und Errichtungskosten aus und zieht davon den durch Abwohnung entstandenen und den durch den Ausbau entstehenden Wertverlust sowie die Kosten ab, die die Mieter einsparen, weil sie den früheren Zustand nicht wiederherstellen müssen. Diese Ansicht dürfte zwar falsch sein, denn schon nach wenigen Jahren wäre allenfalls ein

Schrottwert zu zahlen, obwohl der Wert für den Vermieter oft noch beträchtlich ist, weil er die Wohnung aufgrund der Ausstattung zu einem höheren Preis vermieten kann. Dennoch müssen Mieter damit vorerst leben. Zwar können sie, falls eine Einigung mit dem Vermieter scheitert, einseitig eine angemessene Entschädigung bestimmen und dies dem Vermieter mitteilen. Der Vermieter kann sie jedoch meist austricksen: Kann er einen Rückbau verlangen (siehe S. 157 ff.), wird er auf einem solchen bestehen. Oft werden die Mieter angesichts der ihnen dadurch entstehenden Kosten auf eine Entschädigung verzichten, insbesondere dann, wenn für sie die ausgebauten Gegenstände wertlos sind. Selbst wenn der Vermieter darauf besteht, dass die Einrichtung erhalten bleibt und weiterhin eine Entschädigung anbietet, kann er gegen eine Klage der Mieter auf Zahlung der von ihnen festgesetzten Entschädigung einwenden, dass diese überhöht sei. In der Regel wird das Gericht dann die Entschädigung auf der Basis der genannten Kriterien festsetzen.

Nicht zuletzt deshalb ist es wichtig, sich mit dem Vermieter, noch bevor man die Einrichtungen einbaut, über einen Rückbauverzicht und eine angemessene Entschädigung durch eine schriftliche Vereinbarung zu verständigen. Wurde dies versäumt, sollten die Mieter jedenfalls bei wertvollen und noch nicht abgewohnten Einbauten, die sie nicht mitnehmen wollen, frühzeitig vor Auszug mit dem Vermieter über eine angemessene Entschädigung verhandeln. Bei sehr konfliktbeladenen Mietverhältnissen, bei denen eine Einigung voraussichtlich scheitern wird, können die Mieter die Abwendungsbefugnis des Vermieters umgehen, indem sie ihren Einbau einfach (heimlich) ausbauen. Sie sind, sofern nichts Entgegenstehendes wirksam vereinbart wurde, während der Mietzeit berechtigt, von ihnen eingebaute Einrichtungen zu entfernen. Das Abwendungsrecht des Vermieters besteht nur, solange die Einrichtung mit den Mieträumen fest verbunden ist. Einen Wiederanschluss kann der Vermieter selbst dann nicht

Tipp

Rückbauverzicht und angemessene Entschädigung vereinbaren

verlangen, wenn sich die Gegenstände noch in der Mietwohnung befinden.

Dieses Vorgehen hat natürlich den Nachteil, dass man die Einrichtung für den Rest der Mietzeit nicht mehr nutzen kann. In jedem Fall verbietet es sich in einer solchen Konstellation, dem Vermieter die Wegnahmeabsicht triumphierend anzukündigen. Man provoziert damit ein Abfindungsangebot.

!

Knappe Verjährungsfrist beachten

Nach Auszug geraten die Mieter leicht unter Zeitdruck: Ihr Anspruch auf Wegnahme verjährt (siehe S. 224 ff.) nach nur sechs Monaten nach Wohnungsübergabe (§ 548 Abs. 2 BGB). Zwar hemmen Verhandlungen mit dem Vermieter den Ablauf dieser Frist, aber diese bleibt vor dem Hintergrund, dass ein Umzug häufig mit ganz anderen Belastungen verbunden ist, kurz. Haben die Mieter sich bis zum Ablauf der kurzen Verjährungsfrist nicht mit dem Vermieter verständigt und auf Duldung der Wegnahme oder Zahlung der von ihnen festgesetzten Entschädigung geklagt, gehen sie leer aus. Danach können sie die Duldung der Wegnahme nicht mehr erzwingen, und der Vermieter schuldet ihnen keinerlei Kompensation mehr.

Verkauf der Einbauten an die Nachmieter

Wenn die Mieter ihre Einbauten an ihre Nachmieter verkaufen, dann müssen diese nicht etwa aus- und wieder eingebaut werden. Vielmehr können die Mieter ihren gegen den Vermieter bestehenden Wegnahmeanspruch an die Nachmieter abtreten (BGH NJW 1991, 3031), was in aller Regel schon damit geschieht, dass sie den Einbau an diese endgültig veräußern. Allerdings kann dies scheitern, wenn der Vermieter von den Mietern den Rückbau verlangen kann und dieses Recht auch einfordert (siehe S. 157 ff.).

Wegnahmerecht nach Auszug

Haben die Mieter die Wohnräume an den Vermieter zurückgegeben, ohne die Einrichtungen auszubauen und mitzunehmen, so ist der Vermieter weiterhin verpflichtet, den Ausbau und die Wegnahme zu dulden (BGHZ 81, 146; 101, 37), wenn er keine Abfindung anbietet oder die Mieter an der Wegnahme ein berechtigtes Interesse haben (siehe oben). Er muss die Einbauten aber nicht aktiv herausgeben, sodass ihn Mieter folglich auch nicht zur Herausgabe auffordern sollten, sondern dazu, Ihnen den Zutritt zur Wohnung zu gestatten und den Ausbau und die Mitnahme zu dulden.

2. Ersatz von Mieterinvestitionen

Nicht selten führen Mieter Arbeiten an den Mieträumen aus, reparieren, bessern aus und modernisieren, ohne darüber gegenüber dem Vermieter ein Wort zu verlieren, geschweige denn, Vereinbarungen über Vergütungsansprüche zu treffen. Dies ist besonders dann ärgerlich, wenn das Mietverhältnis endet, bevor man die Investitionen »abgewohnt« hat. In diesen Fällen stellt sich stets die Frage, ob die Mieter vom Vermieter bei Auszug einen finanziellen Ausgleich für ihre Investitionen verlangen können. Leider ist dies nur selten der Fall, weshalb Mieter insbesondere vor kostenintensiven Maßnahmen unbedingt eine entsprechende Vereinbarung mit dem Vermieter treffen sollten.

2.1 Ersatzansprüche aufgrund von Reparaturarbeiten der Mieter

Zu erwähnen sind zunächst Ansprüche, die entstehen, weil die Mieter – über die üblichen Renovierungsarbeiten (siehe S. 121 ff.) hinaus – die Mieträume instand gesetzt haben, also die vertragsgemäß geschuldete Gebrauchsfähigkeit wiederhergestellt haben, etwa indem sie defekte Installationsgegenstände, Armaturen oder undichte Fenster repariert haben. Eigentlich wäre dies Aufgabe des Vermieters gewesen (§ 535 Abs. 1 BGB). Diesem darf die Möglichkeit, diese Aufgabe selbst zu erfüllen, nicht genommen werden. Daher können die Mieter die ihnen durch eine solche Reparatur entstandenen Kosten nur dann ersetzt verlangen, wenn sie zuvor dem Vermieter den betreffenden Mangel mitgeteilt und zu dessen Beseitigung aufgefordert haben und wenn der Vermieter mit dieser Aufgabe in Verzug geraten ist (§ 536a Abs. 2 Nr. 1 BGB). Darauf kann nur verzichtet werden, wenn große Eile besteht (§ 536a Abs. 2 Nr. 2 BGB), etwa weil sich der auf einem Rohrbruch be-

Voraussetzungen für Ersatzansprüche

ruhende Wasserschaden sonst vertiefen würde oder die Mieter wegen eines kaputten Wohnungstürschlosses oder einer defekten Heizung am Wochenende den Vermieter nicht erreichen konnten und einen Notdienst beauftragen mussten.

Nicht künstlich dumm stellen

Nur in diesen beiden Fällen können die Mieter die ihnen entstandenen Reparaturkosten ersetzt verlangen, sonst gehen sie leer aus (BGH WuM 2008, 147). Dies gilt auch, wenn sie die Mängel bei Vertragsschluss oder bei Übergabe der Wohnung (siehe S. 165 ff.) kannten oder hätten feststellen müssen (§ 563b BGB). Sich künstlich dumm stellen, nutzt in diesen Fällen auch nichts. Bei offensichtlichen Mängeln oder solchen, die man hätte erkennen müssen, etwa einem defekten Schloss, das der Vermieter bereits bei Besichtigung oder Übergabe kaum aufbekam, können die Mieter sich nicht auf Unkenntnis berufen.

2.2 Ersatzansprüche aufgrund von Mieterinvestitionen

Dauerhafte Verbesserung der Mieträume

Auch bei Mieterinvestitionen, die nicht der Mängelbeseitigung dienten, sondern von vornherein dazu bestimmt waren, die Mieträume dauerhaft, also nicht nur auf die Mietzeit beschränkt, zu verbessern, gibt es kein Wegnahmerecht. Aufwendungsersatzansprüche stehen den Mietern nur zu, wenn sie dem Vermieter die Arbeiten frühzeitig angezeigt hatten, nicht nur im eigenen, sondern auch im Interesse des Vermieters handelten und zudem davon ausgehen konnten, dass dieser mit der Ausführung der Arbeiten einverstanden ist (§§ 539 Abs. 1, 677 ff. BGB). Solche Ansprüche scheitern meist daran, dass die Mieter die Baumaßnahmen nicht ohne Zustimmung des Vermieters ausführen durften oder dass sie nicht zumindest auch im Vermieterinteresse handelten, sondern ausschließlich zu eigenen Zwecken, etwa weil sie die Mieträume entsprechend den eigenen Vorstellungen ändern wollten.

Ungerechtfertigte Bereicherung

In diesen Fällen können Mieterinvestitionen allenfalls zu einem Anspruch aus ungerechtfertigter Bereicherung führen (§§ 812, 684 BGB). Dies setzt allerdings voraus, dass die Maßnahmen zu einer objektiven Wertsteigerung der Mieträume geführt haben und dass sich der Vermieter dadurch eigene Aufwendungen erspart hat (zum Aufwendungsersatz bei Schönheitsreparaturen siehe S. 136). Bejaht wurde ein solcher Anspruch etwa bei einem neuen Gasherd, den ein Mieter gegen den alten, vom Vermieter gestellten Herd, für den es keine Ersatzteile mehr gab, ausgetauscht hatte (BGH NJW 1974, 743; LG Berlin GE 1991, 47). In solchen Fällen können die Mieter den sich aus ihrer Maßnahme ergebenden Wertersatz verlangen (BGH WuM 2006, 169). Allerdings kann der Vermieter seine Ersatzpflicht abwenden, indem er den Mietern anbietet, die Einrichtungen zu entfernen und an sich zu nehmen. Wertersatz können die Mieter dann nicht mehr verlangen.

Objektive Wertsteigerung erforderlich

Insbesondere in Fällen, in denen der Vermieter den Mietern ausdrücklich gestattet hat, die Mietsache nach ihren Vorstellungen, also ausschließlich in ihrem eigenen Interesse umzugestalten, ist ein Aufwendungsersatzanspruch häufig ausgeschlossen. Dies ist z.B. dann der Fall, wenn Vermieter und Mieter vereinbart haben, dass Letztere die zum angemieteten Gebäude gehörenden unbepflanzten Freiflächen nach individuellen Wünschen umgestalten dürfen (BGH WuM 2007, 443). In solchen Fällen kann man nicht ohne Weiteres annehmen, dass der Vermieter sich durch die Erlaubnis dazu verpflichten will, den Mietern später Aufwendungen hierfür zu ersetzen.

Kein Aufwendungsersatz bei Umgestaltung im Interesse des Mieters

2.3 Ersatzansprüche bei DDR-Altmietverträgen

Für Mieterinvestitionen, die in der ehemaligen DDR an gemieteten Wohnungen oder Einfamilienhäusern vorgenommen und vor dem 3.10.1990 abgeschlossen wurden, bestehen nicht nur in Bezug auf Wegnahme- und Rückbauverpflichtungen (siehe S. 159 ff. und 205 ff.), sondern auch hinsichtlich des Aufwendungsersatzes Sonderregelungen:

Es gelten Sonderregelungen

Vorrangig gelten Kostenerstattungsvereinbarungen, die Mieter und Vermieter getroffen haben. Wurde dies versäumt, so können die Mieter für bauliche Maßnahmen vom Vermieter eine angemessene Entschädigung ver-

Vermieter muss wirtschaftlichen Vorteil haben

langen, soweit dieser dadurch wirtschaftliche Vorteile erlangt (§ 112 Abs. 3 Satz 1 ZGB). Die zu erstattenden wirtschaftlichen Vorteile werden im Streitfall durch Sachverständigengutachten ermittelt. Dabei sind nicht die von den Mietern aufgewandten Kosten oder der Zeitwert des Ein-, Aus- oder Umbaus, sondern der sich aus diesem ergebende Wertzuwachs des Grundstücks maßgeblich (LG Berlin GE 1997, 863). Infolgedessen können die Mieter durchaus leer ausgehen, etwa wenn die Maßnahmen nicht fachgerecht erfolgten oder die Nutzungsmöglichkeiten des Grundstücks dadurch eingeschränkt wurden. Keinerlei Anspruch besteht, wenn die Mieter zurückbauen und damit den ursprünglichen Zustand wiederherstellen müssen (§ 112 Abs. 3 Satz 2 ZGB; siehe S. 159 ff.) oder wenn Vermieter und Mieter Aufwendungsersatzansprüche ausdrücklich oder stillschweigend ausgeschlossen haben (BGH WuM 2007, 443; siehe S. 178 f.).

Für Einrichtungsgegenstände, die sie ohne bauliche Veränderungen angeschlossen oder angebracht haben und auch nicht entfernen müssen (siehe S. 159 ff.), können die Mieter vom Vermieter ebenfalls eine angemessene Entschädigung fordern (§ 113 Abs. 1 Satz 3 ZGB). Dabei gelten die im vorstehenden Absatz skizzierten Regeln.

2.4   Vertraglich geregelte Ersatzansprüche

Umsichtige Mieter vereinbaren mit dem Vermieter, bevor sie in ihre Mietwohnung investieren, unter anderem Entfernungspflichten und Wegnahmerechte, vor allem aber auch, in welchem Umfang sie dafür bei Vertragsende entschädigt werden. Bei Mietermodernisierungen orientiert man sich bei Bemessung des Aufwendungsersatzes üblicherweise daran, ob die Mieter den Wert ihrer Investition bei Mietende abgewohnt haben. In der Regel wird die Abwohnzeit nach den Modernisierungskosten der Mieter berechnet. Dabei finden sich unterschiedliche Modelle: Teilweise wird vereinbart, dass Investitionskosten in Höhe einer Jahresmiete (Grundmiete ohne Betriebskosten) in vier Jahren abgewohnt sind. Gebräuchlich sind aber auch

Berechnungsmodelle

andere Regelungen, etwa dass im ersten Jahr nach der Modernisierung 20 Prozent der Kosten und danach in jedem weiteren Jahr 10 Prozent verfallen. Die Mieter sind gut beraten, bei solchen Vereinbarungen auf möglichst detaillierte Regelungen zu bestehen und darauf zu achten, dass nicht vereinbart wird, dass etwaige öffentliche Förderungsgelder, die sie für die Maßnahme erhalten, auf die Abwohnzeit und die Entschädigung angerechnet werden.

Wichtig ist ferner, bei Vereinbarungen, die keine Festbeträge ausweisen, sondern auf die tatsächlich entstandenen Kosten abstellen, darauf zu achten, dass diese nach Abschluss der Maßnahmen durch eine schriftliche Vereinbarung mit dem Vermieter verbindlich festgestellt werden.

Schriftliche Vereinbarung

Zumindest dann, wenn die Modernisierungsvereinbarung, wie bei öffentlich geförderten Maßnahmen üblich, eine solche Feststellung vorsah, sind Abfindungsforderungen bei Mietende nicht fällig, wenn dies versäumt wurde (LG Berlin GE 2000, 472). Ob die Mieter dann eine Abfindung noch ohne Weiteres durchsetzen können, hängt davon ab, ob sie die entstandenen Kosten nachweisen können.

Kapitel 6
Die Wohnungsübergabe

Unabhängig davon, aus welchem Grund das Mietverhältnis endete, müssen die Mieter die Mieträume danach geräumt an den Vermieter zurückgeben (§ 546 Abs. 1 BGB). Dieser darf seine Ansprüche allerdings nicht eigenmächtig durchsetzen. Nach ordnungsgemäßer Rückgabe müssen sich die Mieter nicht mehr um die Mieträume kümmern. Das Risiko, dass dort Schäden entstehen, trägt von da an der Vermieter allein.

Mehrere Mieter Gibt es mehrere Mieter, so haften diese gemeinsam für die ordnungsgemäße Rückgabe (§§ 427, 431 BGB). Dies bedeutet insbesondere, dass der Vermieter, wenn sie ihren gemeinsamen Pflichten nicht nachkommen, jeden von ihnen für den gesamten Schaden in Anspruch nehmen kann (§ 421 BGB). Wer vom Vermieter in Anspruch genommen wird, kann von den übrigen Mietern verlangen, dass diese ihren Anteil begleichen bzw., sofern er die gemeinsamen Schulden bereits beglichen hat, diesen an ihn entrichten. In der Regel gilt dies auch für bereits ausgezogene Mitmieter (BGH RE NJW 1996, 515), es sei denn, diese sind bereits zuvor wirksam aus dem Mietvertrag ausgeschieden (siehe S. 44 f. und S. 45 ff.). Bei Mietverträgen, die vor dem 3.10.1990 in der ehemaligen DDR geschlossen wurden, sollten Mieter stets daran denken, dass unabhängig davon, wer den Mietvertrag geschlossen hat, in der Regel auch die Ehepartner Mieter geworden sind.

Untermieter und andere Bewohner Mieter sind auch dann verpflichtet, die Mieträume geräumt an den Vermieter zu übergeben, wenn sie diese nicht mehr besitzen, etwa weil andere Personen, z.B. Untermieter, darin wohnen. Sie können sich also nicht damit begnügen, ihrerseits eigene Räumungsansprüche, die sie gegen die Bewohner haben, abzutreten (BGHZ 56, 308) oder dem Vermieter zu versichern, dass sie selbst die Wohnung nicht mehr nutzen wollen. Zwar hat der Vermieter nach dem Ende des Mietverhältnisses gegen Bewohner, denen die Mieter die Räume überlassen haben, einen eigenen Anspruch auf Räumung und Herausgabe der Räumlichkeiten (§ 546 Abs. 2 BGB). Dies gilt auch dann, wenn diese nicht Untermieter oder Familienangehörige der Mieter sind (OLG Hamm RE WuM 1982, 318). Selbst von Bewohnern, die – was insbesondere bei langjährigen Wohngemeinschaften (siehe S. 44 f.) mit wechselnder Belegung vorkommt – ohne Wissen und Willen der Mieter die Räume bezogen haben, kann der Vermieter, sofern er selbst Eigentümer der Räume ist, deren Herausgabe verlangen (§ 985 BGB). Auch dass er für die Durchsetzung dieser Ansprüche meist ein gegen die Bewohner gerichtetes Räumungsurteil benötigt, ändert nichts daran, dass die Mieter ein Interesse daran haben, diese Wohnung umgehend zu räumen. Denn solange dies nicht geschieht, können sie nicht ihre eigene Verpflichtung zur Räumung erfüllen und müssen dafür einstehen (siehe S. 204 ff.). Die Mieter sollten in solchen Fällen also alle Anstrengungen unternehmen, dass die verbliebenen Bewohner die Wohnung räumen und herausgeben. Neben sozialem und moralischem Druck über gemeinsame Freunde und Bekannte und rechtlichen Drohungen, Schadensersatzansprüche und – unter Umständen nach erfolgter Kündigung eines bestehenden Untermietverhältnisses – etwaige eigene Räumungsansprüche gerichtlich geltend zu machen, sollten auch finanzielle Angebote in die eigenen Überlegungen einbezogen werden. Denn Prozesse können lange dauern.

Wurde die Wohnung nach Vertragsende nicht zurückgegeben, kann dies unter bestimmten Voraussetzungen (siehe S. 101 ff.) dazu führen, dass das Mietverhältnis wieder auflebt. Voraussetzung ist, dass die Mieter den Gebrauch der Mieträume fortsetzen (§ 545 BGB), die Wohnung also – wenn auch nicht notwendigerweise durch sie selbst – bewohnt wird, und keine der Vertragsparteien einer Vertragsfortsetzung widerspricht. Der Gebrauch wird auch dann fortgesetzt, wenn Dritte, etwa Untermieter, die Wohnung weiter nutzen. Die Ausführung von Rückbau-, Renovierungs- und Reparaturarbeiten ist ebenfalls Ge-

Vertragsverlängerung, wenn die Wohnung weiter genutzt wird

brauchsfortsetzung, durch die das Mietverhältnis unter Umständen verlängert wird.

I. Die Rückgabe der geräumten Wohnung

Immer wieder kommt es vor, dass Mieter, oft lange nach Ende der Mietzeit, entdecken, dass sie zu erheblichen Zahlungen verpflichtet sind, weil sie die Wohnung nicht oder nicht so, wie dies rechtlich erforderlich gewesen wäre, zurückgegeben haben. Deshalb sollte man als Mieter zumindest darüber informiert sein, wann genau und wie die Mieträume an den Vermieter übergeben werden müssen.

Umfang der Rückgabeverpflichtung

Ihm die Wohnungsschlüssel in den Briefkasten zu werfen, reicht dazu in aller Regel nicht aus. Die Mieter kommen ihrer Rückgabeverpflichtung nur dann vollständig nach, wenn sie die Wohnung

- nach Ende der Mietzeit
- geräumt und »besenrein«
- an den Vermieter übergeben (§ 546 Abs. 1 BGB).

1. Die Räumung der Wohnung

Geräumt und »besenrein«

Die Mieter müssen die Mietwohnung geräumt und »besenrein« zurückgeben. Dies erfordert zum einen, dass sie ausziehen und dabei ihr gesamtes Inventar (Hausrat, Möbel und sonstige Gegenstände) aus der Wohnung entfernen. Zum anderen müssen sie – von einer Reihe von Ausnahmen abgesehen (siehe S. 158 ff.) – aus der Wohnung sämtliche Einbauten entfernen, bauliche Veränderungen beseitigen, die sie selbst während der Mietzeit eingebaut bzw. vorgenommen oder von Vormietern (siehe S. 161 f.) erworben haben, und den zuvor bestehenden Zustand wiederherstellen (siehe S. 153 ff.). Dies umfasst auch die Verpflichtung, selbst verlegte oder von Vormietern erworbene Bodenbeläge, vor allem Teppichböden, zu entfernen.

Besenreine Rückgabe und Schönheitsreparaturen

Die Mieträume dürfen nicht verdreckt zurückgegeben werden. Allerdings muss nicht alles blitzen und blinken. Die Verpflichtung, die Mieträume »besenrein« zurückzugeben, bedeutet lediglich, dass die Mieter grobe Verschmutzungen beseitigen müssen (BGH WuM 2006, 513). Insbesondere gehört dazu, die Böden zu fegen, Teppichböden mit dem Staubsauger zu reinigen (LG Görlitz WuM 2000, 570) und Staubablagerungen sowie Spinnweben zu entfernen. Die Fenster müssen nicht frisch geputzt, aber von groben Verunreinigungen gereinigt werden. Herd und Toilette sind zumindest von hygienisch bedenklichen und optisch abstoßenden Verschmutzungen zu befreien. Diese Verpflichtungen bestehen auch dann, wenn der Mietvertrag die besenreine Rückgabe nicht erwähnt.

Trotz der nicht allzu großen rechtlichen Anforderungen kann es im Einzelfall aus psychologischen Gründen durchaus sinnvoll sein, eine gründlich gereinigte Wohnung zurückzugeben. Zumindest in einem weitgehend konfliktfreien Mietverhältnis können strahlendes Weiß, glitzernde Armaturen und makelfrei glänzende Fenster den Vermieter dazu motivieren, nicht allzu genau nach kleineren Mängeln zu suchen. Ist dieser jedoch ohnehin darauf geeicht, unbedingt etwas zum Mäkeln zu finden, kann es sinnvoll sein, dass er sich an einer nur den rechtlichen Anforderungen entsprechend gereinigten Wohnung austoben kann.

Tipp

Wohnung gründlich gereinigt zurückgeben

Über die besenreine Reinigung hinausgehende Säuberungspflichten können allerdings mietvertraglich vereinbart werden. Häufig sind Teppichreinigungsklauseln Vertragsgegenstand. Die Grundreinigung vom Vermieter gestellter Teppiche und Teppichböden ist dessen Angelegenheit. Sie zählt bislang ebenso wenig zu den Schönheitsreparaturen (genauer siehe S. 125 f.) wie die Erneuerung abgewohnter Teppichböden (OLG Hamm RE WuM 1991, 248). Zur gründlichen Reinigung können Mieter jedoch verpflichtet werden. Allerdings sind formularvertragliche Regelungen (siehe S. 20 ff.), die sie verpflichten, Teppiche und Teppichböden vor Rückgabe der Wohnung durch eine Fachfirma reinigen zu lassen, hinsichtlich der Fachfirmenverpflichtung unwirksam, sodass es die Mieter dabei belassen können, die Böden selbst gründlich zu reinigen (OLG Stuttgart RE WuM 1993, 528).

Teppichreinigungsklauseln

Es geht nicht um Renovierung

Erfahrungsgemäß missverstehen Mieter die Formulierung, es sei die »besenreine« Rückgabe geschuldet, oft dahingehend, dass sie bei Auszug keine Schönheitsreparaturen ausführen müssen. Dies trifft jedoch nicht zu, weil es darin nur um die Sauberkeit, nicht um die Renovierung der Wohnung geht. Ob die Mieter bei Auszug renovieren müssen oder nicht, richtet sich allein nach den Vereinbarungen zu den Schönheitsreparaturen (siehe S. 121 ff.). Ohnehin gehört die Ausführung von Schönheitsreparaturen, selbst wenn sie von den Mietern geschuldet wird, nicht zu den Rückgabepflichten. Dies ändert allerdings nichts daran, dass Mieter gut daran tun, solche Arbeiten rechtzeitig vor Auszug auszuführen.

Hausrat ordnungsgemäß entsorgen

Achten Sie darauf, Ihre Einbauten und Ihren anlässlich des Umzugs aussortierten Hausrat ordnungsgemäß zu entsorgen. In den Hausmülltonnen hat dieser Abfall nichts zu suchen, es sei denn, die Mengen sind gering und führen nicht dazu, dass die übrigen Mieter ihren normalen Abfall nicht in die hauseigenen Mülltonnen bzw. -container werfen können. Vereinzelte Urteile, wonach entsprechende Beeinträchtigungen bei Ein- und Auszügen als vertragsgemäßer Gebrauch der Mieträume hinzunehmen sind (AG Nürnberg NZM 2002, 655), dürften wenig Nachahmer finden. Sofern der Vermieter Sperrmüll regelmäßig abfahren lässt, sind die entsorgten Gegenstände am dafür vorgesehenen Ort, nicht aber im oder neben dem Hausmüll zu deponieren. Sonst ist die Entsorgung von Sperrmüll, wie er bei Umzügen typischerweise anfällt, primär Sache der Verursacher. Soweit die Mieter im Haus nach ihren Mietverträgen Betriebskosten tragen müssen, können Sperrmüllkosten auf sie umgelegt werden, wenn diese laufend entstehen (BGH WuM 2010, 153). Zwar bedeutet »laufend« nicht unbedingt jährlich, sondern nur, dass die Kosten in regelmäßigen Abständen anfallen müssen. Umzugsbedingte Sperrmüllabfuhren fallen jedoch kaum regelmäßig an, sodass eine Umlage meist scheitern dürfte.

Wird die Wohnung zurückgegeben, ohne dass die Mieter geschuldete Rückbauarbeiten geleistet und ihr Inventar restlos entfernt haben und die Wohnung wenigstens in besenreinen Zustand versetzt wurde, dann stellt sich die Frage, ob der Vermieter weiter Miete bzw. Nutzungsentgelt verlangen, Schadensersatz fordern oder die Rücknahme der Wohnung verweigern kann.

Folgen unvollständiger Räumung

Haben sie nur einzelne, kleinere und vergleichsweise wertlose Gegenstände in der Wohnung zurückgelassen, so steht das jedenfalls der Rückgabe selbst nicht entgegen (BGH WuM 1988, 270; OLG München ZMR 1996, 202; LG Braunschweig WuM 1996, 272; LG Berlin GE 2001, 926; LG Frankfurt/Oder MM 2002, 335). In diesen Fällen kann der Vermieter Schadensersatz für die Entfernung des zurückgelassenen Inventars fordern, die Rücknahme der Wohnräume jedoch nicht verweigern (LG Berlin GE 2003, 880). Gleiches gilt, wenn die Mieter Reparaturen nicht ausgeführt haben, die sie zur Beseitigung von Schäden infolge nicht vertragsgemäßen Gebrauchs schuldeten (siehe S. 156 ff.). Nimmt der Vermieter die Räume dennoch nicht zurück, dann gerät er in Annahmeverzug (vgl. OLG Düsseldorf MDR 1987, 499; OLG Hamburg ZMR 1990, 141), ein Begriff, den sich Mieter wegen der mit ihm verbundenen rechtlichen Konsequenzen merken sollten (siehe S. 193 ff.). Auch eine unrenovierte Wohnung muss der Vermieter selbst dann zurücknehmen, wenn die Mieter zur Renovierung verpflichtet waren (BGH NJW 1983, 1049; OLG Düsseldorf WuM 2002, 494 und NZM 2005, 823).

Vermieter darf Rücknahme der Wohnung nicht verweigern

Dagegen muss der Vermieter Mieträume, in denen ohne sein Einverständnis viele und sperrige Mietergegenstände verblieben sind, nicht zurücknehmen (vgl. BGH WuM 1988, 270; OLG Hamm ZMR 1996, 372; LG Frankfurt/Oder MM 2002, 335). Auch auf eine Teilrückgabe braucht sich der Vermieter nicht einzulassen (§ 266 BGB), es sei denn, es wurde zuvor vertraglich etwas anderes vereinbart. Wenn die Räume teilweise geräumt, dem Vermieter aber insgesamt übergeben wurden, schulden die Mieter dem Vermieter bis zur Beseitigung dieses Zustandes Nutzungsentschädigung (BGH WuM 1988, 270; siehe

S. 204 ff.). Hinzu kommen die Schadensersatzkosten für die Durchführung der erforderlichen Rückbau-, Ausbau- und Entsorgungsarbeiten (siehe S. 163 f.). Auch für die Räumung einer Wohnung von Sperrmüll kann der Vermieter Schadensersatz verlangen.

Aufwand und Kosten der Beseitigung sind maßgebend

Die Abgrenzung, wann zu viel Gerümpel eine Rückgabe vereitelt und wann nicht, ist schwierig, zumal die Rechtsprechung nicht ganz einheitlich ist. Entscheidend dürfte sein, welche Kosten dem Vermieter entstehen und wie groß sein zeitlicher Aufwand ist. Einen nicht verklebten, sondern nur eingelegten Teppichboden kann man schnell und ohne größeren Aufwand selbst aufrollen. Aber schon hier kann man streiten. Der Vermieter ist nicht ohne Weiteres verpflichtet, selbst Hand anzulegen. Und sofern nicht ohnehin regelmäßig Sperrmüll aus dem Haus entfernt wird, fallen weitere Zusatzkosten an. Das Beispiel zeigt, dass es hier letztlich sehr auf die konkreten Umstände ankommt.

Die sich aus den vorstehend geschilderten rechtlichen Gesichtspunkten ergebenden Konsequenzen für die Mieter sind ohnehin recht eindeutig: Vor dem Übergabetermin sollte das eigene Inventar vollständig entfernt werden, Rückbauten müssen ebenso wie von den Mietern geschuldete Reparaturen möglichst vollständig erfolgen und die Wohnung sollte gereinigt werden.

Tipp

Zuerst Inventar entfernen

Bei knapper Zeit und/oder knappen Mitteln empfiehlt es sich, die Verpflichtungen in dieser Reihenfolge abzuarbeiten, damit man möglichst schnell in den Bereich gelangt, in dem die Übergabe nicht verweigert werden kann und Ansprüche auf Nutzungsentschädigung ausgeschlossen sind. Die Entfernung des Inventars ist vorrangig, weil der Vermieter an diesem sein Vermieterpfandrecht (§ 562 Abs. 1) geltend machen kann, solange es sich in den Mieträumen befindet. Ist dies erst einmal geschehen, dann dürfen die Mieter in der Regel einen wesentlichen Teil ihrer Sachen nicht mehr aus den Mieträumen entfernen und müssen eine spätere Verwertung durch den Vermieter befürchten.

2. Die Übergabe der Wohnung

Die Wohnung muss dem Vermieter oder einem von ihm entsprechend Bevollmächtigten übergeben werden. Die Mieter müssen also die Mieträume erkennbar aufgeben und dem Vermieter die Verfügungsgewalt darüber verschaffen. Ihm die Wohnungsschlüssel in den Briefkasten zu werfen, reicht dazu nicht aus, es sei denn, dies war ausdrücklich vereinbart (LG Berlin GE 2003, 1431).

Vermieter muss Verfügungsgewalt erlangen

Die Mieträume samt Schlüsseln sind dem Vermieter, der zuständigen, von ihm bevollmächtigten Hausverwaltung oder einer anderen vom Vermieter ausdrücklich bevollmächtigten Person zurückzugeben. Dazu zählt, sofern mit der Kündigung unter Rückabwicklung des Mietverhältnisses beauftragt, auch der Rechtsanwalt des Vermieters (LG Mannheim WuM 82, 298; LG Hannover WuM 99, 601).

Übergabe nur an den Vermieter oder seine Vertreter

Von Mietern immer wieder verkannt wird, dass der Hausmeister bzw. Hauswart in der Regel nicht berechtigt ist, Schlüssel und Wohnung in Empfang zu nehmen. Ihnen die Schlüssel auszuhändigen, reicht nur dann aus, wenn sie vom Vermieter beauftragt wurden, die Schlüssel entgegenzunehmen (KG GE 2001, 1059, LG Berlin GE 2003, 1431).

Auch die Übergabe an die Nachmieter anstelle des Vermieters kann mit dem Vermieter vereinbart werden. Jedenfalls in mit Streit belasteten Mietverhältnissen ist dies jedoch nicht zu empfehlen. Zumindest sollten die Mieter über eine schriftliche Erlaubnis verfügen und sich die Wohnungs- und Schlüsselübergabe mit konkreter Zeitangabe von den Nachmietern bestätigen lassen. Haben die Mieter in Unkenntnis der Rechtslage die Wohnung bereits an die Nachmieter übergeben, so können sie sich notfalls darauf berufen, dass jedenfalls dann, wenn der Vermieter davon wusste und dennoch über einige Zeit die Mietzahlung der Nachmieter angenommen hat, sein Einverständnis mit diesem Vorgehen unterstellt werden kann (LG Duisburg WuM 1989, 374).

Übergabe der Schlüssel an Nachmieter

Rückgabe aller Schlüssel Grundsätzlich müssen Mieter alle Schlüssel zurückgeben, die sie vom Vermieter erhalten haben. Durch allgemeine Geschäftsbedingung (siehe S. 20 ff.) kann zwar nicht wirksam vereinbart werden, dass der Vermieter beim Verlust eines Schlüssels auf Mieterkosten die Schließanlage austauschen kann (vgl. LG Berlin GE 2000, 810), wohl aber, dass er die Kosten für den Einbau eines neuen Türschlosses verlangen kann, wenn nicht alle Originalschlüssel zurückgegeben wurden (AG Wedding GE 1987, 885). Ansonsten müssen die Mieter für Schlüssel, die ihnen verloren oder kaputt gegangen sind, nur dann Ersatz leisten, wenn sie dabei fahrlässig oder vorsätzlich gehandelt haben (vgl. KG GE 2008, 599). Bricht ein Schlüssel beim regulären Gebrauch ab, wird in der Regel Materialermüdung vorliegen, für die die Mieter nicht haften (AG Halle GE 2010, 207). Kosten für den Austausch der gesamten Schließanlage kann der Vermieter nur ersetzt verlangen, wenn zu befürchten steht, dass mit dem verlorenen Schlüssel Missbrauch getrieben wird (LG Mannheim DWW 1976, 308; LG Berlin GE 2000, 810; AG Ludwigsburg WuM 2010, 355), etwa weil der Schlüssel der konkreten Wohnanlage zugeordnet werden kann. Schlüssel sollten daher nie mit Name und Adresse des Besitzers oder anderen Angaben zum zugehörigen Schloss versehen werden.

Nachfertigung von Schlüsseln Aber auch Schlüssel, die die Mieter auf eigene Kosten zusätzlich haben nachfertigen lassen, müssen sie grundsätzlich dem Vermieter aushändigen (OLG Düsseldorf MDR 1997, 342), weil dieser sonst keine vollständige Kontrolle über die Mieträume hat. Ob er ihnen die Herstellungskosten erstatten muss, ist fraglich. Da sie jedoch Eigentum der Mieter sind, reicht es für die Wohnungsübergabe, wenn die Schlüssel in Gegenwart des Vermieters oder seines Bevollmächtigten vernichtet werden oder ihnen die Vernichtung nachgewiesen wird. Beides dürfte in der Regel aufwendiger sein, sodass man in diesem Fall auf Prinzipienreiterei verzichten sollte.

Ob bereits beim Übergabetermin stets alle Schlüssel übergeben werden müssen, ist streitig. Mehrheitlich wird dies nicht für zwingend notwendig gehalten. Aber auch wenn der Vermieter nicht sofort alle Schlüssel erhält, müssen ihm die Mieter die Mieträume so übergeben, dass er jederzeit freien und ungehinderten Zugang dazu hat (vgl. LG Braunschweig WuM 1996, 272; OLG Düsseldorf DWW 1987, 129; LG Berlin GE 1987, 683; OLG Hamburg ZMR 1995, 18). Unter Umständen kann dann sogar die Rückgabe eines einzigen Schlüssels ausreichen (OLG Köln ZMR 2006, 859), jedenfalls aber die Übergabe eines kompletten Schlüsselsatzes, solange der Vermieter nicht alle Schlüssel sofort verlangt hat (OLG Düsseldorf GE 2009, 1252). In jedem Fall muss erkennbar sein, dass beide Seiten damit die Wohnungsübergabe vollziehen wollen. Dies sollte möglichst schriftlich oder in Gegenwart von Zeugen vereinbart werden. Wichtig ist dies, weil eine unwirksame Wohnungsübergabe für die Mieter nachteilig ist und sogar gefährliche Folgen haben kann (siehe S. 193, 205, 226 ff.).

Nicht immer müssen alle Schlüssel sofort zurückgegeben werden

Zum Problem werden einbehaltene Schlüssel meist, wenn die Mieter nach Auszug noch Arbeiten in der Wohnung, etwa Schönheitsreparaturen oder Rückbauten, ausführen müssen, also die Mieträume auch noch nach Rückgabe betreten müssen. Wichtig ist in diesen Fällen, dass beide Seiten sich darauf verständigen, dass die Wohnung als zurückgegeben gilt. Vermieter werden sich darauf häufig nicht einlassen, zumal sie meist ohnehin der Meinung sind, dass die Mieter bis zur endgültigen Fertigstellung der Arbeiten Miete zu entrichten haben. Welche Ersatzansprüche der Vermieter hat, richtet sich danach, ob die Wohnung bereits im rechtlichen Sinne zurückgegeben wurde oder nicht (siehe S. 205 ff.). Für die Mieter ist es wichtig, die Wohnung so früh wie möglich zurückzugeben.

Zumindest bei Schönheitsreparaturen und kleineren Reparaturarbeiten, die den Vermieter nicht berechtigen, die Annahme der Wohnung zu verweigern (siehe S. 187), empfiehlt es sich, alle Schlüssel zurückzugeben und mit dem Vermieter zu vereinbaren, dass man sich, falls man Arbeiten durchführt, einen Schlüssel bei ihm bzw. seiner Hausverwaltung holen wird.

Tipp

Alle Schlüssel zurückgeben

Beide Seiten müssen an der Übergabe vor Ort mitwirken

Wurde nichts anderes vereinbart, sind Mieter wie Vermieter gehalten, die Übergabe vor Ort, also in den Mieträumen durchzuführen. Beide Seiten müssen also an der Übergabe mitwirken. Dies bedeutet aber im Wesentlichen nur, dass die Wohnräume zusammen mit den zugehörigen Schlüsseln vor Ort übergeben werden müssen. Eine gemeinsame Wohnungsbesichtigung ist zwar die Regel, aber nicht zwingend notwendig; insbesondere besteht darauf kein Anspruch (LG Berlin MM 2002, 481). Ohne Einverständnis der Mieter kann der Vermieter nicht verlangen, dass auf die Übergabe verzichtet und die Schlüssel zu ihm bzw. zur Hausverwaltung gebracht werden. Der Vermieter muss dann rechtzeitig zur Übergabe in bzw. vor den Mieträumen erscheinen. Andernfalls gerät er in Annahmeverzug (AG Hamburg WuM 1982, 73). Natürlich können die Mietparteien auch vereinbaren, dass keine Übergabe vor Ort erfolgt, und sich damit begnügen, dass die Mieter dem Vermieter die Schlüssel zusenden oder einer vom Vermieter benannten Person aushändigen (siehe oben).

Annahmeverzug des Vermieters

Leider geschieht es immer wieder, dass Vermieter an der Übergabe der Wohnung nicht mitwirken oder versuchen, diese zu verzögern. Teilweise erscheinen sie nicht zum vereinbarten Übergabetermin. Insbesondere manche die Vermieter vertretenden Hausverwaltungen reagieren selbst auf mehrfache Aufforderung, die Mieträume zurückzunehmen, nur mit Schweigen oder Ausflüchten (»Keine Zeit ...«). In vielen Fällen dient Vermietern die Drohung, man werde die Wohnung nicht zurücknehmen und die Mieter müssten infolgedessen weiter Miete entrichten, als Druckmittel, um die Unterzeichnung der Rückgabeprotokolle, Schönheitsreparaturen- und Auszugsvereinbarungen oder die Durchführung nicht geschuldeter Arbeiten zu erzwingen. Fast immer handelt es sich um eine leere Drohung. Manchmal sind sich Vermieter auch nicht über die Konsequenzen im Klaren, wenn sie diese Drohung verwirklichen. Denn wenn die Mieter bei Mietende anbieten, dem Vermieter die vollständig geräumte und ordnungsgemäß zurückgebaute Wohnung zu übergeben, dann muss der

Vermieter daran mitwirken. Weigert er sich, dann gerät er
in Annahmeverzug (§ 293 BGB). Dies gilt unter anderem
auch dann, wenn er die sonst einwandfreie, aber unrenovierte Wohnung nicht annimmt, und zwar unabhängig
davon, ob die Mieter zur Renovierung verpflichtet waren
oder nicht (BGH NJW 1983, 1049; OLG Düsseldorf WuM
2002, 494 und NZM 2005, 823).

Der Annahmeverzug des Vermieters hat vor allem zur Folge, dass er für die Räume keine Nutzungsentschädigung
wegen Vorenthaltung der Mietsache (§ 546a BGB) fordern
kann. Denn von Vorenthaltung kann nicht die Rede sein,
wenn sich der Vermieter bei Mietende weigert, die Räume
und die Schlüssel zurückzunehmen, weil sich die Mieträume (angeblich) nicht in ordnungsgemäßem Zustand befinden (OLG Düsseldorf GE 2002, 1194; OLG München WuM
2003, 279; LG Berlin GE 2003, 190). Für Schäden an den
Mieträumen haften die Mieter während des Annahmever-
zugs des Vermieters nur, wenn sie diese grob fahrlässig oder
vorsätzlich verursacht haben (§ 300 Abs. 1 BGB). Die Mieter müssen dann auch nicht weiterhin auf eine Übergabe vor
Ort warten, sondern können dem Vermieter die Mieträume
zurückgeben, indem sie die Schlüssel in seinen Briefkasten
werfen (§ 303 Satz 1 BGB). Zwar müssten die Mieter eine
solche Besitzaufgabe dem Vermieter normalerweise vorher
androhen (§ 303 Satz 2 BGB) und bei einem Vermieter, der
lediglich den Übergabetermin versäumt hat, sollte dies sicherheitshalber auch geschehen. Entbehrlich ist eine solche
Androhung aber dann, wenn der Vermieter durch die Aussage, er werde die Wohnung nicht zurücknehmen, deutlich
macht, dass dies zwecklos wäre. Beendet wird der Annahmeverzug erst dann, wenn der Vermieter zum Übergabetermin erscheint und an der Übergabe mitwirkt (OLG Köln
WuM 1993, 46).

**Vermieter
kann keine
Nutzungsent-
schädigung
verlangen**

Gerade die Hinhaltetaktik vieler Vermieter wird Mietern
leicht gefährlich. Denn Voraussetzung für den Annahmeverzug ist, dass sie dem Vermieter eine Übergabe konkret
angeboten haben (§§ 293, 294 BGB) und dies im Streitfall
auch beweisen können (siehe S. 32 ff.). Es reicht also nicht

aus, den Vermieter zu einer gemeinsamen Wohnungsbesichtigung aufzufordern (LG Berlin MM 2002, 481), auch wenn damit ein Übergabetermin gemeint sein mag.

Übergabetermin schriftlich vereinbaren

Am sichersten beugt man vor, indem man frühzeitig mit dem Vermieter einen Übergabetermin schriftlich vereinbart. Wenn die Zeit drängt, kann man sich auch damit behelfen, einen Zeugen beim Vermieter anrufen zu lassen, der in Ihrem Namen einen Übergabetermin verbindlich vereinbart. Lässt sich der Vermieter darauf nicht ein, sollte man ihm spätestens einige Tage vor Mietende einen oder mehrere Übergabetermine anbieten. Um dies sinnvoll zu bewerkstelligen, muss man natürlich wissen, wann die Mieträume übergeben werden müssen.

3.   Wann die Wohnung übergeben werden muss

Übergabe am letzten Tag der Mietzeit

Wann genau die Mieträume zurückgegeben werden müssen, ist höchst umstritten, obwohl es im Gesetz »nach der Beendigung des Mietverhältnisses« heißt, was eigentlich eindeutig ist (§ 546 Abs. 1 BGB). Sofern Mietverhältnisse nicht gerade fristlos gekündigt werden, enden sie fast immer am letzten Kalendertag eines Monats, sodass nach dem Gesetzeswortlaut die Rückgabe am darauf folgenden Monatsersten erfolgen müsste (so AG Köln WuM 1985, 265). Die wohl herrschende Meinung geht dagegen davon aus, dass die Räume am letzten Tag der Mietzeit zurückgegeben werden müssen (LG Düsseldorf WuM 1992, 191; BGH NJW 1989, 451; OLG Düsseldorf NZM 2001, 131). In der Praxis hat der Streit keine große Bedeutung. Ohnehin liegt der Rückgabezeitpunkt, wenn man es schon genau nehmen will, bei 24.00 Uhr (§ 188 BGB), eine Zeit, zu der weder Mieter noch Vermieter gern eine Wohnungsübergabe vollziehen. Wenn Vermieter also verlangen, dass die Übergabe am letzten Kalendertag vollzogen werden soll, dann können die Mieter ihrerseits darauf bestehen, dass diese möglichst spät erfolgt; schließlich zahlen sie für den vollen Monat Miete. Umgekehrt kann dem Vermieter schwerlich abverlangt werden, dass er die Wohnung ohne Anspruch auf Mietzahlung noch nach Mietende bis um

9.00 oder 10.00 Uhr den Mietern überlässt. In Bremen und Hamburg allerdings sehen landesrechtliche Vorschriften vor, dass die Räumung am auf das Mietende folgenden Tag bis 12.00 Uhr erfolgen darf. In den übrigen Bundesländern wird man sich als Mieter also gegen allzu frühzeitige Rückgaben am letzten Miettag mit Erfolg verteidigen können, andererseits kann man eine Rückgabe erst am Folgetag nicht erzwingen. Fällt das Mietende auf einen Samstag, einen Sonn- oder einen gesetzlichen Feiertag, dann verschiebt sich die Rückgabe – außer bei Mietverträgen über Ferienwohnungen oder Hotelzimmer – nach herrschender Meinung (OLG Hamm WuM 1981, 41) auf den Folgetag. Auch dieser Streit ist nicht von allzu großer Bedeutung, weil beide Seiten zur gegenseitigen Rücksichtnahme verpflichtet sind und keine Seite von der anderen eine Übergabe zur Unzeit verlangen darf. Übergabetermine zur Nachtzeit können in aller Regel nicht verlangt werden.

Kaum weniger umstritten ist die Frage, ob Mieter auch berechtigt sind, vom Vermieter eine Rückgabe vor Ablauf der Mietzeit zu verlangen. Teilweise wird vertreten, dass die Mieter dies schon ein bis zwei Monate vor Ablauf der Mietzeit fordern können (LG Mannheim WuM 1982, 298). Von anderer Seite wird jede Pflicht zur Rücknahme vor Mietende strikt abgelehnt (KG NZM 2000, 92). Rechtlich sind die unterschiedlichen Auffassungen deshalb von Bedeutung, weil ein Vermieter, der die Rücknahme unberechtigterweise ablehnt, in Annahmeverzug gerät (siehe S. 189 ff.). Vorsichtige Mieter sind gut beraten, davon auszugehen, dass sie ihren Vermieter vor Mietende nicht zwingen können, die Verantwortung für die Mieträume zu übernehmen, wenn er damit nicht einverstanden ist. Dies dürfte ohnehin die richtige Auffassung sein. Allenfalls ausnahmsweise kann es rechtsmissbräuchlich sein, wenn der Vermieter die Rücknahme einige Tage vor Mietende verweigert, sofern er selbst kein schützenswertes Interesse daran hat (OLG Dresden NZM 2000, 827). Miete sparen die Mieter durch eine einseitige Rückgabe ohnehin nicht

Übergabe der Wohnung vor Ablauf der Mietzeit

(§537 Abs. 1 Satz 1 BGB), denn der Vermieter ist in aller Regel nicht verpflichtet, die Wohnung bei vorzeitiger Rückgabe weiter zu vermieten. Natürlich gibt es Ausnahmen: So können Mieter und Vermieter vereinbaren, dass **Vereinbarung** die Wohnung vorher zurückgegeben werden kann und **treffen** die Mieter ab Rückgabe keine Miete zahlen müssen. Eine solche Vereinbarung kann auch mündlich erfolgen. Da es aber in der Regel Sie als Mieter sind, der sich später darauf berufen muss, tun Sie gut daran, dies schriftlich, also insbesondere von beiden Seiten unterschrieben, festzuhalten.

Befreiung von Ohne eine solche Vereinbarung müssen vor Ende der Ver-
der Miete bei tragslaufzeit ausgezogene Mieter nur dann keine Miete
vorzeitigem zahlen, wenn der Vermieter ihnen die Nutzung der Woh-
Auszug? nung nicht mehr ermöglichen kann (§ 537 Abs. 2 BGB), etwa weil er diese vorfristig neuen Mietern überlassen hat. Beweisen müssen dies im Streitfall die Mieter (OLG Oldenburg RE WuM 1981, 177). Allerdings wird teilweise angenommen, dass der Vermieter in Fällen, in denen er nur eine niedrigere Neumiete erzielt, von den Mietern die Differenz zur bisherigen Miete ersetzt verlangen kann (OLG Hamm RE WuM 1986, 201). Nutzt der Vermieter die Wohnung in einer Weise, die eine Nutzung durch die Mieter nicht völlig ausschließt, für ihn jedoch vorteilhaft ist, etwa durch umfangreiche Sanierungs-, Modernisierungs- oder Renovierungsarbeiten, so können die Mieter den Wert dieser Vorteile von der Miete abziehen (§ 537 Abs. 1 Satz 2 BGB). Auch hierfür tragen die Mieter die Beweislast (siehe S. 32 ff.).

4.   Vorsicht bei Abnahmeprotokollen

Insbesondere größere Wohnungsunternehmen und Hausverwaltungen verfassen Protokolle, wenn die Wohnung an die Mieter übergeben wird (Übergabeprotokoll), eine Vorabnahme erfolgt und wenn die Mieträume an den Vermieter zurückgegeben werden (Abnahme- oder auch Rückgabeprotokoll). Solche meist vom Vermieter oder einer ihn vertretenden Person gefertigten Protokolle zu unterzeichnen, ist längst nicht in jedem Fall ratsam, kann aber im Einzelfall auch von Vorteil sein. Im Folgenden geht es nur um Protokolle, die bei Mietende und kurz davor gefertigt werden (zur Bedeutung von Übergabeprotokollen zu Beginn des Mietverhältnisses siehe S. 164 ff.).

Einprägen sollten Sie sich zunächst, dass Sie zur Unterzeichnung solcher Protokolle nicht verpflichtet sind. Finstere Vermieterdrohungen (»Dann nehme ich die Wohnung nicht zurück!«) mögen ernst gemeint sein, sind rechtlich aber haltlos (siehe S. 194 ff.). Es existiert keine gesetzliche Vorschrift, die Mieter zur Unterzeichnung von Protokollen verpflichtet. Weder Vermieter noch Mieter können vom jeweils anderen verlangen, an einem gemeinsamen Übergabeprotokoll mitzuwirken (LG Frankenthal/Pfalz WuM 2006, 700). Folglich entstehen Vermietern auch keine Rechte, die sie nicht ohnehin hätten, wenn die Mieter ein Protokoll nicht unterzeichnen. Weigern sich Mieter bei Rückgabe der Wohnung, ein Abnahmeprotokoll zu unterzeichnen, dann liegt darin auch keine – für die Mieter mit Blick auf etwaige Schadensersatzforderungen des Vermieters gefährliche (siehe S. 127 und S. 163 f.) – Erfüllungsverweigerung (LG Wuppertal WuM 1996, 614).

Keine Pflicht zur Unterzeichnung von Protokollen

Wichtig ist, solch ein Protokoll sorgfältig zu lesen, bevor man es unterzeichnet. Insbesondere Vorabnahme- und Rückgabeprotokolle sollten sich darauf beschränken, den Zustand der Räume zu beschreiben, jedoch keine Verpflichtungen der Mieter enthalten, insbesondere nicht Formulierungen wie »Die Mieter verpflichten sich, die vorstehend genannten Mängel zu beseitigen«.

Protokolle vor Unterzeichnung sorgfältig lesen!

Sinn und Zweck eines Protokolls bestehen darin, späteren Streit darüber, ob und wenn ja, welche Schäden die Mieträume bei Übergabe aufwiesen, zu vermeiden (vgl. BGHZ 85, 267). Folgerichtig gehen die Mieter in aller Regel davon aus, dass das Protokoll nur dazu dient, den Zustand der Wohnung festzuhalten, nicht aber dazu, ihnen über den Mietvertrag hinausgehende Verpflichtungen aufzuerlegen. Deshalb werden Vereinbarungen in einem einseitig vom Vermieter vorgefertigten Protokoll, die den Mietern über den Mietvertrag hinausgehend Verpflichtungen auferle-

gen, fast immer unwirksam sein, weil es sich um allgemeine Geschäftsbedingungen (siehe S. 20 ff.) handelt, die
überraschend und damit unwirksam sind (§ 305c BGB).
Waren die Mieter aufgrund des Mietvertrags nicht wirksam zu einer Endrenovierung verpflichtet, dann ist eine
solche in einem vom Vermieter vorgefertigten Abnahmeprotokoll enthaltene Verpflichtung unwirksam (LG
Köln ZMR 2002, 275). Waren allerdings im Mietvertrag
Schönheitsreparaturen wirksam vereinbart, dann belegt
ein Protokoll, in dem bestimmte Räume als renovierungsbedürftig oder lackierte Fenster, Türen oder Bestandteile
der Heizungsinstallation etwa mit den Worten »müssen
gestrichen werden« bezeichnet wurden, dass die fraglichen Bestandteile der Mietwohnung so abgewohnt sind,
dass die Mieter die damit fälligen Schönheitsreparaturen
ausführen müssen. Dazu bedarf es nicht erst einer aus-
drücklichen Verpflichtungsklausel am Beginn oder Ende
des Protokolls.

 Meist gehen die Gerichte davon aus, dass es sich bei einem
Abnahmeprotokoll, das bei Rückgabe der Wohnung an
den Vermieter erstellt wurde, um ein sogenanntes deklaratorisches Anerkenntnis handelt, wenn es von beiden
Seiten, Mietern und Vermietern, unterzeichnet ist. Ein
solches Anerkenntnis ist ein Vertrag, kann also prinzipiell
auch Verpflichtungen herbeiführen, zu denen die Mieter
eigentlich gar nicht verpflichtet waren. Mieter sollten ein
Protokoll also nicht leichtfertig unterzeichnen. Nicht selten sind Gerichte recht schnell bei der Hand, aus solchen
Protokollen Verpflichtungen zu konstruieren, die mit diesen gar nicht begründet werden sollten und konnten. Allerdings hat der Bundesgerichtshof in letzter Zeit mehrfach
darauf hingewiesen, dass ein deklaratorisches Anerkenntnis als Vertrag voraussetzt, dass Mieter und Vermieter
damit bestehende Streitigkeiten über ihre Schönheitsreparaturenvereinbarung oder Unklarheiten, die sich aus anderen Teilen des Mietvertrages ergeben, ganz oder teilweise
beenden wollten (vgl. BGH GE 2007, 984). Gänzlich neue
Verpflichtungen, die im Mietvertrag gar keine Grundlage

finden, etwa eine über die im Vertrag getroffenen Vereinbarungen hinausgehende Verpflichtung zu Renovierungsarbeiten, können also keinesfalls ein deklaratorisches Anerkenntnis sein (LG Hannover WuM 2003, 355).

Das schließt nicht völlig aus, dass sich Mieter in Protokollen auch zu etwas verpflichten, das im Mietvertrag nicht vorgesehen war. Aber an solche Vereinbarungen sind hohe Anforderungen zu stellen. Dem Protokoll muss eindeutig zu entnehmen sein, dass beide Parteien beabsichtigten, unabhängig von den Regelungen im Mietvertrag eine Verpflichtung zu begründen (AG Münster WuM 1987, 163). Zu denken ist etwa an Austauschgeschäfte, bei denen Leistung und Gegenleistung vereinbart werden, also etwa vereinbart wird, dass die Mieter bestimmte Arbeiten ausführen müssen und der Vermieter dafür auf etwas verzichtet (Restmiete oder Rückbauten). Da bei Übergabe und Fertigung von Protokollen meist ein gewisser Zeitdruck besteht und wenig Zeit für Überlegungen bleibt, sollten Mieter solche Vereinbarungen allerdings möglichst nicht erst bei Wohnungsübergabe aushandeln.

Neue Verpflichtungen für Mieter

Seien Sie also vorsichtig mit der Unterzeichnung von Übergabeprotokollen bei Auszug! Bei einem beidseitig von Mietern wie Vermietern bzw. deren Vertretern unterzeichneten Protokoll ist der darin beschriebene Zustand der Mieträume bei späteren Auseinandersetzungen verbindlich festgeschrieben. Das gilt insbesondere für deren Renovierungsbedürftigkeit, noch vorhandene Einbauten und Schäden der Mietsache. Mieter, die ein solches Protokoll unterschreiben, können nicht nachträglich einwenden, die darin festgehaltenen Schäden hätten nicht bestanden (LG Berlin GE 2006, 1615). Zwar schließt ein Anerkenntnis lediglich Einwände aus, die die Mieter bei Unterzeichnung des Protokolls kannten oder mit denen sie rechnen mussten (vgl. BGH WuM 1983, 685; NJW 2006, 903 und WuM 2006, 677), das bedeutet jedoch zugleich, dass Einwände, die den Mietern bekannt oder die ihnen infolge grober Fahrlässigkeit unbekannt geblieben waren, unberücksichtigt bleiben. Mit einem bei Rückgabe erstell-

Nicht voreilig unterschreiben

ten Abnahmeprotokoll können natürlich Einwände ausgeschlossen werden, die den Zustand der Räume in diesem
Zeitpunkt betreffen. Mieter, die aufgrund ihrer Unterschrift unter dem Abnahmeprotokoll nicht mehr wirksam
bestreiten können, dass bei Übergabe Schäden bestanden,
ist es also unbenommen, zu bestreiten, dass diese während
der Mietzeit aufgetreten sind oder von ihnen verursacht
wurden.

**Ausschluss-
wirkung:
Nicht
erwähnte
Mängel exi-
stieren nicht**

Bei der Rückgabe der Wohnung von beiden Seiten unterzeichnete Abnahmeprotokolle dienen aber nicht nur
Vermieterinteressen. Sie haben auch eine für die Mieter
günstige Ausschlusswirkung. Juristen sprechen diesbe-
züglich von einem »negativen Schuldanerkenntnis«. Nach
Auszug kann der Vermieter Mängel, die im Protokoll
nicht vermerkt sind, in der Regel nicht mehr beanstan-
den (KG GE 2003, 524; OLG Düsseldorf GE 2004, 813;
vgl. BGH NJW 1983, 446), also von den Mietern weder
deren Beseitigung noch Schadensersatz dafür verlangen
und entsprechende Forderungen auch nicht mit der von
den Mietern geleisteten Mietsicherheit verrechnen (siehe
S. 172 ff.). Hat der Vermieter in dem bei Auszug gefertigten Abnahmeprotokoll bestätigt, dass sich die Wohnung in
»vertragsgemäßem«, »ordnungsgemäßem« oder »ordent-
lichem« Zustand befindet, müssen die Mieter keine Renovierungsarbeiten mehr leisten oder Mängel beseitigen
(vgl. LG Kassel WuM 1974, 235; AG Münster WuM 1990,
201). Dabei ist es Sache des Vermieters, die Wohnung
eingehend auf Mängel zu untersuchen. Ein vom Vermieter unterzeichnetes Abnahmeprotokoll verbietet ihm, sich
auf die darin nicht aufgeführten Mängel zu berufen. Denn
sofern dem Protokoll nichts anderes zu entnehmen ist, ist
es abschließend (LG Braunschweig WuM 1997, 470). Dies
gilt nicht nur für Mängel, die offen zutage lagen, sondern
auch für solche, die der Vermieter hätte wahrnehmen können (KG GE 2003, 524). Allenfalls bei verborgenen Mängeln, die auch ein die Wohnung sorgfältig nach Mängeln
untersuchender Vermieter nicht hätte feststellen können,
kann sich dies anders verhalten. Solche Fälle sind jedoch

sehr selten. Auf einen Irrtum kann sich der Vermieter im Nachhinein also normalerweise nicht mehr berufen (vgl. LG Mannheim WuM 1975, 118; OLG Düsseldorf GE 2004, 813). Hat er die Übergabe nicht selbst vorgenommen, sondern einen Vertreter geschickt, dann kann er sich auch nicht darauf berufen, dass dieser nicht ausreichend für die Untersuchung der Mieträume qualifiziert war (vgl. OLG Celle MDR 1998, 149).

Teilweise geht die Rechtsprechung von einer solchen Ausschlusswirkung auch bei Abnahmen ohne Protokoll aus, etwa dann, wenn der Vermieter bei der Übergabe lediglich kleinere Mängel beanstandet, im Übrigen aber ausdrücklich bestätigt hat, dass die Wohnung »in Ordnung« sei (LG Berlin GE 1999, 1053) oder er den Zustand der Wohnung einschränkungslos als mangelfrei akzeptiert hat (KG GE 2003, 524). Das dürfte jedenfalls in den Fällen richtig sein, in denen Mieter und Vermieter gemeinsam die Wohnung zur Feststellung des Zustands besichtigt oder wenigstens vor oder während der Wohnungsübergabe über den Zustand der Wohnung gesprochen haben. Verlassen sollte man sich aber auf eine solche Bewertung nicht. Ohnehin müssen im Streitfall die Mieter eine solche Äußerung möglichst detailliert beweisen (siehe S. 32 ff.), was Zeugen erfordert (siehe S. 29 ff.), die sich später erfahrungsgemäß nur selten ausreichend genau an das Gespräch erinnern. Hier ist ein möglichst unmittelbar nach der Übergabe vom Zeugen gefertigtes und möglichst detailliertes Gedächtnisprotokoll hilfreich.

Ausschlusswirkung auch ohne Protokoll

Auch unmittelbar nach der Begehung gewechselte Schreiben zwischen Vermieter und Mieter können die gleiche Wirkung wie ein gemeinsam unterzeichnetes Übergabeprotokoll entfalten (OLG Düsseldorf GE 2004, 813), sofern sie inhaltlich übereinstimmen.

Ärger bereitet die Praxis mancher Vermieter, von dem Protokoll kein Exemplar an die Mieter auszuhändigen (»Schicken wir Ihnen dann zu ...«) oder von vornherein kein Doppel zu fertigen und das Protokoll, nachdem die Mieter unterschrieben haben, an sich zu nehmen. Man kann dann im Nachhinein gar nicht mehr sicher beurteilen, was genau man eigentlich unterschrieben hat. Dies sollte man in keinem Fall hinnehmen.

Verweigern Sie die Unterschrift, wenn nur ein einziges Exemplar ausgefertigt wurde. Wurden zwei Exemplare gefertigt, so lassen Sie diese den Vermieter bzw. dessen Vertreter zuerst unterschreiben und behalten Sie einfach nach Ihrer Unterschrift eines davon.

**Vor Unter-
zeichnung des
Übergabe-
protokolls
beachten**

Bevor Sie das Übergabeprotokoll einer Wohnungsübergabe an den Vermieter unterzeichnen, sollten Sie also unbedingt Folgendes beachten:

- Sie sind nicht verpflichtet, ein Protokoll zu unterzeichnen.
- Lesen Sie das Protokoll sorgfältig und in Ruhe.
- Unterschreiben Sie keine Formulierungen, die Ihnen unklar erscheinen, auch wenn Ihnen der Vermieter beruhigend erläutert, was diese aus seiner Sicht bedeuten.
- Unterschreiben Sie nur Erklärungen, mit denen Sie einverstanden sind.
- Unterschreiben Sie nur, wenn die im Protokoll geschilderten Tatsachen zutreffen.
- Das Protokoll sollte nur den Zustand der Mieträume beschreiben und für Sie keine Verpflichtungen enthalten.
- Unterschreiben Sie nur, wenn Sie sichergestellt haben, dass Sie ein vom Vermieter unterzeichnetes Exemplar des Protokolls sofort erhalten.
- Stets ist es sinnvoll, dass im Protokoll auch die Zählerstände (Gas, Strom, Wasser, Heizung) und Ihre neue Adresse vermerkt sind.

Lassen Sie sich keinesfalls unter Druck setzen. Weisen Sie notfalls höflich darauf hin, dass Sie zur Unterzeichnung nicht verpflichtet sind und schließlich der Vermieter diese wünscht. Freundlicher kann man argumentieren, indem man darauf hinweist, dass beide Seiten daran interessiert sind, dass keine Missverständnisse auftreten. Bestehen nur in Einzelpunkten unterschiedliche Auffassungen, so muss die Unterzeichnung, an der Sie unter Umständen wegen der Ausschlusswirkung selbst ein Interesse haben, daran nicht unbedingt scheitern. Es reicht, im Protokoll detailliert festzuhalten, in welchen Punkten keine Einigkeit bestand, am besten durch eine entsprechende Notiz am Ende des Protokolls (aber über den Unterschriften), notfalls auch durch einen Hinweis an der Stelle, an der der betreffende Mangel vermerkt ist. Achten Sie darauf, dass diese Einschränkungen auf beiden Protokollexemplaren notiert werden. Dies gilt auch für nachträgliche Änderungen auf den Protokollen. Bei nachträglichen Einfügungen empfiehlt es sich, dass beide Seiten diese an der Stelle der Einfügung mit Datum unterschreiben. Wenn Sie nicht unterschreiben wollen oder eine entsprechende Überlegungsfrist benötigen, können Sie einem Konflikt unter Umständen die Spitze nehmen, indem Sie den Vermieter bitten, Ihnen die Protokollexemplare auszuhändigen, und zusichern, eines davon nach kurzer Überlegungsfrist, gegebenenfalls unterschrieben zuzusenden. Benötigt der Vermieter die Protokolle auch zur eigenen Dokumentation des Zustands bei Auszug, lässt sich leicht ein drittes Exemplar für ihn fertigen, das er (ohne Unterschrift) behalten kann.

Im Protokoll festhalten, wenn kein Einvernehmen besteht

Nur von beiden Seiten, Vermietern und Mietern, unterschriebene Übergabeprotokolle sind rechtlich verbindlich. Vereinzelt gehen Gerichte aber auch davon aus, dass auch nur von einer Seite unterschriebene Protokolle im Falle eines Rechtsstreits beweisrechtliche Folgen haben: Die Partei, die unterschrieben hat, muss, wenn sie behauptet, die Mieträume hätten sich bei Auszug in einem anderen Zustand als dem im Protokoll festgehaltenen befunden, diese Behauptung beweisen, und zwar unabhängig von der sonst geltenden Beweislastverteilung (siehe S. 32 ff.). Richtig ist dies wohl nicht, doch sollten sich Mieter dennoch darauf einstellen, indem sie Protokolle nicht leichtfertig oder voreilig unterzeichnen.

Nur von beiden Seiten unterschriebene Protokolle sind verbindlich

II. Ansprüche des Vermieters

Wurden die Mieträume nicht oder nicht rechtzeitig ordnungsgemäß geräumt zurückgegeben, dann kann der Vermieter unter Umständen Nutzungsentschädigung und Schadensersatz fordern. Schadensersatz kann er zum einen dafür verlangen, dass er die von den Mietern versäumten Renovierungsarbeiten (siehe S. 148 ff.), Rückbauten und Reparaturen (siehe S. 163 f.) selbst vornehmen lassen musste. Zum anderen stehen ihm solche Ansprüche oft deshalb zu, weil er die Wohnung während der Zeit, die diese Arbeiten erforderten, nicht weitervermieten konnte. Auch Miete, die ihm nach einer von ihm zu Recht ausgesprochenen fristlosen Kündigung entgeht (siehe S. 84 ff.), kann der Vermieter vom Grundsatz her als Schadensersatz bis zu dem Zeitpunkt verlangen, zu dem die nächstmögliche ordentliche Kündigung wirksam geworden wäre.

Schadensersatz und Nutzungsentschädigung unterscheiden

All diese Schadensersatzforderungen sind von der Nutzungsentschädigung zu unterscheiden, die dem Vermieter zusteht, solange ihm die Mieträume vorenthalten werden. Zwischen Schadensersatz und Nutzungsentschädigung (auch: Nutzungsentgelt) bestehen erhebliche Unterschiede, sodass Sie die Begriffe im Folgenden sorgsam unterscheiden sollten, um nicht durcheinander zu geraten.

Nutzungsentschädigung kann der Vermieter umstandslos verlangen, solange ihm die Mieter die Mieträume vorenthalten (§ 546a Abs. 1 BGB). Schadensersatz für entgangene Miete steht ihm hingegen nur zu, wenn die Mieter die Rückgabe vorsätzlich oder fahrlässig verzögert haben, und er die Mieträume bei rechtzeitiger Rückgabe hätte weitervermieten können, was er im Streitfall auch beweisen muss (BGH GE 2010, 1265; KG WuM 2006, 436/437). Stehen im Gebäude Wohnungen leer, sind die Anforderungen besonders hoch (LG Berlin MM 2002, 481). Nutzungsersatzansprüche verjähren (siehe S. 224 ff.) mit der regelmäßigen Verjährungsfrist von drei Jahren (§ 195 BGB), während Schadensersatzansprüche wegen entgangener Mieteinnahmen sechs Monate nach Rückgabe der Mieträume verjähren (§ 548 Abs. 1 BGB).

Zur besseren Orientierung mag man folgende Faustregel nutzen: Nach Mietende schulden die Mieter bis zur Rückgabe der ordnungsgemäß zurückgebauten und geräumten Wohnung Nutzungsentgelt. Nach der Rückgabe müssen sie Mietausfälle nur ersetzen, wenn die Wohnung hätte weitervermietet werden können.

Die Bedeutung solcher Schadensersatzansprüche besteht vor allem darin, dass Nutzungsentgelt nur bis zu dem Tag verlangt werden kann, an dem die Wohnräume übergeben wurden (KG GE 2003, 253; BGH WuM 2005, 771). Vermieter können die Mieträume jedoch häufig erst zum nächsten Monatsbeginn weitervermieten und wollen den entsprechenden Betrag ersetzt haben. Ein ersatzfähiger Schaden ist ihnen jedoch nur dann entstanden, wenn tatsächlich jemand die Wohnung vorher mieten wollte. Nutzungsentgeltansprüche haben also im Vergleich zu Schadensersatzansprüchen aus Vermietersicht eine ganze Reihe von Vorzügen. Umso wichtiger ist es für Mieter, die Mieträume rechtzeitig zurückzugeben und dies notfalls auch beweisen zu können.

Nutzungs-entgelt nur bis zum Tag der Übergabe

1. Nutzungsentschädigung wegen Vorenthaltung der Mietsache

Nach Mietende müssen die Mieter keine Miete mehr zahlen. Wenn sie die Mieträume aber unberechtigterweise behalten, obwohl der Mietvertrag beendet ist, müssen Sie stattdessen Nutzungsentschädigung entrichten. Dies gilt in all den Fällen, in denen die Mieter

- die Mieträume nach Mietende gegen den Willen des Vermieters nicht zurückgeben oder
- der Vermieter die Rücknahme berechtigterweise verweigert (siehe S. 184 ff.).

Nutzungsentgelt kann nur bis zu dem Tag verlangt werden, an dem die Mieträume dem Vermieter im erforderlichen Zustand zurückgegeben werden; danach kann dieser nur

Schadensersatz für konkret nachgewiesene Mietausfälle (siehe S. 208 ff.) verlangen (KG GE 2003, 253; BGH WuM 2005, 771), die ihm aufgrund der verspäteten Rückgabe entstanden sind.

Höhe des Nutzungs-entgelts

Die Höhe des Nutzungsentgelts richtet sich in erster Linie nach der bisherigen Miete, und zwar – anders als viele Mieter meinen – einschließlich der Betriebskostenvorauszahlungen. Doch kann der Vermieter auch die – unter Umständen höhere – ortsübliche Vergleichsmiete geltend machen (§ 546a Abs. 1 BGB), ohne dass er dabei Formalitäten beachten muss. Die ortsübliche Vergleichsmiete, also die Miete, die in der jeweiligen Gemeinde für Wohnungen gleicher Lage und Ausstattung üblicherweise gezahlt wird, steht ihm ohne Weiteres zu, wenn diese die vor Mietende geschuldete Miete überschreitet (BGH NJW 1999, 2808). Allerdings reduzieren Mängel, aufgrund deren sich bereits während der Mietzeit die Miete minderte (§ 536a BGB), auch die Nutzungsentschädigung entsprechend, solange sie fortbestehen (BGH WuM 1990, 246). Entstehen die Mängel dagegen erst nach Ende der Mietzeit, reduziert sich das Nutzungsentgelt nicht (OLG Düsseldorf ZMR 1992, 191). Denn der Vermieter muss nach Vertragsende nicht mehr den vertragsgemäßen Zustand der Mieträume gewährleisten. Aus diesem Grund wird auch zunehmend vertreten, dass der Vermieter nach Mietende die Versorgung mit Strom, Gas und Heizenergie nicht mehr gewährleisten muss. Es gibt daher Vermieter, die versuchen, die Räumung mit Strom-, Gas- oder Heizsperren zu erzwingen. Bei unberechtigten Vermieterkündigungen sollten die Mieter gegen solche Maßnahmen beim für die Mieträume zuständigen Amtsgericht umgehend eine einstweilige Verfügung beantragen.

Keine Nutzungsent-schädigung bei Verweigerung der Rücknahme

Vorenthalten können Mieter dem Vermieter die Mieträume allerdings nur, wenn dieser auch bereit ist, diese entgegenzunehmen (BGH NJW 1983, 112). Aus diesem Grund kann dieser keine Nutzungsentschädigung geltend machen, wenn er durch sein Verhalten deutlich gemacht hat, dass er gar kein Interesse daran hatte, die Mieträume zurückzuerhalten, etwa weil er über mehrere Monate hinweg nie die Schlüssel von den Mietern verlangt oder andere Versuche unternommen hat, in den Besitz der Mieträume zu gelangen (OLG Düsseldorf GE 2004, 858). Gleiches gilt, wenn der Vermieter der Auffassung der Mieter widerspricht, der Mietvertrag sei beendet (LG Berlin MM 2002, 141), wie dies z.B. häufig vorkommt, wenn nach einer Kündigung der Mieter über die Kündigungsfristen eines Altmietvertrags (siehe S. 65 f.) gestritten wird. Ebenfalls kein Nutzungsentgelt kann verlangt werden, wenn die Mieter dem Vermieter die geräumten und in den geschuldeten Zustand versetzten Mieträume bei Mietende anbieten und die Schlüsselübergabe nur deshalb scheitert, weil der Vermieter den vereinbarten Rückgabetermin nicht eingehalten hat (LG Berlin GE 1999, 1129). Werden die Mieträume nicht geräumt, weil der Vermieter für das Inventar der Mieter sein Vermieterpfandrecht geltend gemacht hat (siehe S. 210 f.), dann besteht ebenfalls kein Anspruch auf Nutzungsentgelt (OLG Rostock WuM 2007, 509). Dagegen erhält der Vermieter auch dann Nutzungsentgelt, wenn gerichtlich eine Räumungsfrist oder Vollstreckungsschutz angeordnet (siehe S. 106 ff.) oder mit den Mietern eine Räumungsfrist vereinbart wurde.

Auch wenn die Mieter Wohnungsschlüssel im Einverständnis mit dem Vermieter oder gar auf dessen Aufforderung hin behalten, kann dieser kein Nutzungsentgelt verlangen (LG Berlin MM 2000, 85). Dies gilt insbesondere in den Fällen, in denen die Mieter mit Einverständnis des Vermieters die mietvertraglich geschuldeten Schönheitsreparaturen nach Ende der Mietzeit durchführen (KG WuM 2006, 436/437) und deshalb einen oder mehrere Schlüssel behalten dürfen (OLG Hamburg WuM 1990, 75; KG RE WuM 2001, 437; OLG Düsseldorf GE 2003, 1080). Da der Vermieter eine unrenovierte Wohnung auch zurücknehmen muss, wenn die Mieter von ihnen geschuldete Schönheitsreparaturen nicht ausgeführt haben (siehe S. 189 ff.), müssen diese auch in diesen Fällen kein Nutzungsentgelt entrichten (LG Berlin ZMR 96, VI, 324).

Kein Nutzungsentgelt bei Durchführung von Schönheitsreparaturen nach Ende der Mietzeit

2. Schadensersatz wegen Mietausfällen des Vermieters

Mietausfälle wegen unzureichender Schönheitsreparaturen

Das bedeutet jedoch nicht, dass Mieter keine Mietausfälle ersetzen müssen, wenn sie ihrer Renovierungspflicht nicht genügt oder die Wohnung aus anderen Gründen nicht rechtzeitig zurückgegeben haben. Eine Ersatzpflicht setzt jedoch voraus, dass die Mieter die Rückgabe vorsätzlich oder fahrlässig verzögert haben (§ 280 Abs. 1 BGB). Plötzliche, schwere Erkrankungen oder höhere Gewalt liefern unter Umständen Entschuldigungsgründe. Darüber hinaus ist erforderlich, dass der Vermieter die Mieträume bei rechtzeitiger Übergabe hätte weitervermieten können, was er im Streitfall auch beweisen muss (BGH GE 2010, 1265; KG WuM 2006, 436/437).

Werden Mietausfälle ersetzt verlangt, weil die Mieter nicht (rechtzeitig) renoviert haben, muss der Vermieter konkrete Vermietungsbemühungen nachweisen, deren Erfolg allein am unrenovierten Zustand der Wohnung oder daran gescheitert ist, dass diese wegen der Renovierung nach Mietende nicht rechtzeitig zur Verfügung stand. Es muss mindestens ein Interessent nachgewiesen werden, der die Wohnung in der fraglichen Zeit mieten wollte (KG GE 2004, 297). Zudem muss der Vermieter erforderliche Renovierungen, die die Mieter trotz Aufforderung nicht fristgemäß durchführen, möglichst schnell durchführen, um etwaige Schäden möglichst gering zu halten (§ 254 Abs. 2 BGB). Für Mietausfälle, die entstehen, weil der Vermieter dieser Obliegenheit nicht genügt, haften die Mieter nicht (LG Berlin GE 1999, 1131). Zudem müssen die allgemeinen Voraussetzungen für Schadensersatz wegen unterbliebener Schönheitsreparaturen vorliegen (siehe S. 148 ff.).

Tipp

Rückgabe der Mieträume anbieten

Haben Sie es nicht rechtzeitig geschafft zu renovieren, sollten Sie die Mieträume nicht einfach bis Ende der Arbeiten behalten, sondern dem – zur Verweigerung nicht berechtigten (siehe S. 184 ff.) – Vermieter die Rückgabe unbedingt anbieten und ihn beim Übergabetermin um Überlassung eines Schlüssels bitten oder anschließend den Zugang zur Wohnung zwecks Renovierung verlangen. Verweigert der

Vermieter dies, so gerät er hinsichtlich der Schönheitsreparaturenverpflichtung in Annahmeverzug (siehe S. 189 ff.) und kann keinen Schadensersatz fordern.

Bei verspäteter Rückgabe der Mieträume kann der Vermieter bis zum Tag der Rückgabe Nutzungsentgelt verlangen (siehe S. 205 ff.). Danach kann er Mietausfälle nur dann als Schadensersatzforderung geltend machen, wenn er nachweist, dass er die Mieträume bei rechtzeitiger Übergabe in ordnungsgemäßem Zustand hätte weitervermieten können (siehe S. 204 ff.). **Mietausfälle bei verspäteter Wohnungsübergabe**

Schadensersatz kann in Höhe der entgangenen Miete verlangt werden. Im Streitfall muss der Vermieter also darlegen und notfalls auch beweisen (siehe S. 32 ff.), für welchen Preis er die Mieträume hätte weitervermieten können, wenn ihm diese rechtzeitig bzw. in dem geschuldeten Zustand übergeben worden wären. Anders als bei der Nutzungsentschädigung sind auch Mängel, die nach Mietende auftreten und in einem bestehenden Mietverhältnis die Miete gemindert hätten (§ 536a BGB), zu berücksichtigen. Der Vermieter kann als Mietausfall also nur einen entsprechend geringeren Betrag verlangen (OLG Düsseldorf GE 2007, 514).

Diese Grundsätze gelten auch, wenn die Mieter nicht, unzureichend oder fehlerhaft zurückgebaut (siehe S. 184 ff. und S. 163 f.) oder die Mieträume nicht oder unvollständig geräumt haben. Anders als bei unterlassenen Schönheitsreparaturen kann der Vermieter jedoch in schwerwiegenden Fällen die Rücknahme der Wohnung verweigern, bis die Mieter die Arbeiten ausgeführt bzw. vollständig geräumt haben. Bis dahin steht ihm Nutzungsentgelt zu. Da eine Teilrückgabe unzulässig ist (§ 266 BGB), kann er dies auch verlangen, wenn ihm die Räume nur teilweise geräumt, aber insgesamt übergeben wurden, solange dieser Zustand nicht beseitigt wird (BGH WuM 1988, 270). Gleiches gilt, wenn die Mieter die geschuldeten Umbauten gar nicht oder so unvollständig ausgeführt haben, dass die Wohnung nicht in dem Ausstattungszustand, in dem sie bei Mietende hätte sein müssen, weitervermietet werden kann. **Mietausfälle bei unzureichendem Rückbau und unvollständiger Räumung**

Für die Zeit zwischen Rückgabe und Neuvermietung am
nächsten Monatsende kann unter den genannten Voraussetzungen zusätzlich Schadensersatz für entgangene Miete verlangt werden.

3.   Das Vermieterpfandrecht

Umfang   Vom Grundsatz her sind alle Ansprüche des Vermieters,
die diesem aufgrund des Mietverhältnisses und dessen Beendigung zustehen, also insbesondere rückständige Miete
und Schadensersatzforderungen, durch ein Vermieterpfandrecht gesichert. Dieses Pfandrecht besteht an allen
Gegenständen, die den Mietern gehören und von ihnen
während der Mietzeit in die Mieträume gebracht – das
Gesetz spricht von »eingebracht« – wurden (§ 562 Abs. 1
BGB).

Bedeutung   Eine gewisse Bedeutung hat das Vermieterpfandrecht
bei Zwangs-   in letzter Zeit erhalten, weil es dem Vermieter Zwangs-
räumungen   räumungen ermöglicht, ohne zuvor für die kostspielige
Entfernung und Einlagerung des Mieterinventars in Vor-
leistung treten zu müssen. Ansonsten ist das Vermieterpfandrecht in Wohnraummietverhältnissen von eher un-
tergeordneter Bedeutung, weil meist viele Gegenstände
unpfändbar oder unverwertbar sind, und zudem vor anste-
henden Streitigkeiten meist problemlos ohne Wissen des
Vermieters aus der Wohnung geschafft werden können,
weil dieser die Mieter daran nicht durch vorsorgliche Si-
cherungsmaßnahmen, etwa durch Anbringung entsprechender Schlösser hindern darf (OLG Düsseldorf ZMR
1983, 376; OLG Karlsruhe NZM 2005, 542). Zudem ist
die durch öffentliche Versteigerung erfolgende Verwertung kompliziert und für den Vermieter riskant, weil er die
gepfändeten Gegenstände sorgfältig verwahren (§ 1215
BGB) und sonst Schadensersatz leisten muss (§ 717 Abs.
2 ZPO). Für »Begleitschäden«, die der Gerichtsvollzieher
vorschriftswidrig verursacht, haftet er jedoch nicht (BGH
NZM 2009, 275).

Dem Pfandrecht unterliegen lediglich Sachen, also Gegenstände (§ 90 BGB) und damit auch Geld, nicht jedoch

unpfändbare Gegenstände wie etwa nicht allzu wertvolle Haustiere, (pro Haushalt ein) Radio- bzw. Fernsehgerät sowie Waschmaschine, Betten, Wäsche, Haus- und Küchengeräte, soweit die Mieter diese für ihre Berufstätigkeit und eine bescheidene Lebens- und Haushaltsführung benötigen, die für vier Wochen erforderlichen Nahrungsmittel oder, soweit solche Vorräte nicht vorhanden sind, der zur Beschaffung erforderliche Geldbetrag (§§ 562 Abs. 1 Satz 2 BGB, 811, 811c, 812 ZPO). Darüber hinaus kann der Vermieter eine Verwertung auch dann nicht erzwingen, soweit die Gegenstände der Mieter den normalen Lebensverhältnissen entsprechen oder wenn die pfändbaren Sachen, die sich in den Mieträumen befinden, ausreichen, um die Forderungen des Vermieters zu sichern (§ 562a Satz 2 BGB).

Gegenstände des Vermieterpfandrechts

Von diesen Einschränkungen abgesehen, kann der Vermieter, wenn ihm entsprechende Forderungen zustehen, schon während des Mietverhältnisses von Mietern verlangen, die Gegenstände herauszugeben (§§ 1227, 985, 1004 BGB), und er darf deren Entfernung aus der Wohnung, also insbesondere der Mitnahme bei Auszug widersprechen (§ 562a Satz 2 BGB). Missachten die Mieter einen solchen Widerspruch, kann sich der Vermieter dagegen sogar selbst wehren, ohne die Gerichte zu bemühen (§ 562b Abs. 1 BGB), notfalls sogar mit Gewalt, allerdings nur, soweit dies unbedingt erforderlich ist, um die Entfernung zu verhindern (§ 230 Abs. 1 BGB). Die Wohnung der Mieter darf er zu Sicherungszwecken ohne deren Willen jedoch nicht betreten.

Wurden die Gegenstände aus den Mieträumen entfernt, erlischt das Pfandrecht (§ 562a Satz 1 BGB); sofern der Vermieter davon nichts wusste oder der Entfernung widersprochen hat, erlischt das Pfandrecht einen Monat, nachdem er davon erfahren hat, es sei denn, er macht seinen Besitzanspruch gerichtlich geltend (§ 562b Abs. 2 BGB). Dazu reicht auch eine einstweilige Verfügung (OLG Rostock WuM 2004, 471).

Pfandrecht erlischt nach Entfernung der Gegenstände aus den Mieträumen

4. Besichtigungsrechte des Vermieters bei Mietende

Umfang der Besichtigungsrechts

Der Vermieter, der die Mieträume nach Mietende erneut vermieten will, darf diese mit etwaigen Mietinteressenten besichtigen. Häufiger Streitpunkt ist hier, wie oft ihm dies erlaubt werden muss. Die Rechtsprechung schwankt hier zwischen drei und vier Terminen à 30 bis 60 Minuten pro Monat, beschränkt auf einen Termin pro Woche, wobei die Besichtigungen an Werktagen zu üblichen Zeiten, also zwischen 9:00 und 19:00 Uhr unter Ausschluss der von 13:00 bis 15:00 Uhr währenden Ruhezeit zu erfolgen haben. Um Mängel im aktuellen Zustand der Wohnung zu ermitteln, darf der Vermieter auch in Begleitung eines Fachhandwerkers erscheinen. Ohnehin darf er sich durch Mitarbeiter seiner Hausverwaltung oder fachkundige Personen vertreten lassen, Letzteres allerdings nur, wenn dafür ein sachlicher Grund besteht. Grundsätzlich gilt für sämtliche Besichtigungsrechte, dass der Vermieter die bereits genannten Zeiten einhalten, seinen Besuch rechtzeitig, allerspätestens aber 24 Stunden vorher anzukündigen hat und bei der Terminwahl auf Ihre berechtigten Interessen, wie sie sich etwa aus Krankheit oder Berufstätigkeit ergeben, Rücksicht nehmen muss.

Bei seinem Besuch muss sich der Vermieter rücksichtsvoll verhalten. Die Wohnung darf nur mit Ihrer Zustimmung fotografiert werden, es sei denn, der Vermieter beschränkt sich auf Nahaufnahmen von Mängeln, bei denen die Wohnung als privater Bereich nicht ins Bild kommt.

Unge-bührliches Verhalten der Besucher

Verhalten sich der Vermieter oder seine Begleiter ungebührlich, etwa durch Beleidigungen oder indem Schränke oder Schubfächer geöffnet werden, können Sie den Schuldigen aus er Wohnung verweisen. Folgt dieser Ihrer Aufforderung nicht, so macht er sich strafbar (§ 123 StGB). Notfalls können Sie dann die Polizei holen. Wenn Sie solche Eskalationen befürchten, dann sollten Sie zu einer solchen Besichtigung stets einen Zeugen hinzubitten.

Verweigern die Mieter die Besichtigung, so darf der Vermieter diese nur gerichtlich erzwingen, sonst begeht er Hausfriedensbruch. In Eilfällen kann dies schnell gehen, weil dann auch eine einstweilige Verfügung möglich ist. Im Extremfall muss das Gericht Sie von seiner Entscheidung nicht einmal informieren. Eine berechtigte Besichtigung sollten Sie jedoch nicht vereiteln, weil Sie damit eine vertragliche Nebenpflicht verletzen würden. Nach vorheriger Abmahnung kann eine solche Pflichtverletzung eine fristlose Kündigung (BGH GE 2011, 198) und – bei gescheiterter Weitervermietung – unter Umständen Schadensersatzforderungen rechtfertigen.

Gehen Sie mit dem Problem deshalb offensiv um. Passt Ihnen der vorgeschlagene Termin nicht, so begründen Sie das freundlich. Im Krankheitsfall besorgen Sie sich ein ärztliches Attest. Bieten Sie möglichst zwei bis drei Alternativtermine an, die auch für den Vermieter zumutbar sind. Da in solchen Zusammenhängen viel gelogen wird, sorgen Sie dafür, dass Sie den Zugang Ihres Schreibens beweisen können, oder lassen Sie sich bei Ihrem Anruf vertreten, damit Ihr Angebot notfalls bezeugt werden kann.

Alternativtermine anbieten

III. Praktisches und Taktisches zur Wohnungsübergabe

Mieter können eine Menge Zeit und Geld sparen, wenn sie sich frühzeitig auf die Wohnungsübergabe vorbereiten. Ob und wenn ja, in welchem Umfang Schönheitsreparaturen und Bauarbeiten ausgeführt werden müssen, sollte man möglichst ein bis zwei Monate vor Vertragsende geklärt haben, damit man nicht unter Druck gerät und gegebenenfalls in Ruhe mit dem Vermieter verhandeln kann (siehe S. 263 ff.).

Die Rückgabe frühzeitig vorbereiten

Sprechen Sie den Vermieter möglichst frühzeitig darauf an, dass dieser eine Zwischenablesung der Zählerstände der Heizung veranlasst (siehe S. 235 ff.). Sie können mit ihm aber auch, sofern dies technisch möglich ist, vereinba-

Tipp

ren, dass man die Ablesung gemeinsam bei der Übergabe vornimmt. Dies ist insbesondere dann, wenn im Mietvertrag wirksam vereinbart wurde, dass die Mieter diese Kosten zu tragen haben, die billigere Lösung.

Hilfreich können bei der Vorbereitung Informationen darüber sein, welche Erwartungen der Vermieter hat. Nach Mietende geplante Sanierungsarbeiten (siehe S. 140 ff.) können für den Umfang der geschuldeten Schönheitsreparaturen ebenso von Bedeutung sein wie etwaige Nachmieter für die Möglichkeit, die Kosten eines frühzeitigen Auszugs zu senken. Je früher man weiß, welchen Zustand der Mieträume der Vermieter bei Übergabe wünscht, umso eher kann man sich darüber informieren, ob diese Wünsche der Rechtslage entsprechen, ob man sich auf einen Konflikt einstellen muss oder möglicherweise Verhandlungen aufnimmt.

1.   Meist sinnvoll: die Vorabnahme

Tipp

**Begehung
vor dem
Mietende**

Am einfachsten ist es, die notwendigen Informationen vom Vermieter bzw. der ihn vertretenden Hausverwaltung auf dem Weg über eine sogenannte Vorabnahme der Wohnung zu erfragen. Gemeint ist damit die gemeinsame Begehung der Mieträume einige Zeit vor Mietende, um die vorher auszuführenden Arbeiten zu erörtern. Weder Vermieter noch Mieter sind zu einer solchen Vorbegehung verpflichtet. Aber nicht selten fordern Hausverwaltungen und Vermieter eine Vorabnahme und in der Regel spricht für deren Durchführung aus Mietersicht wenig dagegen. Einzig wenn die Wohnung in einem sehr schlechten Zustand ist, mag es sinnvoll sein, eine Vorabnahme abzulehnen, um den Vermieter nicht frühzeitig auf Konfliktkurs bringen.

**Gelegenheit,
Informationen
einzuholen**

Betrachten Sie den Vorabnahmetermin vor allem als Möglichkeit, Informationen darüber zu erhalten, welche Vorstellungen der Vermieter hat. Allenfalls bei einem im Übrigen stets vertrauensvollen Mietverhältnis mag es sinnvoll sein, sich bei dieser Gelegenheit umfassend und verbindlich darüber zu einigen, welche Arbeiten ausgeführt werden sollen und welche nicht. Sonst sollte man sich höchstens über Kleinigkeiten verständigen. Denn die Mieter haben in der Situation selbst nicht die Möglichkeit, die Rechtslage zu prüfen oder sich anderweitig genauer zu orientieren. Sie laufen auch Gefahr, sich von resolut auftretenden Vermietern oder Mitarbeitern von Hausverwaltungen über den Tisch ziehen zu lassen. Vor allem aber ist die Vorabnahme kein Zeitpunkt, zu dem Auseinandersetzungen geführt werden sollten. Wenn der Vermieter Forderungen erhebt, die Sie keinesfalls erfüllen wollen, möglicherweise sogar als Zumutung empfinden, sollten Sie sich trotzdem zurückhalten und einfach damit begnügen, auch diese Äußerungen als Information zu betrachten, die man möglichst kommentarlos entgegennimmt. Notwendige Auseinandersetzungen werden so nicht umgangen, aber sie können in der Regel besser geführt werden, wenn Sie sich zuvor in Ruhe darauf einstellen, rechtlich informieren und gegebenenfalls auch durch den örtlichen Mieterverein oder Ihren Anwalt beraten lassen konnten. Auch haben Sie als Mieter kein Interesse, dass sich der Vermieter frühzeitig auf einen Konflikt einstellen kann.

Keinen Streit beginnen!

Führen Sie Arbeiten, die Sie rechtlich nicht schulden und auch nicht ausführen wollen, einfach nicht aus, aber kündigen Sie dies nicht vorher an. Bei unklarer Rechtslage kann eine solche Erfüllungsverweigerung rechtliche Nachteile nach sich ziehen.

Aufgrund der kurzen Verjährungsfristen, die in der Regel für Arbeiten gelten, die die Mieter bei Ende des Mietverhältnisses auszuführen haben (siehe S. 224 ff.), ist es für Mieter meist günstiger, der Vermieter bemerkt möglichst spät, unter Umständen erst bei Übergabe der Mietsache, woran er ist. Er mag dann grantig reagieren und gar die Rücknahme verweigern (siehe S. 189 ff.), aber dies ist ein Problem, das man als Mieter bewältigen kann (siehe S. 219 ff.).

Beim Vorabnahmetermin sollte möglichst mindestens ein Zeuge dabei sein (siehe S. 29 ff.). Dies weniger, weil konkrete Vereinbarungen bewiesen werden müssen. Denn wenn Sie solche bei der Vorabnahme treffen, sollten Sie aus Beweisgründen darauf achten, dass dies schriftlich

Zeugen hinzuziehen

geschieht. Es geht mehr darum, in Fällen, in denen alles schiefläuft, notfalls jemanden zu haben, durch den bewiesen werden kann, wie die Vorabnahme verlaufen ist. Dies kann insbesondere dann von Nutzen sein, wenn sich der Vermieter ungebührlich verhalten hat, es zu Streit gekommen ist oder vermieterseits im Nachhinein wahrheitswidrig behauptet wird, es seien bestimmte Vereinbarungen getroffen worden. Im Übrigen ist die Gruppendynamik oft eine günstigere, wenn mehrere Personen anwesend sind.

Damit soll nicht der Eindruck erzeugt werden, Vorabnahmen seien regelmäßig ein Hauen und Stechen. Das Gegenteil dürfte der Fall sein. Dennoch sollte man bei konfliktträchtigen Situationen möglichst vorbauen.

! Vermeiden Sie möglichst auch voreilige Zusagen, welche Arbeiten Sie ausführen wollen. Insbesondere sollten Sie bei der Vorabnahme keine entsprechenden Verpflichtungen unterzeichnen.

Vorabnahme-protokolle Auch bei Vorabnahmen werden oft Protokolle gefertigt. Zum Umgang der Mieter damit gilt im Wesentlichen das oben (S. 196 ff.) in erster Linie zu Übergabeprotokollen Ausgeführte. Insbesondere muss man diese nicht unterschreiben, sollte sie aber, wenn man sich doch dazu entschließt, erst nach sorgfältiger Lektüre und Klarstellung aller unklaren Formulierungen unterschreiben. Ein von beiden Seiten unterschriebenes Vorabnahmeprotokoll hat unter Umständen die gleichen rechtlichen Wirkungen wie ein Übergabeprotokoll (S. 196 ff.). Allerdings bezieht es sich natürlich nicht auf den Zeitpunkt der Übergabe der Wohnung, sondern auf den der Vorabnahme. Beide Seiten können also gegebenenfalls einwenden, dass der Zustand bei Übergabe nicht dem der Vorabnahme entsprach. Auch hier gilt, dass im Protokoll möglichst nur der Zustand der Wohnung dokumentiert werden sollte, nicht aber Verpflichtungen der Mieter unterschrieben werden sollten.

Tipp Der Unterzeichnung entziehen Sie sich am besten nicht sofort durch ausdrückliche Weigerung, sondern mit der Bitte, Ihnen das Protokoll auszuhändigen, damit Sie es eingehend lesen und überdenken können. Kündigen Sie an, eines der Exemplare in »ein paar Tagen« (dann mit oder ohne Unterschrift) an den Vermieter zurückzusenden.

Haben Sie dennoch eine für Sie ungünstige Verpflichtung unterschrieben, dann ist diese möglicherweise schon nach den für allgemeine Geschäftsbedingungen (siehe S. 20 ff.) geltenden Regeln unwirksam (siehe S. 196 ff.). Sonst ist zu prüfen, ob die Vorabnahme auf Vorschlag der Mieter oder des Vermieters durchgeführt wurde. In letzterem Fall kann ein Haustürgeschäft vorliegen, das unter Umständen widerrufen werden kann. Denn Mieter einer Privatwohnung sind stets Verbraucher und ihre Vermieter sind – jedenfalls dann, wenn sie über mehrere Wohnungen verfügen – Unternehmer (siehe S. 20 ff.). In einer solchen Konstellation können Verträge, zu deren Abschluss die Mieter/Verbraucher von Vermietern/Unternehmern veranlasst wurden, widerrufen werden (§§ 312 Abs. 1 Satz 1, 355 BGB). Nicht nur bei Vorabnahmen, sondern auch bei anderer Gelegenheit kommt es vor, dass Vermieter Mieter in ihrer Wohnung aufsuchen, um sie zur Unterzeichnung einer Vereinbarung zu veranlassen. In dieser Weise überrumpelt und häufig auch moralisch unter Druck gesetzt, unterschreiben nicht wenig Mieter Vereinbarungen, die für sie höchst nachteilig sind. Voraussetzung ist, dass die entsprechenden Vertragsverhandlungen auf Initiative des Vermieters im Bereich der Privatwohnung der Mieter geführt wurden (§ 312 Abs. 1 Satz 1 Nr. 1 BGB). Wurden allerdings die zur Vereinbarung führenden Verhandlungen – etwa in Form der Vorabnahme – auf Initiative der Mieter geführt, dann besteht kein Widerrufsrecht (§ 312 Abs. 3 Satz Nr. 1 BGB).

Unter Umständen liegt ein Haustürgeschäft vor

Widerrufsrecht

Der Vermieter muss die Wohnung nicht unbedingt betreten haben und die Unterschrift der Mieter muss auch nicht schon bei dessen Besuch geleistet worden sein. Es reicht aus, dass der Vermieter im Bereich der Wohnungstür stehen geblieben ist und dass die Mieter ihre Zustimmung erst später erteilt haben. Der Widerruf der Vereinbarung muss innerhalb einer Frist von zwei Wochen erfolgen, die

**Widerrufs-
belehrung**

jedoch erst dann zu laufen beginnt, wenn die Mieter eine deutlich gestaltete Belehrung über ihr Widerrufsrecht erhalten haben (§ 355 Abs. 1 und 2 BGB), was in solchen Fällen so gut wie nie vorkommt. Wird die Belehrung erst nach Vertragsschluss erteilt, so läuft die Frist einen Monat (§ 355 Abs. 2 Satz 5 BGB). Solange keine Belehrung erfolgt ist, erlischt auch das Widerrufsrecht nicht (§ 355 Abs. 3 Satz 3 BGB), sodass ein Widerruf und die Rückforderung etwaig geleisteter Zahlungen oft auch noch nach Jahren möglich sind.

 Tipp

Bei Vereinbarungen, die sich auf Arbeiten vor Mietende beziehen, sollte man den Konflikt möglichst erst nach dem Auszug und nach Ende der Verjährung (siehe S. 224 ff.) führen, um den Vermieter nicht frühzeitig in eine die Verjährungsfrist hemmende gerichtliche Auseinandersetzung zu treiben.

Der Widerruf eines Haustürgeschäfts kann wie folgt aussehen:

**Widerruf
eines Haus-
türgeschäfts**

Name und Anschrift
aller im Mietvertrag als Mieter
aufgeführten Personen)

Per Einschreiben/Rückschein!

An
(Vermieter bzw. Hausverwaltung
Name und Anschrift)
(Ort, Datum)

Mietwohnung ... (Adresse der Wohnung und Lage im Haus)

(Name und Anschrift

Sehr geehrte(r) Herr/Frau .../Damen und Herren,

am ... (Datum des Vermieterbesuchs/der Vorabnahme) haben Sie uns in unserer Wohnung aufgesucht und uns aufgefordert, eine Vereinbarung zu unterschreiben, durch die wir uns verpflichtet haben, vor

Auszug noch ... [vereinbarte Arbeiten nennen, z.B.:] Schönheitsreparaturen durchzuführen/folgende Umbauarbeiten durchzuführen: ... (Auflistung der vereinbarten Arbeiten)/die von unseren Vormietern eingebauten Laminatböden zu entfernen. Wir haben dies getan und die Vereinbarung unterzeichnet. Im Nachhinein fühlen wir uns etwas überrumpelt und sind mit der Vereinbarung nicht mehr einverstanden. Daher widerrufen wir unsere Zustimmung und fordern Sie höflich auf, uns bis zum ... (14-Tage-Frist mit Datum setzen, also z.B.: 31.10.2011) schriftlich zu bestätigen, dass die Vereinbarung damit gegenstandslos ist. Zum Widerruf sind wir berechtigt, weil es sich bei unserer Vereinbarung um ein Haustürgeschäft handelt (§§ 312, 355 BGB).

[Wenn Sie den Widerruf vor Auszug oder vor Ablauf der Verjährung (siehe S. 228 ff.) verfassen, empfiehlt sich folgender Zusatz] Ob wir unabhängig von der Vereinbarung möglicherweise verpflichtet wären, die genannten Arbeiten auszuführen, sei dahingestellt. Wir lassen dies derzeit noch prüfen. Keinesfalls sind wir aber mit dem Abschluss der bei Ihrem Besuch unterzeichneten Vereinbarung einverstanden.

Mit freundlichen Grüßen

(Unterschriften aller Mieter)

2. Vorsicht beim Übergabetermin

Auf die Rückgabe der Wohnräume an den Vermieter sollten Sie sich gut vorbereiten. Im Falle eines Rechtsstreits ist es Sache der Mieter, darzulegen und zu beweisen (siehe S. 32 ff.), dass sie die Mieträume rechtzeitig zu Mietende zurückgegeben haben (LG Berlin ZMR 1998, 703). Wegen der unter Umständen erheblichen finanziellen Folgen einer verspäteten Rückgabe sollten die Mieter hier unbedingt für eine ausreichende Beweissicherung Sorge tragen.

Die rechtzeitige Rückgabe müssen die Mieter beweisen

Allein schon deshalb sollte beim Übergabetermin stets
mindestens ein Zeuge dabei sein. Dies kann besonders
dann wichtig werden, wenn der Vermieter den vereinbarten Rückgabetermin nicht wahrnimmt oder die Übergabe
der Räume und Schlüssel verweigert. Achten Sie darauf,
dass die Mieter nicht Zeugen in eigener Sache sein können
(siehe S. 29 ff.).

Tipp

**Vor Rück-
gabe eigenes
Protokoll
erstellen**

Insbesondere empfiehlt es sich, die Räume unmittelbar
vor dem Übergabetermin – möglichst zusammen mit dem
Zeugen – eingehend zu besichtigen und ein eigenes Protokoll über den Zustand und die Ausstattung zu erstellen
bzw., noch besser, von dem Zeugen erstellen zu lassen. Soweit Sie Fotos (siehe S. 29 ff.) fertigen, achten Sie darauf,
dass sie später konkreten Räumen bzw. Stellen zugeordnet
werden können (Fotoliste). Hilfreich ist es, wenn der Zeuge handwerklich versiert ist und einen geschulten Blick für
den Zustand von Räumen hat. Lesen Sie auch vorsorglich
bereits vor Ankunft des Vermieters die Zählerstände der
Heizung sowie für Kalt- und Warmwasser ab und notieren
Sie diese.

**Schlüsselliste
erstellen**

Wenn Sie befürchten, der Vermieter könnte die Rücknahme der Wohnung verweigern, dann sollten Sie bereits
jetzt mit dem Zeugen eine Schlüsselliste erstellen, indem
Sie den Zeugen die einzelnen Schlüssel in den zugehörigen Schlössern ausprobieren lassen. Es ist sinnvoll, dass
der Zeuge dabei die Liste erstellt. Er sollte die Schlüssel
während der Wohnungsübergabe auch behalten, damit
er später bezeugen kann, dass dem Vermieter sämtliche
Schlüssel angeboten wurden. Das mag etwas übertrieben
erscheinen. Aber im Rechtsstreit kann es auf Details und
die Erinnerung des Zeugen entscheidend ankommen (siehe S. 29 ff.). Die rechtzeitige und vollständige Rückgabe
bzw. Ihr Angebot dazu sind zu wichtig, als dass man hier
nachlässig sein sollte.

Durch eine solche Vorbegehung vermeiden Sie zum einen,
von Hinweisen des Vermieters auf etwaige Mängel über-
rascht zu werden. Zum anderen kann das eigene Protokoll
für den Zeugen als Gedächtnisstütze dienen. Dies ist vor

allem dann wichtig, wenn man sich mit dem Vermieter nicht auf ein gemeinsames Rückgabeprotokoll (siehe S. 196 ff.) verständigen kann.

Beim Übergabetermin selbst sollten Sie vor allem darauf achten, dass Sie Ruhe bewahren und sich nicht auf unnötigen Streit einlassen. Unterzeichnen Sie nichts, womit Sie nicht einverstanden sind oder was den Tatsachen nicht entspricht, insbesondere keine unzutreffenden Protokolle. Achten Sie darauf, dass spätestens jetzt die Zählerstände der Heizung sowie für Kalt- und Warmwasser abgelesen werden. Da nicht nur der Vermieter, sondern – aus verjährungstechnischen Gründen (siehe S. 224 ff.) – auch Sie als Mieter ein Interesse daran haben, dass dieser Ihre neue Anschrift kennt, sollten Sie ihm diese spätestens jetzt mitteilen und dafür sorgen, dass er Ihnen bestätigt, dass er sie zur Kenntnis genommen hat.

Der Rückgabetermin

Lassen Sie sich insbesondere die Schlüsselübergabe quittieren. Wer Geld oder eine Sache übergibt, kann vom Empfänger verlangen, dass dieser ihm den Empfang durch eine Quittung schriftlich bestätigt (§ 368 BGB). Wird ein Rückgabeprotokoll gefertigt (siehe S. 196 ff.) – sollten Sie nicht zuletzt darauf achten, dass dort eingetragen wird, dass die Wohnung vollständig geräumt und zusammen mit allen zu den Mieträumen gehörenden Schlüsseln übergeben wurde und wann genau die Übergabe erfolgte.

Schlüsselübergabe quittieren lassen

Besser als dem Vermieter eine vorformulierte Erklärung in Druckschrift zur Unterschrift vorzulegen, ist es, Papier und Kugelschreiber mitzubringen und die Quittung spontan niederzuschreiben. Schließlich sollten auch Sie misstrauisch sein, wenn Ihnen die Gegenseite unerwartet etwas Vorgedrucktes zur Unterschrift vorlegt. Eine entsprechende Bestätigung kann inhaltlich etwa wie folgt aussehen:

**Quittung
Schlüssel-
übergabe**

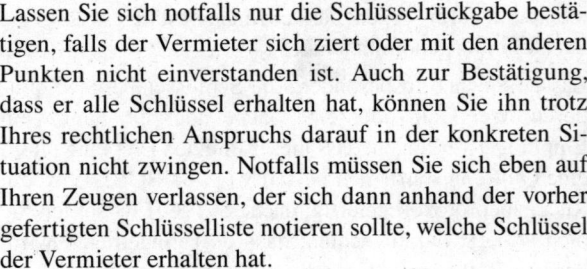

Hiermit bestätige ich, ... (Name des Vermieters),
dass mir Herr/Frau ... (Namen der Mieter) heute die
Wohnung ... (Adresse und Lage der Wohnung im
Haus) vollständig geräumt und besenrein übergeben
hat/haben. Dabei habe ich sämtliche den Mietern
ausgehändigte Wohnungs-, Haustür-, Keller- und
Briefkastenschlüssel zurückbekommen [alternativ:
folgende zur Wohnung gehörende Schlüssel erhalten:
... (Aufzählung aller Schlüssel)]. Herr/Frau ... (Namen
der Mieter) hat/haben mir als ihre neue Anschrift folgende Adresse genannt: ... (neue Adresse der Mieter).
(Ort, Datum und Unterschrift des Vermieters bzw.
seines Vertreters)

**Schlüssel-
übergabe
bestätigen
lassen**

Lassen Sie sich notfalls nur die Schlüsselrückgabe bestätigen, falls der Vermieter sich ziert oder mit den anderen
Punkten nicht einverstanden ist. Auch zur Bestätigung,
dass er alle Schlüssel erhalten hat, können Sie ihn trotz
Ihres rechtlichen Anspruchs darauf in der konkreten Situation nicht zwingen. Notfalls müssen Sie sich eben auf
Ihren Zeugen verlassen, der sich dann anhand der vorher
gefertigten Schlüsselliste notieren sollte, welche Schlüssel
der Vermieter erhalten hat.

**Bei
Wohnungs-
übergabe
beachten**

Die wichtigsten bei der Wohnungsübergabe zu beachten-
den Punkte sind im Folgenden zusammengefasst:

- Vor Ankunft des Vermieters den Wohnungszustand mit
  dem Zeugen protokollieren.
- Die Zählerstände ablesen.
- Die Übergabe aller Schlüssel quittieren lassen.
- Die Kenntnis der neuen Adresse vom Vermieter bestätigen lassen.
- Ein Übergabeprotokoll nur unterzeichnen, wenn es
  eindeutig formuliert wurde, den Zustand der Wohnung
  zutreffend wiedergibt und keine Verpflichtungen der
  Mieter enthält.
- Bei Streit oder Unklarheiten selbst ein Gedächtnisprotokoll fertigen und den Zeugen veranlassen, dies ebenfalls zu tun.

- Bei Weigerung des Vermieters, die Wohnung abzunehmen, umgehend die Schlüssel in beweisbarer Form zurückgeben.

Es wurde schon erwähnt, dass Vermieterdrohungen, die Wohnung nicht zurückzunehmen, oft über wenig rechtliches Fundament verfügen, weil ein Vermieter, der die Rücknahme der Schlüssel und damit der Wohnung zu Unrecht verweigert, in Annahmeverzug gerät (siehe S. 189 ff.). Dies bedeutet jedoch nicht, dass die Mieter dann die Hände in den Schoß legen dürfen. Vor allem sollte man einem Vermieter, der sagt, er wolle die Wohnung nicht zurücknehmen, in der Situation selbst noch einmal ganz deutlich die Rückgabe anbieten, indem man zumindest versucht, ihm die Schlüssel zu überreichen. Unter Umständen kann es später wichtig sein, dass sich der Zeuge an eine eindeutige Situation erinnern kann.

Wenn der Vermieter die Rückgabe der Wohnung verweigert

Es ist im Interesse der Mieter, die Wohnung trotzdem so schnell wie möglich zurückzugeben. Zunächst sollte man ein eigenes Gedächtnisprotokoll darüber verfassen, wie sich die gescheiterte Übergabe vollzogen hat, und den Zeugen bitten, das Gleiche zu tun. Sofern dies noch nicht geschehen ist, sollte man spätestens jetzt den Zeugen eine Schlüsselliste verfassen lassen (siehe oben). Zusammen mit einem kurzen Anschreiben sollten Sie dem Vermieter dann die Schlüssel möglichst umgehend in beweisbarer Form zusenden (siehe S. 25 ff.).

Ein entsprechendes Schreiben sollte etwa wie folgt lauten:

(Name und neue Anschrift(en)
aller im Mietvertrag als Mieter
aufgeführten Personen)

Per Einschreiben/Rückschein!/Per Boten

An
(Vermieter bzw. Hausverwaltung
Name und Anschrift)
(Ort, Datum)

Rückgabe der Schlüssel

Rückgabe der Schlüssel zur Mietwohnung ...
(Adresse der Wohnung und Lage im Haus)

Sehr geehrte(r) Herr/Frau .../Damen und Herren,

leider haben Sie unberechtigterweise die Rücknahme der zur Wohnung gehörenden Schlüssel verweigert, sodass ich/wir Ihnen diese anliegend übersende/n.

Sollten Sie einen weiteren Übergabetermin für erforderlich halten, dann teilen Sie uns/mir dies bitte mit. Meine/Unsere neue Adresse entnehmen Sie bitte dem Briefkopf.

Mit freundlichen Grüßen

(Unterschriften aller Mieter)

IV. Verjährung von Mieter- und Vermieteransprüchen

Keine Klage provozieren

Gerade bei Rückgabe der Mieträume sollten Mieter stets den Gesichtspunkt der Verjährung im Auge behalten. Allzu entschieden angegangene Auseinandersetzungen können den Vermieter dazu treiben, schnell Klage zu erheben. Das sollte man als Mieter möglichst vermeiden, denn angesichts der sechsmonatigen und damit recht kurzen Verjährungsfrist, die für viele Vermieteransprüche gilt (§ 548 Abs. 1 BGB), ist es sinnvoller, eine frühzeitige Klage, die den Einwand der Verjährung unterläuft, nicht zu provozieren.

1. Was bedeutet Verjährung?

Verjährte Ansprüche bestehen weiter

Verjährung bedeutet, dass derjenige, der zu einer bestimmten Leistung, etwa Mietzahlungen oder Schönheitsreparaturen, verpflichtet ist (Schuldner), einwenden kann, dass er diese wegen der verstrichenen Zeit nicht erfüllen wird. In diesem Fall kann derjenige, dem die Leistung zusteht (Gläubiger), diese nicht mehr gerichtlich durchsetzen, sofern die Verjährungsfrist abgelaufen ist (§ 214 Abs. 1 BGB).

Verjährte Forderung existieren allerdings weiter. Daher müssen Gerichte die Verjährung nur beachten, wenn sich der Schuldner ausdrücklich darauf beruft. Wer eine verjährte Forderung begleicht, kann diese nicht zurückfordern (§ 214 Abs. 2 BGB). Verjährte Forderungen kann der Gläubiger gegen Forderungen aufrechnen, die der Schuldner gegen ihn hat, sofern beide Ansprüche, Forderung und Gegenforderung, bereits zu einem früheren Zeitpunkt bestanden, zu dem sie nicht verjährt waren (§ 215 BGB). Solange er über die Mietkaution (siehe S. 244 ff.), die er zu Beginn des Mietverhältnisses erhalten hat, noch nicht abgerechnet hat, kann der Vermieter also sämtliche seiner während des Mietverhältnisses entstandenen Forderungen gegen den Anspruch der Mieter auf Rückerstattung ihrer Kaution aufrechnen. Eine Aufrechnung kann allerdings nur gegenüber gleichartigen Ansprüchen erfolgen. Geldforderungen können also nicht etwa gegen einen Anspruch auf Herausgabe der Mieträume aufgerechnet werden.

Beglichene verjährte Forderung kann nicht zurückgefordert werden

Gerichtlich geltend gemachte Ansprüche, die durch Vollstreckungsbescheid, rechtskräftiges Urteil oder Vergleich zuerkannt wurden, verjähren erst nach 30 Jahren (§ 197 Abs. 1 BGB). Neben der dreijährigen Regelverjährung (§ 195 BGB) ist bei Mietende vor allem die in diesem Zusammenhang oft geltende halbjährige Verjährungsfrist (§ 548 BGB) von Interesse.

2. Beginn der kurzen Verjährungsfrist für Ansprüche des Vermieters

Die Verjährungsfrist für wesentliche Ersatzansprüche des Vermieters beginnt, wenn er die Mietsache zurückerhält (§§ 548 Abs. 1 Satz 2, 200 Satz 1 BGB). Dies gilt auch, wenn das Mietverhältnis zu diesem Zeitpunkt noch gar nicht beendet war (BGH NJW 2006, 1588). Unter Umständen, etwa wenn Fristen für Schönheitsreparaturen erst bei Mietende ablaufen, verjähren Ansprüche des Vermieters also schon vor Fälligkeit, das heißt bevor er diese verlangen kann. Gerade in diesen Fällen sollten Mieter jeden Konflikt vermeiden, damit der Vermieter nicht vor Ende

Übergabe an den Vermieter ist maßgebend

der Verjährung auf Feststellung klagt, dass die Arbeiten geschuldet sind.

Die kurze Verjährungsfrist beginnt nicht erst, wenn der Vermieter sämtliche Schlüssel zurückerhält (OLG Düsseldorf, GE 2009, 12). Entscheidend ist der Moment, in dem die Mieter ihren Besitz an den Mieträumen zu ihren Gunsten aufgegeben haben, sodass der Vermieter diese ungehindert betreten kann und damit imstande ist, sie ungestört genau auf Schäden und Veränderungen hin zu untersuchen (OLG Düsseldorf DWW 2007, 246). Meist fällt dieser Zeitpunkt mit dem der Übergabe (S. 189 ff.) zusammen. Zwingend ist dies aber nicht. Mieter, die ihre Schlüssel dem Vermieter mit der Bemerkung zusenden, dass sie das Mietverhältnis für beendet halten, lösen damit die kurze Verjährungsfrist aus (OLG Düsseldorf ZMR 2006, 925), ohne die Mietsache bereits im mietrechtlichen Sinne zurückgegeben zu haben (siehe S. 189 ff.). Händigt der Vermieter nach Rückgabe der Räume den Mietern erneut Schlüssel aus, so läuft die Verjährung trotzdem weiter. Ältere Urteile, wonach die Verjährungsfrist für Schadenersatzansprüche erst begann, wenn vom Vermieter gesetzte Fristen verstrichen waren, sind seit dem 1.1.2002 überholt.

3.   Beginn der kurzen Verjährungsfrist für Ansprüche der Mieter

Beginn mit Ende des Mietverhältnisses
Für Mieteransprüche beginnt die Verjährungsfrist mit Ende des Mietverhältnisses (§ 548 Abs. 2 BGB). Die Ansprüche müssen allerdings bis zur Beendigung des Mietverhältnisses entstanden sein; sonst gilt die Regelverjährungsfrist (vgl. BGH ZMR 1991, 369). Wurde die Wohnung veräußert (siehe S. 50 ff.), beginnt die kurze Verjährungsfrist für Ansprüche gegen den alten Vermieter erst, wenn die Mieter zuverlässig wissen, dass der Erwerber als Eigentümer im Grundbuch eingetragen ist (BGH WuM 2008, 402).

4. Die Regelverjährungsfrist

Für Ansprüche, für die die sechsmonatige Verjährungsfrist nicht gilt, findet die meist dreijährige Regelverjährungsfrist (§§ 195, 199 Abs. 1 BGB) Anwendung. Diese läuft drei Jahre und beginnt am Ende des Jahres zu laufen,

● in dem der betreffende Anspruch fällig wurde und
● dem Gläubiger bekannt wurde oder bekannt hätte sein müssen, dass sein Anspruch bestand.

Damit die Verjährungsfrist beginnt, müssen diejenigen, die etwas fordern, die Tatsachen kennen, aus denen sich ihr Anspruch ergibt (§ 199 Abs. 1 Nr. 2 BGB), in der Regel aber nicht die Rechtslage (BGH NJW 2009, 984). Haben etwa Mieter aufgrund unwirksamer Quotenklauseln (siehe S. 130 ff.) anteilige Renovierungskosten bezahlt, beginnt die Verjährungsfrist für die Rückforderung (siehe S. 230) am Ende des Jahres, in dem sie gezahlt haben, weil sie da bereits wussten, wann sie was an wen zu welchem Zweck gezahlt haben. Bei einer Zahlung im Jahre 2007 wäre die Forderung am Tag nach dem 31.12.2010 verjährt, unabhängig davon, wann sie erfahren haben, dass ihre Quotenklausel nach der Rechtsprechung unwirksam war.

Unabhängig von der Frage der Kenntnis tritt die Regelverjährung, von wenigen Ausnahmen abgesehen, spätestens zehn Jahre nach Entstehung des Anspruchs ein (§ 199 Abs. 3 Nr. 1 BGB). Bis zum 31.12.2001 galten teilweise längere Verjährungsfristen. Mietforderungen und Rückforderungsansprüche, die vor dem 31.12.2001 fällig wurden, sind in der Regel seit dem 1.1.2005 verjährt (Art. 229 § 6 EG BGB).

Verjährung spätestens zehn Jahre nach Entstehung des Anspruchs

5. Hemmung des Verjährungslaufs

Der Ablauf einer noch nicht abgelaufenen Verjährungsfrist wird unter anderem dann gehemmt,

● wenn der Gläubiger den Schuldner verklagt,
● ein gerichtliches Beweissicherungsverfahren einleitet (siehe S. 36 ff.) oder

Hemmungsgründe

- wenn und solange die Parteien über die Forderung verhandeln (§§ 203, 204 BGB).

Hemmung bedeutet, dass die Verjährungsfrist erst weiterläuft, wenn das hemmende Ereignis entfällt (§ 209 BGB). So ist etwa der Lauf der Verjährung von Schadensersatzansprüchen des Vermieters gehemmt, solange Vermieter und Mieter darüber verhandeln und keine der Parteien die Fortsetzung der Verhandlungen verweigert (BGHZ 93, 64; BGH NJW 2002, 3234).

Verhandeln hemmt die Verjährung

Die Gerichte gehen recht schnell von einem die Verjährung hemmenden Verhandeln aus. Teilweise wird es schon für ausreichend gehalten, wenn zwischen Vermieter und Mieter Schreiben gewechselt werden, in denen die gegnerischen Forderungen nicht blankweg abgelehnt, sondern ihre Berechtigung erörtert wird. Eine strikte Ablehnung ist unter Verjährungsgesichtspunkten ebenfalls gefährlich (siehe oben).

Eventuell fachkundigen Rat einholen

Daher sollte man, außer bei Kleinigkeiten und eindeutigen Fällen, jedenfalls aus rechtlicher Sicht, auf Aufforderungen des Vermieters, bestimmte Arbeiten auszuführen, möglichst indifferent reagieren. Dabei muss man nicht unfreundlich sein. Man kann zwischen einem »Naja, wir werden sehen« und einem unbestimmt gehaltenen »Was wir tun müssen, werden wir tun!« eine Vielzahl von Variationen finden. Sind Sie sich allerdings im Unklaren, ob Ihr bisheriges Verhalten eine Verjährungshemmung ausgelöst hat, so sollten Sie rechtlichen Rat einholen und gegebenenfalls dem Vermieter in nachweisbarer Form mitteilen, dass sie seine Forderung ablehnen. Natürlich kann es sehr vernünftig und sinnvoll sein, mit dem Vermieter zu verhandeln (siehe S. 263 ff.). Wenn möglich, dann sollte dies vor Beginn der Verjährungsfrist geschehen.

Schüsselrückgabe ist kein Verhandeln

Nicht jeder Kontakt mit dem Vermieter läuft auf Verhandlungen hinaus, auch wenn er mit konkreten Verpflichtungen zu tun hat. Überlässt der Vermieter nach Rückgabe der Mieträume den Mietern noch einmal die Schlüssel, damit diese renovieren können, so wird die Verjährung seiner etwaigen Ersatzansprüche nicht allein dadurch gehemmt (OLG Düsseldorf DWW 2007, 246).

Mindestens ebenso gefährlich wie ein Verhandeln sind alle Äußerungen oder Handlungen, die ein Anerkenntnis enthalten könnten (siehe S. 137 f., S. 164 ff., S. 196 ff.), da durch ein Anerkenntnis die Verjährungsfrist nicht nur gehemmt wird, sondern neu beginnt (§ 212 Abs. 1 Nr. 1 BGB). Dazu zählen unter anderem Abschlags- und Zinszahlungen, aber in der Regel auch ein gemeinsam unterzeichnetes Rückgabeprotokoll.

Nach Anerkenntnis beginnt Verjährung neu

6. Die Verjährung einzelner Ansprüche

Die folgende Auflistung ist nicht abschließend. Ob einzelne Ansprüche der kurzen oder der langen Verjährungsfrist unterliegen, wurde teilweise bei den Ausführungen zu einzelnen Ansprüchen bereits erwähnt.

Der kurzen Verjährung des § 548 Abs. 1 BGB unterliegen unter anderem Ansprüche des Vermieters

Kurze, sechsmonatige Verjährung

- auf Ausführung von Schönheitsreparaturen,
- auf Schadensersatz wegen unterlassener Schönheitsreparaturen,
- auf Schadensersatz wegen vertragswidrigen Gebrauchs der Mietsache,
- auf Schadensersatz wegen Mängelanzeigepflichten,
- auf Schadensersatz wegen Beschädigungen der Mieträume und anderer vom Mietgebrauch umfasster Gegenstände und Räumlichkeiten (Keller, Hausflur, Treppenhaus, Garten, Hof etc.),
- auf Rückbau,
- auf Schadensersatz wegen unterlassener Rückbauarbeiten,
- auf Schadensersatz aus fahrlässiger unerlaubter Handlung (z.B. Inbrandsetzen der Mietsache, sofern diese dabei nicht völlig untergeht).

Ebenfalls einer sechsmonatigen Verjährung (§ 548 Abs. 2 BGB) unterliegen Ansprüche der Mieter

- auf Aufwendungsersatz und
- auf Duldung der Wegnahme der von den Mietern eingebrachten Einrichtungen.

 Ist der Wegnahmeanspruch der Mieter erst einmal verjährt, so kann der Vermieter die Einbauten der Mieter dauerhaft behalten, ohne dafür Nutzungsentgelt oder Schadensersatz zu entrichten (OLG Düsseldorf GE 2004, 813).

Wann Ansprüche verjähren, die Mieter erheben, weil sie Leistungen auf Basis unwirksamer Schönheitsreparatur- oder Quotenklauseln erbracht haben (siehe S. 131 f., 136), ist umstritten. Der Ausgleichsanspruch für erbrachte Renovierungsarbeiten dürfte mit kurzer Frist verjähren (so LG Freiburg WuM 2010, 480), für die Rückforderung von Zahlungen, die Mieter aufgrund unwirksamer Quotenklauseln geleistet haben, spricht mehr für die dreijährige Regelverjährung (siehe S. 227).

Dreijährige Regelverjährung Die meist dreijährige Regelverjährungsfrist (§ 195 BGB) findet praktisch auf alle Ansprüche Anwendung, die die Mietparteien gegeneinander haben, sofern diese nicht von der kurzen Verjährungsfrist (§ 548 BGB) erfasst sind. Sie gilt nicht nur für Ansprüche des Vermieters auf Rückgabe der Mieträume einschließlich des Zubehörs, Zahlung von Miete, Nachforderungen aus Heiz- und Betriebskostenabrechnungen und Nutzungsentgelt wegen Vorenthaltung der Mietsache, sondern auch in Fällen, in denen Mieter zu viel Miete gezahlt haben und deshalb gegen den Vermieter einen Rückforderungsanspruch haben. Der Regelverjährungsfrist unterliegen ferner Schadensersatzansprüche der Mieter wegen Mietmängeln und unberechtigter Kündigung, deren Ansprüche auf Abrechnung von Heiz- und Betriebskosten sowie auf Erstattung der sich aus solchen Abrechnungen ergebenden Guthaben. Nachforderungen der Vermieter wie Guthaben der Mieter werden erst mit Zugang der zugrunde liegenden Abrechnung bei den Mietern fällig, sodass deren Verjährungsfrist erst in diesem Moment zu laufen beginnt. Besonders wichtig ist der ebenfalls der Regelverjährung unterliegende Anspruch auf Erstattung der Mietkaution einschließlich der Zinsen, der allerdings meist frühestens ein halbes Jahr nach Rückgabe der Mieträume fällig wird.

Für Schadensersatzansprüche der Mieter wegen Mietmängeln und unberechtigter Kündigung gilt die Regelverjährungsfrist. Mängelbeseitigungsforderungen verjähren während der Mietzeit nicht (BGH WuM 2010, 238). Ansprüche auf Abrechnung von Heiz- und Betriebskosten sowie auf Erstattung daraus resultierender Guthaben werden – wie Nachforderungen der Vermieter – erst mit Abrechnungszugang bei den Mietern fällig, sodass die dafür geltende Regelverjährungsfrist erst am Ende des betreffenden Jahres beginnt (siehe S. 227). Der ebenfalls der Regelverjährung unterliegende Mieteranspruch auf Rückerstattung von Mietkaution und Zinsen wird meist frühestens ein halbes Jahr nach Wohnungsübergabe fällig.

V. Abstandsvereinbarungen mit Nachmietern

Nicht selten werden bei Mietende Vereinbarungen mit den Nachmietern getroffen. Diese sollen anstelle der Mieter Einbauten oder Schönheitsreparaturen übernehmen oder einfach nur Einrichtungsgegenstände, die die (Vor-) Mieter in ihrer neuen Wohnung nicht mehr benötigen. Da Vor- und Nachmieter nie gegen den Willen des Vermieters zu dessen Lasten Verträge schließen können, verringern sich die den Mietern bei Auszug obliegenden Pflichten dadurch nicht. Grundsätzlich kann der Vermieter darauf bestehen, dass die Mieter ihre Einbauten vor Auszug beseitigen (siehe S. 157 f.). Wenn man dies verhindern will, dann sollte man dafür sorgen, dass der Vermieter sich an entsprechenden Vereinbarungen beteiligt. Im Folgenden geht es allerdings um die Vereinbarungen zwischen (Vor-) Mietern und Nachmietern. Häufig bezahlen die Nachmieter für die Übernahme von Einbauten. Insbesondere bei knappem Wohnraum bezahlen sie dabei nicht selten weniger für die übernommenen Gegenstände als dafür, dass die Mieter ihnen die Wohnung vermittelt haben. Daher findet

Vereinbarung zwischen dem Mieter und dem Nachmieter

sich eine wesentliche gesetzliche Regelung solcher Geschäfte in § 4a Wohnungsvermittlungsgesetz (WoVermG).

Umzugs-kosten-erstattung

Danach können die Vormieter für ihre Räumung der Wohnung außer ihren Umzugskosten kein Entgelt verlangen (§ 4a Abs. 1 WoVermG). Reine Abstandsvereinbarungen sind also unzulässig. Aber auch eine Umzugskostenerstattung muss natürlich vereinbart sein. Erstattungsfähig sind die Kosten des eigentlichen Umzugs (Transport der Einrichtung) sowie Kosten für Inserate und etwaige Maklerkosten. Im Streitfall müssen die Vormieter ihre Umzugskosten nachweisen (Rechnungen und Belege aufheben!).

Übernahme von Einrichtungen und Inventar

Häufiger sind Abstandsvereinbarungen, durch die die Nachmieter Einrichtungen oder Inventar der Vormieter erwerben. Solche Verträge sind, sofern nichts anderes vereinbart ist, nur wirksam, wenn der Vermieter mit den Nachmietern einen wirksamen Mietvertrag schließt (§ 4a Abs. 2 Satz 1 WoVermG). Die Vereinbarung über den Kaufpreis gilt nur, soweit zwischen dem für die Gegenstände der Vormieter vereinbarten Entgelt und deren Wert kein auffälliges Missverhältnis besteht (§ 4a Abs. 2 Satz 2 WoVermG). Die Rechtsprechung hält ein auffälliges Missverhältnis ab einer Wertabweichung von mehr als 50 Prozent für gegeben (BGH WuM 1997, 380; KG GE 2004, 814; OLG Köln GE 2007, 758). Bis zu diesem Betrag bleibt der Vertrag wirksam. Verkaufen die Vormieter also zum Beispiel ihre Einbauküche für 12.000,00 Euro, obwohl diese nur 5.000,00 Euro wert ist, so liegt die maximal zulässige Wertabweichung bei 7.500,00 Euro. Nur dieser Betrag steht den Vormietern zu. Wurde der vereinbarte Kaufpreis bereits entrichtet, so können die Nachmieter den zu viel erstatteten Betrag zurückfordern (§ 5 Abs. 1 WoVermG). Für solche Ansprüche gilt die dreijährige Regelverjährungsfrist (§§ 195, 199 BGB; siehe S. 224 ff.). Umstritten ist allerdings, wie der Wert zu berechnen ist. Teilweise wird auf den für die Nachmieter bestehenden Gebrauchswert abgestellt (KG GE 2004, 814), teilweise auf den Zeitwert, der aus dem Neupreis, dem Alter und dem Zustand der Gegenstände bei Übergabe ermittelt wird

(LG Wiesbaden WuM 1997, 53), und zwar in eingebautem Zustand (OLG Düsseldorf ZMR 1998, 618). Nach anderer Ansicht ist auf den Neuwert der Gegenstände abzustellen (OLG Köln 2007, 758).

Bei solchen Vereinbarungen sollten die Vormieter darauf achten, ihre Gewährleistung für die Gegenstände auszuschließen. Dies ist, da es sich normalerweise um gebrauchte Sachen handelt, problemlos möglich. Die Nachmieter tun gut daran, das Entgelt erst zu zahlen, wenn sie ihren Mietvertrag mit dem Vermieter wirksam geschlossen haben und sie in die Wohnung einziehen. Insbesondere Letzteres sollten sie im Kaufvertrag ausdrücklich festschreiben. Außerdem sollten sie sich die Zahlung quittieren lassen und den Zahlungsbeleg sorgfältig aufbewahren. Bei Zweifeln am Wert der übernommenen Gegenstände sollte man diese nicht entsorgen. Damit vereitelt man nämlich das im Falle eines Rechtsstreits unter Umständen erforderliche Wertgutachten.

Tipp

Bei der Übernahme von Einbauten sollten die Nachmieter auch die mietrechtlichen Konsequenzen bedenken, insbesondere die von den Vormietern übernommene Rückbauverpflichtung (siehe S. 161 f.), aber auch, dass sie selbst für die Instandhaltung aufkommen müssen. Dafür kann sich der Vermieter bei Mieterhöhungen nicht auf die sich aus den Einbauten ergebende Wohnwerterhöhung berufen.

Nachmieter übernimmt Rückbauverpflichtung

Teilweise werden auch die Kosten für die Schönheitsreparaturen für erstattungsfähige Umzugskosten gehalten (BGH WuM 1997, 380). In diesen Fällen sind die Grundsätze der eigentlich nur für die Übernahme von Inventar und Einrichtungen geltenden Wertregelung entsprechend anzuwenden (BGH WuM 1997, 380/381).

Erstattung von Kosten für Schönheitsreparaturen

Nur weil an die Wohnung gebundene Verträge, etwa solche über einen Kabel- oder DSL-Anschluss, nicht auf den neuen Wohnort übertragen werden können, besteht jedenfalls bei zweijähriger Mindestlaufzeit kein Sonderkündigungsrecht (BGH WuM 2011, 32). Sofern technisch problemlos möglich, kann es sich daher anbieten, mit den

Nachmietern zu vereinbaren, dass diese die Versorgungs-
leistung oder – in Absprache mit dem Dienstleister – den
Vertrag übernehmen.

VI. Mietschuldenfreiheitsbestätigung

Nicht selten fordern Vermieter, dass Mieter bei ihrer Be-
werbung neben anderen Angaben und Bescheinigungen
eine Bestätigung ihres bisherigen Vermieters vorlegen,
dass bei diesem keine Mietschulden bestehen. Vermieter
sind jedoch nicht verpflichtet, solche Mietschuldenfrei-
heitsbestätigungen auszustellen (BGH WuM 2009, 647).
Sollte der neue Vermieter auf einer solchen Bestätigung
bestehen, sollte man freundlich darauf verweisen und
notfalls, wenn man zur Anmietung wild entschlossen ist,
anhand der letzten Mieterhöhung(en) und Kontoauszügen
die Mietzahlungen nachweisen. Bei Streit mit dem Vorvermieter, etwa über Minderungen, bleibt ohnehin nur, durch
andere Nachweise die eigene Bonität zu belegen.

Kapitel 7
Nach der Rückgabe der Wohnung

Nach Rückgabe der Wohnung, teilweise auch schon vorher, müssen oft zwei weitere Problemkreise berücksichtigt werden: ausstehende Heiz- und Betriebskostenabrechnungen sowie die meist zu Mietbeginn gestellte Mietsicherheit.

I.   Betriebskostenabrechnungen

Zwangsläufig können bei Mietende noch nicht alle Abrechnungen über die Heiz-, Warmwasser- und kalten Betriebskosten des laufenden Abrechnungszeitraums vorliegen. Für die Mieter stellt sich die Frage, ob und wenn ja, wann sie mit der Abrechnung und etwaigen Nachforderungen oder Guthaben rechnen können.

Wann muss abgerechnet werden?

1.   Allgemeines zu Betriebskosten bei Wohnraummiete

Nicht für jedes Mietverhältnis sind diese Fragen von Bedeutung. Denn vom Grundsatz her hat der Vermieter sämtliche Betriebskosten selbst zu tragen (§ 535 Abs. 1 Satz 3 BGB), weil diese mit der Miete abgegolten werden. Heutzutage finden sich jedoch in den meisten Mietverträgen Vereinbarungen, nach denen die Mieter die Betriebskosten zu tragen haben. Betriebskosten, oft auch als Nebenkosten bezeichnet, sind die Kosten, die Eigentümern und Erbbauberechtigten regelmäßig wiederkehrend entstehen, wenn sie ein Grundstück nutzen (§§ 556 Abs. 1 BGB, § 1 Abs. 1 BetrkVO). Unterschieden werden die Warmwasser- und Heizkosten, über die in der Regel nach den Vorschriften der Heizkostenverordnung (HeizkVO) abzurechnen ist, von den übrigen, kalten Betriebskosten. Oft werden beide Kostenarten getrennt voneinander abgerechnet. Betriebskosten müssen die Mieter in der Regel nur dann bezahlen, wenn dies wirksam vereinbart wurde. An den Warmwasser- und Heizkosten werden die Mieter,

Gesetzlich hat Vermieter die Betriebskosten zu tragen

soweit der Vermieter die Versorgung stellt, üblicherweise nach den Vorschriften der Heizkostenverordnung entsprechend ihrem realen Verbrauch und ihrem Anteil an den Räumlichkeiten des Grundstücks beteiligt. Pauschalen verbieten sich daher. Meist ist vereinbart, dass die Mieter sowohl auf die Heiz- und Warmwasserkosten und die kalten Betriebskosten Vorauszahlungen leisten. Einmal im Jahr muss der Vermieter über diese Vorauszahlungen abrechnen, ihnen die real entstandenen Kosten gegenüberstellen und den auf die Mieter entfallenden Anteil berechnen (§ 556 Abs. 3 Satz 1 BGB). Daraus ergibt sich dann entweder ein Guthaben zugunsten der Mieter oder eine Nachforderung, die der Vermieter von den Mietern verlangen kann. Nur um diese Fälle geht es in diesem Anschnitt.

Abrechnungs-zeitraum muss ein Jahr umfassen

Dass jährlich abgerechnet werden muss (§ 556 Abs. 3 Satz 1 BGB) bedeutet nicht, dass sich der Zeitraum, über den abzurechnen ist, mit dem Kalenderjahr decken muss. Der Abrechnungszeitraum muss aber ein Jahr umfassen, sodass Abrechnungsperioden, die weniger als zwölf Monate umfassen, weder zulässig sind noch vereinbart werden können, weil sie für die Mieter in aller Regel nachteilig und damit unwirksam sind (§ 556 Abs. 4 BGB). Über einen verkürzten Zeitraum darf in der Regel nicht abgerechnet werden (LG Berlin GE 1990, 1035; GE 1991, 935), auch nicht aufgrund eines Vermieterwechsels (LG Berlin GE 2005, 433).

Nach-zahlungen

Betriebskostennachforderungen und -guthaben verjähren nach drei Jahren (§ 195 BGB), gerechnet vom Ende des Jahres, in dem die Mieter die Abrechnung erhalten haben (siehe S. 227). Wichtiger ist, dass der Vermieter spätestens ein Jahr nach Ende der Abrechnungsperiode abrechnen muss. Geht den Mietern die Betriebskostenabrechnung später zu, kann er Nachzahlungen nur verlangen, wenn er die Verzögerung nicht zu vertreten hat (§§ 556 Abs. 3 Satz 3 BGB, 20 Abs. 3 Satz 4 NMV). Nach Ablauf dieser Abrechnungsfrist kann der Vermieter seine Abrechnung zwar korrigieren, von den Mietern aber keine weiteren

Zahlungen verlangen (BGH WuM 2008, 150). Vorauszahlungen, die die Mieter schuldig geblieben sind, können
auch danach noch gefordert werden, allerdings nur auf Basis einer Abrechnung (OLG Düsseldorf GE 2001, 488/489;
LG Berlin GE 2002, 803; OLG Brandenburg WuM 2006,
579). Etwaige Guthaben aus seiner verspäteten Abrechnung muss der Vermieter natürlich erstatten. Auch wenn
er unverschuldet nicht rechtzeitig abrechnen konnte, etwa
weil das Finanzamt die Grundsteuer nachträglich für zu-
rückliegende Zeiträume erhöht hat, muss er die Abrechnung, nachdem das Hindernis weggefallen ist, möglichst
schnell erstellen bzw. korrigieren, im Regelfall innerhalb
von drei Monaten (BGH WuM 2006, 516). In den meisten
Fällen, in denen der Vermieter Kosten geltend macht, die
nachträglich erhöht wurden, korrigiert er lediglich seine
alte Abrechnung. Ist diese verjährt (siehe S. 224 ff.), dann
kann er von den ausgezogenen Mietern trotz nachträg-
licher Korrektur keine Nachzahlung mehr verlangen (LG
Düsseldorf WuM 2011, 99; LG Rostock WuM 2009, 232).

Hat der Vermieter nicht fristgerecht über die Betriebskosten abgerechnet, so können ihn die Mieter auf Rech-
nungslegung verklagen. Nach Ende des Mietverhältnisses
– nicht jedoch im laufenden Mietverhältnis (BGH WuM
2006, 383) – können Sie ihn aber in einem solchen Fall
auch auffordern, sämtliche Vorauszahlungen der betreffenden Abrechnungszeiträume auszuzahlen, und dies notfalls auch einklagen (BGH WuM 2005, 337). Allerdings
kann der Vermieter die Betriebskosten im Prozess oder
auch noch anschließend abrechnen und eine etwaige Rest-
forderung bis zur Höhe der Vorauszahlungen verlangen.

**Nach Miet-
ende Voraus-
zahlungen
einklagen**

2. Was bei Aus- und Einzug beachtet werden muss

Der Auszug der Mieter während der laufenden Abrechnungsperiode verpflichtet den Vermieter weder zur vorzeitigen Abrechnung, noch zu Abrechnungen über einen
Teilzeitraum (§ 556 Abs. 3 Satz 4 BGB). Es bleibt beim
einjährigen Abrechnungszeitraum. Es ist also durchaus

**Kein An-
spruch auf
vorzeitige
Abrechnung**

normal, dass die Mieter in solchen Fällen länger als ein Jahr auf die Abrechnung warten müssen (Beispiel: Auszug am 31.10.2010, Ende der Abrechnungsperiode am 31.12.2010, folglich muss den Mietern die Abrechnung spätestens am 31.12.2011 zugehen.).

Trotz Auszugs vor Mietende sind Betriebskosten zu entrichten

Häufig meinen Mieter, bei einem vorzeitigen Auszug oder verspäteten Einzug müssten sie Betriebskosten nur für die Zeit, in der sie die Wohnung bewohnt hatten, entrichten. Dies trifft nicht zu. Entscheidend ist bei Auszug das Vertragsende, es sei denn, die Mieter haben nicht zu vertreten, dass die Wohnung erst später zurückgegeben wurde. Bei Einzug ist auf die Wohnungsübergabe abzustellen. Erfolgt diese wegen der Mieter verspätet, ist der Vertragsbeginn entscheidend.

Auf Zwischenablesung bestehen

Ziehen die Mieter während einer Abrechnungsperiode aus oder ein, dann dürfen die Betriebskosten auf sie nur für die Zeit, in der das Mietverhältnis bestand, anteilig umgelegt werden. Bei verbrauchsunabhängig umgelegten Kostenpositionen ist dies einfach, bei den verbrauchsabhängig abgerechneten Kosten, vor allem bei Heizung, Warm- und Kaltwasser, setzt dies eine Zwischenablesung voraus.

Keine Zahlungen an Ablese- oder Abrechnungsdienste

Meist wird diese Ablesung, ebenso wie die Abrechnung selbst, von Wärmemessdiensten vorgenommen. Beachten Sie, dass Ablese- und Abrechnungsdienste nur Erfüllungsgehilfen des Vermieters sind, nicht aber Ihre Vertragspartner. Zahlungen sind daher nie an diese Unternehmen zu leisten. Bei Differenzen oder Auseinandersetzungen ist Ihr Vermieter der richtige Ansprechpartner, was Sie allerdings nicht davon abhalten muss, Informationen auch von den Fremdfirmen einzuholen. Auskunftspflichtig sind diese Ihnen gegenüber aber nicht. Schützen Sie sich vor falschen Ablesungen oder Ansätzen, indem Sie einen Zeugen unmittelbar vor dem Ablesetermin die Werte auf Warmwasserzählern und Heizkostenverteilern ablesen und notieren lassen. Monieren Sie nennenswerte Differenzen.

Bei Auszug eine solche Zwischenablesung durchzuführen, ist Vermieterpflicht, wird jedoch oft versäumt. Aus diesem

Grund sollten Sie vor der Wohnungsübergabe die Werte sämtlicher Zähler (Strom, Gas, Warm- und Kaltwasser, Heizung) möglichst durch Zeugen (siehe S. 29 ff.) ablesen und notieren lassen. Achten Sie darauf, dass in einem etwaigen Übergabeprotokoll (siehe S. 219 ff.) die richtigen Zählerstände festgehalten werden.

Tipp

Ablesung durch Zeugen

Mietvertraglich kann allerdings vereinbart werden, dass bei Ein- und Auszügen auch verbrauchsabhängig ermittelte Kosten zeitanteilig aufgeteilt werden. Sich darauf einzulassen, kann nicht geraten werden. Denn unter Umständen müssen Sie dann erhebliche Kosten für Ihre Nach- bzw. Vormieter tragen.

Kosten für Zwischenablesungen können ebenso wenig wie wegen des Auszugs entstehende Abrechnungsmehrkosten auf die Mieter umgelegt werden, sondern sind vom Vermieter zu tragen (BGH WuM 2008, 85). Ob dies auch gilt, wenn der Mietvertrag eine Kostenregelung zulasten der Mieter enthält, ist umstritten. In letzterem Fall sollten Sie bei Streit versuchen, eine Kostenteilung auszuhandeln. Ein Rechtsstreit lohnt wegen des meist geringen Betrags nicht.

Kosten der Zwischen- ablesung

Außer bei den Kaltwasserkosten ist die Zwischenablesung vor allem bei den Heiz- und Warmwasserkosten von Bedeutung. Um den auf die Mieter umzulegenden Verbrauchsanteil der Heiz- und Warmwasserkosten zu ermitteln, muss der Vermieter eine Zwischenablesung vornehmen oder veranlassen (§ 9b Abs. 1 HeizkVO). Allerdings kann mietvertraglich eine andere Form der Abrechnung vereinbart werden (§ 9b Abs. 4 HeizkVO), bei der auf eine Zwischenablesung verzichtet werden kann. Beachten Sie aber, dass diese Vereinbarung präzise den Abrechnungsmaßstab angeben muss und der Verzicht auf die ohnehin nicht erforderliche Zwischenabrechnung keinen Verzicht auf eine Zwischenablesung enthält (häufiger Vermieterirrtum).

Zwischen- ablesung bei Heiz- und Warmwasser- kosten

Nur wenn eine Zwischenablesung nicht möglich ist oder technisch bedingt keine verwertbaren Ergebnisse ergibt, können die gesamten Heizkosten nach Gradtagszahlen (siehe im Fortgang) oder nach Wohnzeit, die Warmwas-

Wenn eine Zwischen- ablesung nicht möglich ist

serkosten nach Wohnzeit aufgeteilt werden (§ 9b Abs. 3 HeizkVO). Besonders oft ergeben Ablesungen der an Heizungen angebrachten Verdunsterröhrchen kein verwertbares Ergebnis, wenn die Mieter kurz nach Beginn des Abrechnungszeitraums wechseln. Für ausziehende Mieter ist dies kein Problem, weil ihnen in der Regel ein geringerer Verbrauch zugeschrieben wird, wohl aber für die Nachmieter. Wird in solchen Fällen nach Gradtagszahlen abgerechnet, was dann der gerechtere Verteilungsmaßstab ist, so muss dies in der Abrechnung nachvollziehbar vorgerechnet und erläutert werden; sonst ist sie unwirksam (LG Magdeburg ZMR 2006, 289). Gleiches gilt, wenn eine Schätzung des Verbrauchs erforderlich wird, etwa weil der Mieter dem vom Vermieter beauftragten Ableseunternehmen keinen Zutritt zur Wohnung ermöglichte (LG Berlin GE 2007, 1190).

Wenn die Zwischenablesung versäumt wurde

Wenn der Vermieter die Zwischenablesung vergisst oder verweigert, obwohl diese möglich gewesen wäre und zu verwertbaren Ergebnissen geführt hätte, so ist die Abrechnung jedenfalls hinsichtlich des verbrauchsabhängigen Anteils nichtig (AG Schöneberg MM 2006, 37). Die Mieter müssen darin ausgewiesene Nachforderungen also nicht entrichten, es sei denn, der auf sie entfallende Anteil an den verbrauchsunabhängigen Kosten übersteigt ihre Vorauszahlungen. Teilweise wird auch vertreten, dass die Mieter darauf verwiesen werden können, das Ergebnis der verbrauchsunabhängig erfolgten Abrechnung um 15 Prozent zu kürzen (AG Charlottenburg WuM 2006, 36). Vereinzelt wird dies sogar für Fälle vertreten, bei denen der Vermieter vorhandene Kaltwasserzähler nicht für eine Zwischenablesung genutzt hat (AG Hamburg ZMR 2006, 132). Dies dürfte zwar unzutreffend sein, doch gerade aus diesem Grund sollten Sie selbst bei Ein- und Auszug die Zählerstände an Heizung und Warmwasseruhren beweissicher dokumentieren.

Soweit die Heizkostenverordnung Anwendung findet (was fast immer der Fall ist), muss ein Teil der Heiz- und Warmwasserkosten nach Verbrauch der einzelnen Mietparteien, der andere Teil regelmäßig nach Wohnfläche, beheizter Fläche oder Raumvolumen umgelegt werden. Verbrauchsabhängig sind mindestens 50 Prozent, maximal 70 Prozent, verbrauchsunabhängig mindestens 30 Prozent, maximal 50 Prozent der Kosten zu verteilen. Bei älteren, schlecht gedämmten Gebäuden, ist meist eine Kostenverteilung im Verhältnis von 70 zu 30 Prozent Vorschrift. In diesem Rahmen können Vermieter und Mieter bestimmen, welches Verhältnis gelten soll. Ist im Mietvertrag dazu nichts vereinbart, entscheidet der Vermieter.

Regeln für die Abrechnung der Heiz- und Warmwasserkosten

Bei der Abrechnung dürfen nur die von den jeweiligen Mietern abgewohnten und verbrauchten Kostenanteile umgelegt werden. Diese werden bei dem verbrauchsunabhängigen und dem verbrauchsabhängigen Kostenanteil unterschiedlich errechnet. Der auf die Mieter umzulegende Verbrauchsanteil der Heiz- und Warmwasserkosten muss durch eine Zwischenablesung ermittelt und entsprechend umgelegt werden, sofern im Mietvertrag nichts anderes vereinbart wurde (siehe oben). Für die Verteilung der verbrauchsunabhängigen Kosten gelten bei Heizung und Warmwasser Sonderregeln:

Der verbrauchsunabhängige Teil der Heizkosten wird in der Regel nach Gradtagszahlen umgelegt (§ 9b Abs. 2 HeizkVO). Eine rein zeitanteilige Kostenverteilung, die allerdings auch zulässig ist, wäre ungerecht. Denn es werden auf die Heizkosten jeden Monat die gleichen Vorauszahlungen geleistet. Geheizt wird aber nur in der kalten Jahreszeit, und zwar mit unterschiedlicher Intensität. Daher werden die Kosten anhand langjähriger Erfahrungswerte verteilt: 1.000 Einheiten/Jahr werden entsprechend des durchschnittlichen Gradtagszahlentabelle-Heizenergieverbrauchs auf die einzelnen Monate verteilt. Jedem Monat sind nach der VDI-Norm 2067 (Blatt 1, Tabelle 22, Ausgabe Dezember 1983) Promille-Anteile, die Gradtagszahlen, zugeordnet.

Gradtagszahlen bei Heizkosten

Gradtagszahlentabelle		
Monat	Gradtagszahlen: Verbrauch in Promille	
	pro Monat	pro Tag
Januar	170	170/31 = 5,48
Februar	150	150/28 = 5,35
März	130	130/31 = 4,19
April	80	80/30 = 2,66
Mai	40	40/31 = 1,29
Juni, Juli, August (zusammen)	40	40/92 = 0,43
September	30	30/30 = 1,0
Oktober	80	80/31 = 2,58
November	120	120/30 = 4,0
Dezember	160	160/31 = 5,16

Beispiel Die Mieter sind Ende März ausgezogen. Die für die Wohnung errechneten verbrauchsunabhängigen Kosten betragen 560,00 Euro. Davon entfallen auf die Mieter, sofern der Abrechnungszeitraum das Kalenderjahr ist, 170 + 150 + 130 = 450 Promille. Sie haben also 180,00 Euro : 1.000 x 450 = 252,00 Euro zu tragen. Das ist, verglichen mit dem für dieses Vierteljahr rein zeitanteilig ermittelten Wert (560,00 Euro : 4 = 140 Euro) sehr viel. Weil die Vorauszahlungen der Wintermonate gleich hoch wie die der übrigen Jahreszeiten sind, führen Auszüge während des Winters oft zu erheblichen Nachzahlungen und Irritationen. Wie das Rechenbeispiel zeigt, müssen solche Abrechnungen aber allein der hohen Nachzahlungen wegen nicht falsch sein.

Zeitanteilige Umlage bei den Warmwasserkosten Der verbrauchsunabhängig umzulegende Warmwasseranteil wird dagegen streng zeitanteilig nach den abgewohnten Kalendertagen ermittelt. Eine Umlage nach Gradtagszahlen ist unzulässig.

Zur Abrechnung ist Ihr Vermieter verpflichtet; er kann sich dazu einer Hausverwaltung oder eines Abrechnungsunternehmens bedienen. Hat Ihr Vermieter die Mieträume veräußert, so gelten folgende Regeln: Entscheidend ist, ob der neue Eigentümer vor, während oder nach der betreffenden Abrechnungsperiode Vermieter geworden ist. Vermieter wird der Erwerber in der Regel erst mit seiner Eintragung als Eigentümer ins Grundbuch. Für Abrechnungsperioden, die vor dem Eigentumswechsel abgeschlossen waren, ist der alte Vermieter in vollem Umfang verantwortlich (BGH WuM 2004, 94). Nachzahlungen kann der neue Vermieter in diesem Fall nur verlangen, wenn ihm diese vom alten Vermieter abgetreten worden sind. Begann die Abrechnungsperiode nach dem Eigentumswechsel, dann muss der neue Vermieter abrechnen, etwaige Guthaben erstatten und kann die sich aus der Abrechnung ergebenden Nachzahlungen von den Mietern fordern. Dies gilt auch, wenn der Eigentumswechsel während der laufenden Abrechnungsperiode stattgefunden hat. Auch wenn der Erwerber nicht alle Vorauszahlungen selbst erhalten hat, muss er diese bei seiner Abrechnung berücksichtigen und etwaige Guthaben vollständig erstatten. Das gilt auch für Eigentumswechsel, die im Beitrittsgebiet durch Rückgabebescheid erfolgt sind (BGH WuM 2000, 609; LG Berlin GE 2004, 50). An diesen Regeln ändert sich nichts, wenn der Eigentumswechsel erfolgt, nachdem das Mietverhältnis beendet und die Mieter ausgezogen sind (vgl. BGH WuM 2007, 267). Für die Abrechnung einer im Zeitpunkt der Grundbucheintragung abgelaufenen Abrechnungsperiode bleibt also der bisherige Vermieter zuständig (BGH WuM 2007, 267).

Abrechnung bei Vermieterwechsel

Wurde über Ihre Mietwohnung die Zwangsverwaltung verhängt, so muss meist der Zwangsverwalter über die Betriebskosten abrechnen, selbst wenn er die Vorauszahlungen nicht erhalten hat. Dies gilt auch für Zeiträume, die vor der Anordnung liegen, wenn das Mietverhältnis bei Anordnung der Zwangsverwaltung noch lief (BGH WuM 2006, 402). In diesen Fällen muss der Zwangsver-

Abrechnung bei Zwangsverwaltung

walter auch ein etwaiges Abrechnungsguthaben an die Mieter auszuzahlen. Nach der Logik der bisherigen BGH-Rechtsprechung muss er selbst Betriebskostenguthaben aus Abrechnungen erstatten, die er nicht selbst erteilt hat. Entsprechend kann er auch die Erstattung etwaiger noch unbezahlter Nachforderungen aus solchen Abrechnungen verlangen.

Abrechnung bei Insolvenzverwaltung Wurde über die Mieträume die Insolvenzverwaltung verhängt, so gelten folgende Regeln (vgl. BGH MM 2007, 73): Noch nicht erteilte Abrechnungen hat der Insolvenzverwalter innerhalb der Abrechnungsfrist vorzunehmen. Dabei hat er für die Zeit vor und für die Zeit nach Eröffnung des Insolvenzverfahrens getrennt abzurechnen. Etwaige Guthaben aus den Abrechnungen können die Mieter vom Insolvenzverwalter nur dann in voller Höhe erstattet verlangen, wenn sie sich aus Zeiten nach Insolvenzeröffnung ergeben. Guthaben aus davor liegenden Zeiten sind zur Insolvenztabelle anzumelden, werden also nur teilweise erstattet. Allerdings können die Mieter stattdessen, solange die Insolvenzverwaltung dauert, Guthaben aus Abrechnungen des Insolvenzverwalters mit laufenden Mieten aufrechnen.

II. Die Mietsicherheit zurückfordern

Einer der häufigsten Streitpunkte nach Auszug ist die Rückerstattung der meist bei Mietbeginn von den Mietern geleisteten Mietsicherheit.

1. Allgemeines zur Mietsicherheit

Formen von Mietsicherheiten Meist verlangen Vermieter, dass die Mieter sie für den Fall absichern, dass sie die Miete nicht zahlen oder andere mietvertragliche Pflichten nicht erfüllen. Dem dient die Mietsicherheit, die in der Regel durch eine Kaution, ein verpfändetes Kautionssparbuch oder eine Bürgschaft geleistet wird. Seit dem 1.9.2001 können auch andere Anlageformen vereinbart werden (§ 551 Abs. 3 Satz 2 BGB).

Solange er über die Mietsicherheit noch nicht abgerechnet hat, kann der Vermieter eigene Forderungen, die ihm gegen die Mieter aufgrund des Mietverhältnisses zustehen, verrechnen. Juristisch gesehen rechnet der Vermieter meist gegen den Rückerstattungsanspruch auf, den die Mieter hinsichtlich der Mietsicherheit am Ende des Mietverhältnisses geltend machen können. Aufrechnen kann man nur gegenüber gleichartigen Ansprüchen (§ 387 BGB). Der Vermieter kann also nicht etwa gegen einen Anspruch auf Herausgabe restlicher Schlüssel aufrechnen, wohl aber gegen etwaige Schadensersatzansprüche, die ihm zustehen, weil er nicht alle Schlüssel zur Wohnung erhalten hat (siehe S. 189 ff.).

Bei preisgebundenen Wohnungen des sozialen Wohnungsbaus (siehe S. 91 f.) darf die Mietkaution nur zur Sicherung von Ansprüchen wegen Beschädigung der Mietsache und Schönheitsreparaturen verlangt werden (§ 9 Abs. 5 WoBindG). Davon abweichende Vereinbarungen machen die Kautionsabrede insgesamt unwirksam (LG Aachen WuM 2006, 101). Heizkosten- und andere Betriebskostennachforderungen oder Mietrückstände kann der Vermieter in diesen Mietverhältnissen also nicht mit der Kaution verrechnen.

Preisgebundener Wohnraum des sozialen Wohnungsbaus

In Wohnraummietverhältnissen darf der Betrag, mit dem der Vermieter abgesichert wird, maximal drei Monatsmieten betragen (§ 551 Abs. 1 BGB). Bei der Berechnung bleiben Mietanteile, die nach dem Mietvertrag für (kalte und warme) Betriebskosten gezahlt werden, unberücksichtigt. Wenn Ihr Mietvertrag keine Betriebskostenvereinbarung enthält oder keine von Grundmiete als Pauschale oder als Vorauszahlung getrennten Betriebskostenanteil ausweist, ist der Betrag der gesamten Monatsmiete maßgeblich.

Maximal drei Monatsmieten

Soweit die Sicherheit als Geldbetrag gezahlt wird, dürfen die Mieter diesen in drei Monatsraten ab Mietbeginn entrichten (§ 551 Abs. 2 BGB). Die Kaution ist mindestens mit dem für Spareinlagen mit dreimonatiger Kündigungsfrist üblichen Zinssatz anzulegen (§ 551 Abs. 3 Satz 1 BGB). Wurde die Verzinsung in einem vor dem 1.1.1983

Entrichtung in drei Monatsraten

geschlossenen Mietvertrag ausgeschlossen, so bleibt dies wirksam (BGH WuM 2009, 289). Natürlich kann eine höhere Verzinsung vereinbart werden. Die Zinsen fließen der Kaution zu und sind später mit dieser zurückzuzahlen.

Vereinbarungen, die gegen diese Grundsätze zulasten der Mieter verstoßen, sind nichtig (§ 551 Abs. 3 Satz 1 BGB). Doch führt dies in aller Regel nicht dazu, dass die gesamte Vereinbarung über die Mietsicherheit unwirksam wird, sondern nur dazu, dass die gesetzliche Regelung gilt. Steht also im Vertrag, dass die Mieter sechs Monatsmieten vollständig bei Vertragsschluss in bar entrichten müssen, so können sie darauf bestehen, nur den zulässigen Betrag von drei Monatsmieten in drei gleichen Raten ab Vertragsbeginn zu zahlen (BGH WuM 2003, 495 und WuM 2004, 147).

Über-sicherung Manchmal wird erst bei Mietende entdeckt, dass die Mietsicherheit aufgrund einer unwirksamen Vereinbarung geleistet wurde. Meist handelt es sich dabei um Übersicherungen, das heißt Vereinbarungen, bei denen der Vermieter eine höhere Sicherheit als die ihm zustehenden drei Grundmieten (§ 551 Abs. 1 BGB) verlangt hatte. Solche Übersicherungen sind nichtig (§ 551 Abs. 3 Satz 1 BGB), meist allerdings nur insoweit, als die Kautionsvereinbarung den zulässigen Drei-Monats-Betrag übersteigt. In solchen Fällen können die Mieter von ihrer Kautionszahlung vom Vermieter in der Regel den Betrag zurückfordern, der die Höhe von drei Monatsmieten (ohne Betriebskostenanteil) überschreitet (BGH WuM 2004, 147). Mit diesem Anteil darf der Vermieter auch keine Forderungen, die ihm möglicherweise gegen die Mieter zustehen, aufrechnen.

Bürgschaften Gerade bei Bürgschaften kommt es häufig vor, dass diese ergänzend zur Kaution verlangt werden oder die zulässige Höhe von drei Monatsmieten (ohne Betriebskosten) überschreiten. Dies führt allerdings nicht dazu, dass die Vereinbarung über die Mietsicherheit(en) komplett nichtig ist. Diese ist nur insoweit unwirksam, als sie die zulässige Sicherung von drei Grundmieten überschreitet (BGH NJW 2004, 3045). Hat der Vermieter also neben einer Kaution von drei Monatsmieten auch noch eine Bürgschaft verlangt, so führt diese Übersicherung nur dazu, dass die Bürgschaftsurkunde vom Vermieter zurückverlangt werden kann (LG Berlin MM 2001, 151). Zulässig ist eine solche Bürgschaft aber, wenn sie dem Vermieter unaufgefordert angeboten wird, was dieser im Streitfall beweisen muss. Dies gilt selbst dann, wenn die Bürgschaft nicht auf einen bestimmten Betrag begrenzt ist. Häufig kommt dies vor, wenn Eltern für ihre in der Ausbildung befindlichen Sprösslinge eine Wohnung suchen. Von sich aus sollte man eine solche Bürgschaft also möglichst nicht anbieten.

Tipp

Fordert der Vermieter eine solche unbegrenzte Bürgschaft, so sollten Sie möglichst etwaigen Schriftverkehr aufheben und etwaige Zeugenaussagen sichern (siehe S. 29 ff.), um im Streitfall belegen zu können, dass Sie die Bürgschaft nicht angeboten haben.

Selbstschuldnerische Bürgschaft

Üblich und zulässig ist die Formulierung, dass die Bürgschaft selbstschuldnerisch erfolgt. In diesem Fall kann der Vermieter, wenn er einen Anspruch geltend machen will, gleich gegen den Bürgen vorgehen, muss sich also von diesem nicht darauf verweisen lassen, dass er erst seinen Gläubiger (den Mieter) verklagen muss. Eine Bürgschaft ist nur wirksam, wenn der Bürge schriftlich erklärt hat, dass er als Bürge für die Mietschulden haftet (§ 766 BGB). Verpflichten sich die Mieter nach Erteilung der Bürgschaft zusätzlich, etwa zur Durchführung einer Endrenovierung gegen vorzeitige Entlassung aus dem Mietvertrag, dann muss der Bürge dafür nicht haften (OLG Frankfurt a.M. NZM 2006, 900).

Zweckgebundene Sonderkautionen

Neben der normalen Mietsicherheit können zweckgebundene Sonderkautionen vereinbart werden, wenn der Vermieter auf Verlangen der Mieter Einrichtungen oder Einbauten gestattet, etwa das Anbringen einer Parabolantenne oder Maßnahmen, durch die Räume behindertengerecht gestaltet werden. Solche Kautionen darf der Vermieter nur mit durch die Maßnahmen verursachten Kosten, nicht aber mit anderen Forderungen verrechnen, die ihm gegen die Mieter zustehen (AG Köln WuM 2008, 556).

Bürgschaft »auf erstes Anfordern«

Teilweise verlangen Vermieter auch eine Bürgschaft »auf erstes Anfordern«. Bei dieser Bürgschaftsform, die nur möglich ist, wenn ein Kreditinstitut Bürge ist, kann der Bürge gegen die Forderung des Vermieters, anders als sonst, nicht die Einwände geltend machen, die dem Mieter selbst zustehen, sondern muss die Bürgschaftssumme auf erstes Anfordern auszahlen. Dies hat zur Folge, dass der Mieter bei unberechtigter Inanspruchnahme den Betrag anschließend zurückklagen muss. Dass sich Kreditinstitute verbürgen, kommt auch in Wohnraummietverhältnissen vor. Die Mieter müssen dafür Avalzinsen zahlen, solange der Vermieter die Bürgschaftsurkunde nicht zurückgibt.

Wird ein Dritter, oft ein Elternteil noch in der Ausbildung befindlicher Mieter, nur formell als weitere Mietpartei in den Mietvertrag aufgenommen und zwar einzig zu dem Zweck, den Vermieter zusätzlich zu sichern, ist dies unwirksam (LG Leipzig NZM 2006, 175). Diese Rechtsauffassung ist nicht zwingend. Man sollte sich darauf nur berufen, wenn der Vermieter die Zusatzmieter in Anspruch nimmt. Ansprüche auf Rückgewähr der Kaution sollten alle Mieter gemeinsam geltend machen (siehe S. 255).

Insolvenzsichere Anlage der Kaution

Geldbeträge muss der Vermieter gesondert von seinem Vermögen anlegen, damit diese im Falle seiner Insolvenz (siehe S. 58 f.) in voller Höhe erhalten bleiben (§ 551 Abs. 3 Satz 3 BGB). Nur wenn der Vermieter die Kaution getrennt von seinem Vermögen angelegt hat, können Mieter im Falle seiner Insolvenz die Aussonderung verlangen (BGH WuM 2008, 149). Ansonsten muss ihnen der Insolvenzverwalter nicht die volle Kaution erstatten, sondern nur eine anteilige Quote. Daher können Mieter stets verlangen, dass ihnen der Vermieter die insolvenzsichere Anlage nachweist. Vorher müssen sie die Kaution nicht zahlen (BGH WuM 2010, 752). Eine bereits entrichtete Kaution können sie zurückfordern, wenn der Vermieter ihrer Aufforderung nicht nachkommt (§ 321 BGB). Alternativ dazu können die Mieter bis zur Erfüllung dieser Pflicht in Höhe des Kautionsbetrages die laufende Miete einbehalten (BGH WuM 2009, 668), und zwar selbst dann, wenn eine Zwangsverwaltung (siehe S. 261) besteht. Allerdings müssen sie den Betrag zur Verfügung bereithalten und dem Vermieter erstatten, wenn dieser nachgewiesen hat, dass und wo die Kaution insolvenzsicher angelegt wurde.

Wegen der Zinsertragsteuer sollten Mieter eine Anlageform wählen, bei der sie selbst die Freistellung veranlassen können, etwa ein eigenes Kautionssparbuch oder -konto, das dem Vermieter verpfändet wird. Ist die Kaution dagegen auf den Namen des Vermieters angelegt, sind die Mieter gezwungen, vom Vermieter die Bankbescheinigung über den Zinsverlust zu verlangen, um diesen bei der Lohn- oder Einkommensteuererklärung geltend zu machen. Obwohl auf die Überlassung ein Anspruch besteht (AG Tiergarten GE 2002, 998), kommt es darüber nicht selten zu Streit, der in keinem Verhältnis zur Sache steht. Rechnet der Vermieter über die Kaution nach Mietende ab, so kann auf ein Urteil des Amtsgerichts Hamburg-Altona (NZM 1998, 913) verwiesen werden, das entschieden hat, dass dieser die Abzüge für die Zinsabschlagsteuer zu tragen hat. Sicher darauf vertrauen, dass das für Sie zuständige Gericht ebenso entscheidet, können Sie nicht, weil die Frage umstritten ist.

Kautionssparbuch auf Namen des Mieters anlegen

Ein auf den eigenen Namen angelegtes Kautionssparbuch hat zudem den Vorteil, dass die Bank den Kontoinhaber informiert, wenn der Vermieter Auszahlung verlangt, sodass die Rückäußerungsfrist dazu genutzt werden kann, Rechtsrat einzuholen und zu reagieren. Wird ein von den Mietern selbst als Mietsicherheit angelegtes Sparkonto (mit oder ohne Sparbuch) an den Vermieter verpfändet, muss dies der kontoführenden Bank angezeigt werden (§ 1280 BGB). In der Praxis erfolgt die Anzeige meist in einem mit Anlage und Abgabe der Verpfändungserklärung. In Fällen, in denen dies nicht eindeutig ist, stellt die Übergabe eines Sparbuchs an den Vermieter im Zweifel keine Verpfändung, sondern eine Abtretung dar (AG Dortmund WuM 2006, 251).

Bank informiert Mieter

2.   Was bei Rückforderung der Mietsicherheit beachtet werden muss

**Verrech-
nungen des
Vermieters
müssen nach-
vollziehbar auf-
geführt sein**

Nach Ende des Mietverhältnisses muss der Vermieter über die Mietsicherheit und die angefallenen Zinsen abrechnen. Stehen ihm aus dem Mietverhältnis Ansprüche gegen die Mieter zu, deren Sicherung die Kaution diente (siehe S. 245 ff.), darf er die entsprechenden Beträge mit dieser verrechnen und vereinnahmen. Diese Verrechnungen müssen in der Abrechnung nachvollziehbar aufgeführt sein. Rechtlich gesehen werden die verrechneten Forderungen gegen den Rückerstattungsanspruch der Mieter aufgerechnet. Das bedeutet, dass die Vermieterforderungen in Höhe der Verrechnung erfüllt sind und die Mieter in gleicher Höhe ihren Erstattungsanspruch verlieren. Den verbleibenden Betrag muss der Vermieter den Mietern bzw. dem Sicherungsgeber erstatten.

**Dem Vermieter
steht eine Prü-
fungsfrist zu**

Nur selten können Mieter sofort nach Mietende ihre Mietsicherheit erstattet verlangen. Denn der Vermieter darf eingehend prüfen, ob ihm noch Forderungen zustehen. Erst nach Ablauf einer angemessenen Prüfungsfrist (auch als Abrechnungs- oder Überlegungsfrist bezeichnet) muss er über die Mietsicherheit abrechnen und diese gegebenenfalls erstatten. Auch danach darf er bereits verjährte Forderungen (siehe S. 224 ff.) gegen den Erstattungsanspruch der Mieter aufrechnen (§ 215 BGB; BGH RE WuM 1987, 310), es sei denn, seine Ansprüche waren vor Mietende verjährt (OLG Düsseldorf WuM 2002, 495). Vor Mietende verjährte Vermieteransprüche können in der Regel auch nicht mehr gegen eine Mietbürgschaft aufgerechnet werden (BGH WuM 1998, 224).

Welche Frist angemessen ist, ist nicht immer ganz einfach zu ermitteln. Vorrangig gilt, was im Mietvertrag steht. Manchmal ist dem Vermieter dort eine Prüfungsfrist von drei Monaten eingeräumt. Teilweise wird sogar vertreten, dass ein Vermieter, der laut Mietvertrag innerhalb einer bestimmten Frist über die Mietsicherheit abrechnen muss, seine Ansprüche nach Fristablauf nicht mehr mit der Sicherheit verrechnen darf (LG Berlin GE 1997, 1027).

Ohne solche Vereinbarungen hängt die Dauer der Prüfungsfrist von den Umständen des Einzelfalls ab (BGHZ 101, 244). Die Gerichte gehen in der Regel jedoch, sofern nichts anderes vertraglich vereinbart ist, von einer ab Rückgabe der Wohnung laufenden Frist von sechs Monaten aus (OLG Hamm NJW-RR 1992, 1036). Welche Frist als angemessen angesehen wird, hängt vor allem davon ab, in welchem Zustand die Mieträume zurückgegeben wurden und in welchem Umfang Handwerker oder Sachverständige herangezogen werden müssen. Der Vermieter darf dabei nicht zögerlich handeln, sondern muss, sobald er die Mieträume ungehindert überprüfen (lassen) kann, unverzüglich alles unternehmen, um festzustellen, welche Ansprüche ihm gegen die Mieter noch zustehen. Nur wenn gewichtige Gründe vorliegen, etwa bei umfangreichen und komplexen Einbauten der Mieter (siehe S. 152 ff.), kann die Regelfrist überschritten werden. Kann der Vermieter problemlos alsbald feststellen, welche Ansprüche ihm zustehen, kann die Frist erheblich kürzer sein und sogar unterhalb von drei Monaten liegen (OLG Köln WuM 1998, 154; a.A. LG Berlin GE 1997, 1475). Zwei Jahre kann sich der Vermieter jedoch keinesfalls Zeit lassen (OLG Düsseldorf ZMR 1992, 191).

Wann muss der Vermieter die Sicherheit zurückerstatten?

Für die vorstehend geschilderten Grundsätze gibt es eine wesentliche Einschränkung: In aller Regel endet die Prüfungsfrist des Vermieters wesentlich früher als die Frist, die ihm für die Abrechnung der Heiz-, Warmwasser- und kalten Betriebskosten zusteht (siehe S. 235 ff.). Haben beispielsweise die Mieter ihre Wohnung pünktlich zum Mietende am 31.5.2010 zurückgegeben, dann endet die Prüfungsfrist in der Regel am 30.11.2010. Wenn sich die Abrechnungszeiträume, wie dies oft der Fall ist, mit dem Kalenderjahr decken, so musste der Vermieter über die Betriebskosten des Jahres 2009 bis zum 31.12.2010 abrechnen. Über die Kosten des Jahres 2010 kann er erst bei Jahresende abrechnen und darf sich damit bis zum 31.12.2011 Zeit lassen. Muss der Vermieter, etwa aufgrund der Abrechnungsergebnisse der Vorjah-

Kaution und Betriebskostennachforderungen

re oder der Preissteigerungen, davon ausgehen, dass die Abrechnungen Nachforderungen zulasten der Mieter und zu seinen Gunsten ergeben werden, dann kann er die zu erwartenden Nachforderungsbeträge auch über die ihm sonst zustehende Prüfungsfrist hinaus bis zum Ablauf der Abrechnungsfrist(en) zurückbehalten (BGH WuM 2006, 197), obwohl seine Nachforderungen erst fällig werden, wenn abgerechnet wurde.

Einzelvertragliche Regelungen gehen vor

Dies gilt allerdings nur, wenn vertraglich nichts anderes vereinbart wurde. Auch im preisgebundenen sozialen Wohnungsbau (siehe S. 91 f.) steht dem Vermieter diese Möglichkeit nicht zur Verfügung, weil Mietsicherheiten dort nicht Ansprüche aus Betriebskosten abdecken (§ 9 Abs. 5 WoBindG; S. 245 ff.). Ohnehin ist die Einschränkung für Mietverhältnisse, in denen keine Betriebskostenvorauszahlungen geleistet werden und folglich auch nicht abgerechnet werden muss, ohne Bedeutung. Wurde die Sicherheit durch Bürgschaft geleistet, so kann der Vermieter jedenfalls dann, wenn der Betrag, den er einbehalten dürfte, nur einen vergleichsweise geringen Anteil der Bürgschaftssumme ausmacht, die Bürgschaft nach Ende der üblichen Überlegungsfrist nicht wegen der ausstehenden Betriebskostenabrechnungen einbehalten (AG Hamburg MM 2001, 359; AG Köln WuM 2000, 674; a.A. LG Berlin GE 1990, 657).

Unterschiedliche Beurteilung der Gerichte

Wie der Betrag zu ermitteln ist, den der Vermieter einbehalten darf, wird von den Gerichten unterschiedlich eingeschätzt. Teilweise geht man pauschal von einem Betrag in Höhe von zwei Monatsvorauszahlungen aus. Teilweise muss der im Falle eines Prozesses darlegungs- und beweispflichtige (siehe S. 32 ff.) Vermieter die Beträge seiner letzten Abrechnung fortschreiben und kann dabei ihm bereits bekannte höhere Preise ansetzen. Manchmal wird auch auf die in der letzten Abrechnung ermittelte Kostenbelastung der Mieter (vor Verrechnung mit deren Guthaben) pauschal ein Sicherheitszuschlag von 10 bis 15 Prozent erhoben und auf die Monate verteilt, über die noch abzurechnen ist. Nach obigem Beispiel entfiele ein entsprechender Sicherheitszuschlag also auf zwölf Monate für 2009 und auf fünf Monate für 2010, wobei nach dem 31.12.2010 wegen der dann für den Zeitraum 2009 abgelaufenen Abrechnungsfrist ein etwaiger Einbehalt nicht mehr zulässig wäre. Allenfalls dürfte der Vermieter, sofern er die Abrechnung für 2009 fristgerecht erteilt hätte, die Kaution mit der sich aus der Abrechnung ergebenden Nachzahlung verrechnen.

Teilweise versuchen Vermieter, diesen Zankapfel zu umschiffen, indem sie den Mietern vorschlagen, dass sie bis zur Abrechnung einen festen Betrag zur Sicherung quasi als gesonderte Vorauszahlung von der Mietsicherheit einbehalten. Von solchen Vereinbarungen ist abzuraten, weil eine Vorauszahlung – anders als die Kaution (siehe S. 245 ff.) – nicht verzinst werden muss.

Vorauszahlung muss nicht verzinst werden

Werden Sie darauf angesprochen, so können Sie bei einem bislang vertrauensvollen Mietverhältnis mit dem Vermieter erörtern, welcher Nachzahlungsbetrag zu erwarten ist, und signalisieren, bis zu welcher Höhe Sie gegen einen vorläufigen Einbehalt der Kaution keine Einwände erheben werden.

Zwei Möglichkeiten bieten sich, wenn der Vermieter auch nach Ablauf seiner Prüfungsfrist die Mietsicherheit einbehält, obwohl er dazu mangels eigener Ansprüche nicht berechtigt ist: Die Mieter können die Sicherheit zurückfordern und notfalls einklagen. Sofern sie dem Vermieter bei Mietbeginn eine Kaution bar ausgehändigt oder überwiesen haben, können sie ihren Rückforderungsanspruch auch selbst gegen Forderungen, die der Vermieter noch gegen sie hat, etwa Betriebskostennachforderungen oder Mietrückstände, aufrechnen, allerdings erst nach Ablauf der Prüfungsfrist. Wurde dem Vermieter ein Sparbuch ausgehändigt und/oder verpfändet, können die Mieter erst aufrechnen, wenn sich der Vermieter den Kautionsbetrag hat auszahlen lassen.

Was tun, wenn der Vermieter die Mietsicherheit einbehält?

Vor Ende des Mietverhältnisses dürfen die Mieter ihren – ohnehin erst nach Ende der Prüfungsfrist fälligen –

Aufrechnungsverbot für Mieter vor Ende des Mietverhältnisses

Anspruch auf Rückerstattung der Kaution nicht gegen etwaige Zahlungsansprüche des Vermieters aufrechnen (BGH WuM 1972, 335). Die beliebte Praxis, die letzten drei Monate vor Mietende keine Miete zu zahlen, ist also rechtswidrig. Klagt der Vermieter die Rückstände ein, tragen die Mieter die Prozesskosten. Nur wenn der Vermieter die Kaution nicht insolvenzsicher angelegt oder dies nicht nachgewiesen hat, ist ein Einbehalt zulässig (siehe S. 248 f.). Zuvor sollte man den Nachweis fordern, mit Fristsetzung (mindestens 14 Tage) und in beweisbarer Form (siehe S. 25 ff.) [Formulierungsbeispiel: »... fordern wir Sie auf, uns bis zum 30.06.2011 durch entsprechende Belege nachzuweisen, dass und wo Sie unsere Mietkaution insolvenzsicher, das heißt gesondert von Ihrem Vermögen angelegt haben.«]. Nur wenn der Vermieter akut von Insolvenz (siehe S. 58 f.) bedroht ist, mag man darauf verzichten, riskiert dann aber eine Klage.

Mietsicherheit nicht zu früh zurückfordern

Erfahrungsgemäß ist Mietern häufig daran gelegen, die Mietsicherheit so schnell wie möglich zurückzuerlangen. Wenn die Überlegungsfrist kurz ist oder – was nicht dasselbe ist (!) – mangels erkennbarer Forderungen für kurz gehalten wird, besteht eine starke Tendenz, den Anspruch möglichst schnell geltend zu machen und gegebenenfalls auch umgehend einzuklagen. Dies will jedoch gut überlegt sein, und zwar aus folgendem Grund: Für viele Vermieterforderungen gilt eine kurze, ab Rückgabe der Mietsache laufende, sechsmonatige Verjährungsfrist (§ 548 Abs. 1 BGB; siehe S. 226 ff.). Zwar kann der Vermieter meist auch nach deren Ablauf seine Forderungen mit der Mietsicherheit verrechnen. Aber viele typische Vermieterforderungen (Schönheitsreparaturen, Rückbau) liegen deutlich über dem als Sicherheit gestellten Betrag von drei Monatsgrundmieten. Fordert man die Mietsicherheit frühzeitig zurück, so motiviert man den Vermieter, seine möglichen Forderungen zu prüfen. Dies sollte möglichst erst geschehen, wenn die Verjährungsfrist abgelaufen ist. Klagt der Vermieter erst danach, dann können die Mieter die Klage schnell, sicher und einfach abwehren, indem sie einwenden, die Forderungen seien verjährt (siehe S. 224 ff.). Sich diese Chance zu verbauen, kann teuer werden, zumal man oft nicht zuverlässig einschätzen kann, ob noch Gegenforderungen bestehen.

Sicherer ist es, den Ablauf der kurzen Verjährungsfrist, der sich ohnehin meist mit der in der Regel sechs Monate laufenden Prüfungsfrist des Vermieters deckt, abzuwarten und diesen erst dann zur Abrechnung und Erstattung der Mietsicherheit aufzufordern. **Tipp**

Grundsätzlich sind es die Mieter, die die Mietsicherheit zurückfordern und gegebenenfalls nach Ablauf der Prüfungsfrist mit etwaigen eigenen Forderungen dagegen aufrechnen dürfen. Gibt es mehrere Mieter, so kann die Mietsicherheit nur gemeinsam gefordert und eingeklagt werden (LG Berlin GE 1997, 1029; LG Flensburg GE 2009, 717; AG Köpenick GE 2010, 1275). Dabei spielt es keine Rolle, ob die Mietsicherheit von allen oder nur von einem Teil der Mieter gestellt wurde (OLG Düsseldorf GE 2003, 183). Auch Aufrechnungen können dann nur gemeinsam erfolgen. Wechseln die Mieter im Laufe des Mietverhältnisses (siehe S. 43 ff.), geht der an das Mietverhältnis gekoppelte Rückforderungsanspruch auf die im Mietverhältnis verbleibenden Mieter über. Ob mehrere Mitmieter ihre Anteile an der gemeinsamen Kaution einem der Mitmieter abtreten können, damit dieser die Rückzahlung allein einklagen kann, ist umstritten (dafür: LG Gießen NJW-RR 1996, 1162; a.A. LG Berlin GE 2002, 596). **Wer die Kaution zurückfordern darf**

Es gibt nur wenige Ausnahmen, in denen nicht die Mieter die Mietsicherheit zurückfordern können. Hat das Sozialamt dem Vermieter die Kautionszahlung versprochen, damit dieser seine Wohnung einem einkommensschwachen Bürger vermietet, steht die Kaution nach Mietende in der Regel nicht dem Mieter, sondern dem Sozialamt zu, sodass der Mieter diese auch nicht einklagen kann (LG Aachen NZM 2000, 1179). **Wenn das Sozialamt die Kaution entrichtet hat**

Bürgschaften werden zurückgegeben, indem dem Bürgen die Urkunde, die seine Bürgschaftserklärung enthält, aus- **Mietbürgschaft**

gehändigt wird. Ob die Mieter nach Ablauf der Prüfungsfrist, die bei Mietbürgschaften grundsätzlich nach sechs
Monaten nach Mietvertragsende endet (vgl. LG Kiel WuM
2001, 238; OLG Düsseldorf GE 2000, 536), die Herausgabe
der Bürgschaftsurkunde an sich selbst verlangen können,
ist umstritten (dafür LG Saarbrücken NJW-RR 2000, 822;
AG Köln ZMR 2001, 549; a.A. OLG Celle ZMR 2002,
813). In jedem Fall steht dieses Recht dem Bürgen selbst
nach Ablauf der Überlegungsfrist zu. Und auch die Mieter können dann die Aushändigung der Urkunde an den
Bürgen verlangen und notfalls einklagen (LG Düsseldorf
DWW 2000, 26). Wenn der Vermieter seine Forderungen
erst dann geltend macht, ist dies zu spät (OLG Hamm
NJW-RR 92, 1036). Er muss die Bürgschaftsurkunde nach
Ablauf der Überlegungsfrist herausgeben, wenn er seine
Ansprüche nicht vorher gegenüber den Mietern oder dem
Bürgen eingefordert hatte. Wurde ihm die Bürgschaft aus-
gezahlt, können die Mieter eine Abrechnung darüber verlangen und danach, sofern die Ansprüche des Vermieters
unberechtigt waren, die Bürgschaftssumme einklagen,
wenn die Bank als Bürgin das Konto mit dem Betrag belastet hat (vgl. BGH NJW 1999, 55) oder sie den Betrag
gegenüber dem Bürgen anderweitig ausgleichen musste.

Sparbuch Ein an ihn ausgehändigtes Kautionssparbuch muss der
Vermieter den Mietern nach Ablauf seiner Überlegungsfrist wieder aushändigen, sofern er das Sparguthaben bis
dahin nicht für seine Forderungen entnommen hat. Wurde
das Sparbuch, wie dies meist der Fall ist, verpfändet, dann
wird diese Sicherheit zurückgefordert, indem der Vermieter aufgefordert wird, die Urkunde, die die Verpfändungserklärung enthält, zurückzugeben und der kontoführenden
Bank gegenüber zu erklären, dass er sein Pfand freigibt.
Gleiches gilt für verpfändete Kautionskonten. Wichtig ist
vor allem die Freigabeerklärung. Sofern Sie den Vermieter
auf Freigabe der Kaution verklagen, sollten Sie unbedingt
unmittelbar, bevor die Klageschrift eingereicht wird, bei
der kontoführenden Bank nachfragen, ob die Freigabeerklärung nicht schon vorliegt. Hat der Vermieter die Bank

aufgefordert, ihm das verpfändete Guthaben auszuzahlen, benachrichtigt diese die Mieter in der Regel einen Monat, bevor sie die Zahlung leistet. Der Bank gegenüber Ihre rechtlichen Einwände gegen die Vermieterforderungen darzulegen, ist in der Regel wenig erfolgreich, weil diese keine eigene rechtliche Prüfung vornimmt und dazu auch nicht verpflichtet ist.

Dennoch sollten Sie, wenn der Vermieter in Zahlungsschwierigkeiten gerät und damit von Insolvenz (siehe S. 58 f.) bedroht ist, versuchen, die Auszahlung zu verhindern. Dies ist nach herrschender Meinung (LG Berlin GE 2003, 742; AG Tiergarten MM 2003, 298; AG Lichtenberg MM 2004, 266; a.A. LG Berlin GE 2007, 449) möglich, indem Sie beim zuständigen Amtsgericht (siehe S. 105 f.) gegen den Vermieter (nicht die Bank) eine einstweilige Verfügung erwirken. Manchmal lassen sich – unabhängig davon, ob eine Insolvenzgefahr besteht – auch Banken gegenüber guten Kunden darauf ein, die Auszahlung zu verweigern, wenn man belegen kann, dass die Vermieteransprüche offenkundig nicht berechtigt sind, und man sich unter Verpfändung eines entsprechenden Betrags verpflichtet, für ihr Prozessrisiko einzustehen, wenn der Vermieter sie verklagt. Man sollte also das Kautionskonto nicht bei der Hausbank des Vermieters einrichten.

Tipp

Auszahlung verhindern

Nur wenn die Bank das Sparguthaben an den Vermieter ausgeschüttet hat, können die Mieter diesen auf Rückzahlung des zu Unrecht vereinnahmten Kautionsbetrags in Anspruch nehmen.

Bevor Sie die Rückerstattung der Mietsicherheit einklagen, sollten Sie dem Vermieter eine entsprechende Aufforderung in nachweisbarer Form zugehen lassen (siehe S. 25 ff.). Erst nach Ablauf der darin gesetzten Frist empfiehlt es sich, Klage zu erheben.

Den Vermieter zur Rückerstattung auffordern

Eine solche Aufforderung zur Rückerstattung der Mietsicherheit sollte etwa wie folgt formuliert sein:

**Aufforderung
zur Rück-
erstattung der
Mietsicher-
heit**

(Name und Anschrift aller
rückforderungsberechtigten Mieter)

Per Einschreiben/Rückschein!

An
(Name und Anschrift
des Vermieters bzw. der Hausverwaltung)
(Ort, Datum)

Rückerstattung meiner/unserer Mietsicherheit

Sehr geehrte(r) Herr/Frau .../Damen und Herren,

die bis zum ... (Datum Mietende) gemieteten Wohnräume in der ...straße ..., ... (Adresse der Wohnung)
haben wir Ihnen am ... (Auszugsdatum) vollständig geräumt und in ordnungsgemäßem Zustand übergeben.

[Nur falls zutreffend:] Sie haben uns die ordnungs-
gemäße Übergabe mit Schreiben vom ... (Datum des
Schreibens)/im Rückgabeprotokoll vom ... (Datum des
Rückgabeprotokolls) bestätigt].

[Nur falls zutreffend:] Dennoch und trotz mündlicher/
telefonischer Zusage und/sowie mehrfacher Mahnung
haben Sie bislang weder über die Kaution abgerechnet noch diese zurückerstattet.

Wir fordern Sie/[falls das Schreiben an die Hausverwaltung (siehe S. 54 ff.) gerichtet wird] hiermit
den/die durch Sie vertretenen Vermieter/in der oben
bezeichneten Wohnung daher auf, ordnungsgemäß
über die Mietsicherheit abzurechnen und [Alternative
1: Rückforderung einer bar, per Scheck oder Überweisung gezahlten Kaution/Alternative 2: Rückforderung
eines verpfändeten Sparguthabens, das die Bank
an den Vermieter ausgeschüttet hat] mir/uns den
Kautionsbetrag von ... Euro [Summe der dem Vermieter gezahlten Kaution] nebst Zinsen auf mein/unser
Konto Nr. ... (Kontonummer) bei ... (Name der Bank
..., Bankleitzahl ...,/auf das im Briefkopf bezeichnete
Konto zu erstatten/einzuzahlen/zu überweisen.

[Alternative 3: Sparbuch/Sparkonto wurde dem Vermieter verpfändet] das als Mietsicherheit verpfändete, bei ... (Name des kontoführenden Kreditinstituts) eingerichtete Sparbuch/Sparkonto Nr. ... (Kontonummer), freizugeben, indem Sie ... (Name und Adresse der betreffenden Filiale des kontoführenden Kreditinstituts) eine entsprechende Freigabeerklärung erteilen und mir/uns die Verpfändungserklärung vom ... (Datum der Verpfändungserklärung) [Zusatz bei verpfändetem Sparbuch:] sowie das zugehörige Sparbuch aushändigen.

[Alternative 4: Bürgschaft wurde als Bürgschaft gestellt] die erteilte Bürgschaft freizugeben, indem Sie die Ihnen von ... (Name des Bürgen) ausgehändigte Bürgschaftsurkunde vom ... (Unterzeichnungsdatum der Bürgschaftsurkunde) an ... (Name und Adresse des Bürgen/der Bürgin) aushändigen.

[Alle Alternativen:] Hierfür setzen wir/setze ich eine Frist bis

... (Datum Fristende, ausreichend ist eine Frist von 14 Tagen).

[Für den Fall, dass der Vermieter zuvor bereits erfolglos zur Rückerstattung aufgefordert wurde:] Sollte innerhalb der genannten Frist kein Eingang zu verzeichnen sein, werden wir unsere Ansprüche gerichtlich geltend machen.

Mit freundlichen Grüßen

(Unterschriften aller rückforderungsberechtigten Mieter)

Was tun ohne Vermieteranschrift?

Oft hatten Mieter während der Mietzeit nur mit der Hausverwaltung zu tun. Erst wenn sie den Vermieter verklagen wollen, stellen sie fest, dass ihnen seine Adresse, manchmal sogar, weil im Mietvertrag nur »Der Eigentümer« steht, sein Name unbekannt ist. Da Recherchen meist mühsam und zeitaufwendig sind, sollten Sie ohne Kenntnis der Vermieterdaten keinen Mietvertrag unterzeichnen. Selbst wenn die Kaution auf ein Konto der Hausverwaltung gezahlt wurde, kann diese nicht verklagt werden, weil sie in der Regel nicht selbst Vermieterin ist (siehe S. 54 ff.), sondern das Geld für den Vermieter vereinnahmt hat (LG Kaiserslautern WuM 2003, 630; AG Zossen GE 2010, 206).

Tipp Über eine Grundbucheinsicht – stets den Mietvertrag zum Grundbuchamt mitnehmen (!) – können die Mieter den Namen und häufig das Geburtsdatum des Vermieters, manchmal auch zumindest eine ältere Adresse erfahren und mit diesen Informationen eine Meldeanfrage bei der Meldebehörde veranlassen. Zudem sind Hausverwaltungen, die den Vermieter vertreten, verpflichtet, Mietern im Konfliktfall dessen ladungsfähige Anschrift zu nennen (AG Köln NJW-RR 1989, 269; AG Aachen WuM 2009, 650; vgl. OLG Köln GE 2010, 484).

Wer erstattet die Mietsicherheit bei Veräußerung der Mieträume? Wurde die Mietwohnung während der Mietzeit veräußert (siehe S. 50 ff.), so übernimmt der Erwerber vom bisherigen Vermieter die hinsichtlich der Mietsicherheit bestehenden Rechte und Pflichten (§ 566a Satz 1 BGB). Er muss diese daher nach Mietende erstatten und bei einer Barkaution auch die darauf entfallenden Zinsen zurückzahlen, selbst wenn er die Sicherheit vom ehemaligen Vermieter gar nicht erhalten hat. Anders in Fällen, in denen der Kaufvertrag (oder ein anderes den Eigentümerwechsel begründendes Rechtsgeschäft, z.B. eine Schenkung) vor dem 1.9.2001 geschlossen wurde: Hier haftet der Erwerber nur, wenn er die Mietsicherheit erhalten hat (BGH GE 2009, 1039). Letzteres müssen im Streitfall die Mieter beweisen (BGH WuM 2005, 718). Von ihrem ehemaligen Vermieter können sie verlangen, dass dieser die an ihn geleistete Mietsicherheit an den Erwerber weiterleitet. Nur wenn die Rückforderung vom Erwerber scheitert, etwa weil dieser insolvent geworden ist, haftet der Vorvermieter für die Rückerstattung (§ 566a Satz 2 BGB). Dies gilt auch, wenn die Veräußerung vor dem 1.9.2001 erfolgt ist (BGHZ 141, 160). Wurde die Wohnung nach Mietende und Auszug der Mieter veräußert, kann der Erwerber weder Forderungen aus dem beendeten Mietverhältnis erheben, noch die Mietkaution vereinnahmen, haftet aber auch nicht für deren Rückerstattung (BGH WuM 2007, 267).

Wurde über das Grundstück, zu dem die Mietwohnung gehört, die Zwangsverwaltung (S. 58 f.) verhängt, muss die Mietsicherheit vom Zwangsverwalter herausverlangt werden (§ 152 Abs. 2 ZVG), vorausgesetzt, die Zwangsverwaltung dauert noch an, wenn die Kaution zur Rückzahlung fällig wird. Mit einer etwaigen Klage müssen sich die Mieter allerdings beeilen, denn diese wird abgewiesen, wenn die Klage dem Zwangsverwalter erst zugeht, nachdem die Zwangsverwaltung aufgehoben worden ist (BGH WuM 2005, 463). Dieser muss die Kaution insolvenzsicher anlegen (BGH WuM 2009, 668) und bei Mietende erstatten, selbst wenn sie ihm nicht ausgehändigt wurde (BGH WuM 2005, 260). Dies gilt ausnahmsweise dann nicht,

Bei Zwangsverwaltung die Kaution schnell zurückfordern

- wenn das Mietverhältnis bereits beendet und die Wohnung geräumt war, bevor die Zwangsverwaltung durch Beschlagnahme des Grundstücks wirksam wurde (vgl. BGH WuM 2006, 403), oder
- der gegenwärtige Vermieter vor dem 1.9.2001 Eigentümer der Mieträume geworden war und vom Veräußerer die Mietsicherheit nicht erhalten hatte (BGH WuM 2005, 404).

Der Anspruch auf Rückerstattung der Mietsicherheit verjährt (siehe S. 224 ff.) nach drei Jahren (§ 195 BGB; LG Duisburg WuM 2006, 250; AG Wedding MM 2009, 111). Die dreijährige Verjährungsfrist (siehe S. 227) beginnt in der Regel mit dem Ende des Jahres, in dem die Prüfungsfrist (siehe S. 250) abgelaufen ist. Haben also die Mieter beispielsweise ihre Wohnung pünktlich zum Mietende am 31.7.2010 zurückgegeben, dann endet die Prüfungsfrist in der Regel am 31.1.2011. Die Verjährungsfrist beginnt dann mit Jahresende 2011 zu laufen und endet drei Jahre später am 31.12.2014. Ab dem 1.1.2015 kann der Vermieter also, sofern die Frist nicht zwischenzeitlich gehemmt war (siehe S. 227 ff.), einwenden, der Rückforderungsanspruch sei verjährt. Hinsichtlich der Teilbeträge, die der Vermieter berechtigterweise zurückbehalten hat, um zukünftige Betriebskostennachforderungen zu sichern, beginnt die Verjährungsfrist am Ende des Jahres, in dem

Wann der Rückforderungsanspruch verjährt

die Abrechnungsfrist (siehe S. 236 f., 251 ff.) endete [Beispiel: Bei Vertragsende und Wohnungsübergabe endete die Abrechnungsfrist für die Betriebskostenabrechnung 2009 am 31.12.2010. Ein etwaig verbleibender (Rest-) Kautionserstattungsanspruch verjährt also mit Ablauf des 31.12.2013.]

Tipp

Zumindest bis zum Ablauf der Verjährung ihres Anspruchs auf Rückforderung der Kaution sollten Mieter stets ihre gesamten Mietunterlagen einschließlich der Kontoauszüge über die das Mietverhältnis betreffenden Zahlungen sicherheitshalber aufbewahren.

Untergang von Vermieteransprüchen, wenn die Sicherheit vorbehaltlos erstattet wurde

Glücklicherweise werden Mietsicherheiten häufig anstandslos zurückgewährt, manchmal allerdings eher aus Versehen, weil der Vermieter oder seine Hausverwaltung eine genauere Prüfung versäumt haben. Wurde die Mietsicherheit vorbehaltlos ganz oder teilweise erstattet, so verzichtet der Vermieter damit in der Regel stillschweigend auf in seiner Abrechnung nicht berücksichtigte Forderungen (OLG München NJW-RR 1990, 20; OLG Düsseldorf NZM 2001, 893), deren Sicherung die Kaution diente. Er kann diese Forderungen also – unabhängig von der Frage der Verjährung – nicht mehr geltend machen. Allerdings sollte man hier nicht vorschnell in Euphorie verfallen. Denn die Gerichte beurteilen das Verhalten nach den Umständen des Einzelfalls, müssen eine Rückerstattung also durchaus nicht immer als vorbehaltlosen Verzicht werten.

Kapitel 8
Der Mietaufhebungsvertrag und andere Vereinbarungen bei Mietvertragsende

Die Beendigung von Mietverhältnissen verläuft häufig konflikthaft. Oft geht es um viel Geld. Aber auch emotionale Dinge schwingen mit, manchmal die gesamte Geschichte des Mietverhältnisses. Nicht selten gelangt man deshalb sehr schnell an den Punkt, an dem der Gang vor Gericht unabwendbar erscheint. Da aber auch Rechtsstreitigkeiten fast immer Zeit und Nerven kosten und selbst dann, wenn die Rechtslage vergleichsweise eindeutig scheint, insbesondere auf der Beweisebene oft Risiken bergen, sollte man sich möglichst frühzeitig überlegen, ob eine gütliche Einigung im Bereich des Möglichen liegt.

Gütliche Einigung

Das folgende Kapitel beinhaltet eine Perspektivverschiebung: Während es bislang im Wesentlichen darum ging, welche Rechte die Mieter haben und wie sie diese am besten und notfalls gegen den Willen des Vermieters mit rechtlichen Mitteln durchsetzen, geht es im Folgenden auch darum, wie man den Vermieter zu einer einverständlichen Lösung bewegt. Das bedeutet nicht, dass die Rechtslage dabei unwichtig wäre, im Gegenteil: Wer über Rechte und Gegenrechte gut informiert ist, wird in der Tendenz bessere Lösungen aushandeln. Aber in diesem Rahmen sollte man Rechtliches nicht überschätzen. Zu einer guten und vernünftigen Lösung gelangt man in der Regel nur, wenn man nicht nur seine Rechte, sondern auch die Rechte und Interessen der Gegenseite kennt und berücksichtigt.

Über Rechte und Gegenrechte informieren

I. Verhandlungstaktik

Wer in Verhandlungen tritt, sollte vor allem zuvor einiges bedenken. Die folgenden Hinweise mögen sich teilweise wie Selbstverständlichkeiten lesen. Aber eigene Erfahrungen mit Verhandlungssituationen und vor allem Mieterberichte über gescheiterte oder ungünstig verlaufene Verhandlungen (»Ich habe unterschrieben, weil der Vermieter mich so unter Druck gesetzt hat.«) belegen, dass nicht alles, was man mit einigem Abstand für selbstverständlich hält, in der Situation selbst auch selbstverständlich ist. Dabei kann man sich mit vergleichsweise wenig Aufwand auf Verhandlungen vorbereiten.

Tipp

Für Verhandlungen einen günstigen Zeitpunkt wählen

Der Zeitpunkt, zu dem man die Verhandlungen aufnimmt, sollte günstig liegen. Liegt der Schwerpunkt des Interessenkonflikts auf der Frage von Schönheitsreparaturen oder Rückbauten, dann empfiehlt sich ein Zeitpunkt, der genug Raum lässt, die entsprechenden Arbeiten noch rechtzeitig vor dem Auszug durchzuführen. Auch sollte man im Auge behalten, dass viele Vermieteransprüche ein halbes Jahr nach Rückgabe der Wohnräume verjähren und dass Verhandlungen nach Rückgabe diesen Zeitraum durch Hemmung verlängern. Dagegen kann es bei Verhandlungen, bei denen der Vermieter ein Interesse an einer frühzeitigen Rückgabe der Wohnräume hat, etwa weil er die Wohnung geräumt günstiger verkaufen oder einfacher sanieren kann, sinnvoll sein, möglichst lange zuzuwarten, um die Gegenseite durch Zeitdruck zu weitergehenden Zugeständnissen zu motivieren. Stellen Sie aber auch stets in Rechnung, wie gut Ihre eigenen Nerven sind.

Emotionen ernst nehmen und für Verstärkung sorgen

Nehmen Sie Ihre eigenen Emotionen und Grenzen ernst. Bei allzu großem Magengrimmen sollte man sich klar machen, dass Verhandeln ein Spiel ist, zwar eines mit ernstem Hintergrund, aber eines, das man stets auch mit Spaß und Sportsgeist betreiben sollte (»Mal sehen, wie weit ich bei dem Vermieter komme ...«). Sehr hilfreich kann es sein, den Verhandlungstermin nicht allein, sondern mit einem Partner oder Freund zu bestreiten, weil die Gruppendynamik eine andere ist, man für besondere Fälle einen Zeugen dabei hat und man weniger übersieht. Wenn die Vermieterseite mit mehreren, besonders fachkundigen oder dominant agierenden Personen auftritt oder wenn man die Verhandlungen in unbekannter Umgebung führt, dann sollte man ohnehin möglichst nicht allein sein. Verhandlungen

Auge in Auge sind insbesondere, wenn Sie das Gegenüber nicht gut kennen, oft sinnvoller als Telefonate, weil Körpersprache eine andere Verbindlichkeit ermöglicht.

Wenn der Stil der bisherigen Auseinandersetzung oder die eigenen Erfahrungen mit dem Vermieter eine solche Atmosphäre ausschließen, dann sollten Sie möglichst Mittelspersonen, etwa den Mieterverein oder einen Anwalt oder auch einfach nur gewandtere Freunde oder Verwandte, einschalten. Gleiches gilt, wenn Sie das Verhandeln selbst überfordert. Die Einschaltung von Mittelspersonen auf beiden Seiten kann eine Versachlichung des Konflikts zur Folge haben. Auch schriftliche Angebote können eine Alternativmöglichkeit sein, auch wenn es erfahrungsgemäß einfacher ist, die Einigungsmöglichkeiten mündlich grob vorzuverhandeln und später schriftlich festzulegen. Auch die Einschaltung eines unabhängigen Dritten als Vermittler (Mediator) ist bei wichtigen Streitigkeiten, die den Aufwand rechtfertigen, eine Möglichkeit. Außergerichtliche und gerichtliche Mediationen haben eine verblüffend hohe Erfolgsquote.

Tipp

Einschaltung von Mittelspersonen erwägen

Nicht selten wird vor oder bei Verhandlungen polemisiert, moralisiert, geschimpft, beschimpft und gedroht. Auch mit Blick auf gerichtliche Auseinandersetzungen erwarten Parteien häufig von ihren Anwälten, dass diese dem Gegner tüchtig die Meinung sagen. Nur in extrem engen Grenzen kann eine solche Emotionalisierung mit Blick auf den Bauch des Richters sinnvoll sein. Wer aber eine gütliche Einigung anstrebt oder sich diese Möglichkeit zumindest für den Notfall nicht verbauen will, sollte stets bedenken, dass ein gekränkter Gegner kaum vergleichsbereit sein wird. Für jedes Vergleichsgespräch ist die Gesichtswahrung beider Seiten Vorbedingung. Eine beiden Seiten angenehme Verhandlungsatmosphäre ermöglicht viel eher gesichtswahrendes Nachgeben als eine Stimmung, in der Nachgeben angesichts der vorangegangenen Auseinandersetzungen nicht Ausdruck eines Es-sich-leisten-Könnens, sondern des Klein-Beigebens ist.

Auf Gesichtswahrung achten

Allenfalls dezent drohen

Das eigene Drohpotenzial, das meist darin besteht, dass ohne gütliche Einigung die Risiken eines Rechtsstreits und unter Umständen erhebliche Zeitverluste bestehen, sollte man dezent und freundlich nutzen, etwa indem man die eigene Rechtsansicht oder das Vorgespräch mit dem eigenen Anwalt oder dem Mieterverein thematisiert und das beiderseitige Interesse an einer schnellen gütlichen Einigung in den Vordergrund rückt.

Gemeinsame Interessen betonen und nutzen

Auf gemeinsame Interessen hinzuweisen, kann nicht nur ein gutes rhetorisches Mittel sein, um konflikthafte oder festgefahrene Verhandlungen wieder in Richtung einer gemeinsamen Suche nach Lösungsmöglichkeiten zu lenken. Versuchen Sie auch bei der Suche nach Lösungen, eine Win-win-Stuation zu erzeugen (Prinzip der Kuchenvergrößerung, von der beide Seiten profitieren). Vergleichsverhandlungen sind gruppendynamische Prozesse. Beide Seiten möchten bei einer gütlichen Einigung gewinnen. Ein Vergleich wird daher in der Regel nur dadurch zu erzielen sein, dass beide Seiten den Eindruck haben, dabei zu gewinnen. Zwar wird der Vorteil der einen oft zugleich der Nachteil der anderen Partei sein, dies muss jedoch nicht zwangsläufig so sein. Zum einen sind Kompensationsgeschäfte oft für beide Seiten ein Vorteil. Dies gilt insbesondere dann, wenn die eine Seite gibt, worauf sie gut verzichten kann, die andere Seite aber etwas erhält, was für sie vergleichsweise wertvoll(er) ist. Manchmal kann man auch Lösungen finden, bei denen Dritte, etwa Nachmieter, aus Eigeninteresse einen Teil der Kosten übernehmen. Suchen Sie also möglichst schon bei Ihrer Vorbereitung der Verhandlungen nach Lösungen, bei denen beide Seiten gewinnen können. Wer etwa als Mieter an einer langen Kündigungsfrist festgehalten wird, aber ohnehin demnächst umzieht, muss nicht dabei stehenbleiben, dem Vermieter den zeitnächsten Auszugstermin abzuverlangen. Bei einer zeitnahen Wohnungsübergabe und Zahlung eines Betrags in Höhe der auf die Hälfte der Kündigungsfrist entfallenden Miete gewinnen meist beide Seiten.

Schöner wären im vorstehenden Beispiel für die Mieter natürlich das sofortige Mietende ohne Kompensationszahlung. Wer sich jedoch gütlich einigen will, der wird von vornherein in Rechnung stellen müssen, dass er auch bei erfreulichstem Verhandlungsverlauf seltenst das für ihn Günstigste, sondern in aller Regel nur einen Kompromiss erzielen wird. Das sieht leider nicht jeder so. Viele begreifen Verhandeln als ein Spiel, bei dem Feilschen, Täuschen, Drohen, Tricksen, kurzum: alles erlaubt ist, wenn man dabei gewinnt. Gerade weil Sie nicht ohne Weiteres damit rechnen können, dass die Gegenseite auch fair spielt, sollten Sie für die Verhandlungssituation selbst einige Vorbereitungen treffen:

Unfairen Verhandlungstechniken vorbeugen

Bereiten Sie sich sorgfältig vor. Klären Sie vorher die Rechtslage so zuverlässig, dass Sie gegen Vermieterargumente gewappnet sind. Rechnen Sie insbesondere damit, dass Vermieter nicht selten, teils sogar völlig gutgläubig der Meinung sind, die Rechtslage sei so, wie sie sich dies vorstellen. Klassisches Beispiel ist die Behauptung vieler Vermieter, die Mieter müssten stets die Einbauten der Vormieter entfernen, was jedoch nur in Ausnahmefällen der Fall ist. In solchen Fällen kann es sinnvoll sein, sich auf fremde Autoritäten (Rechtsauskunft des Mietervereins oder eines Anwalts) zu berufen oder diese einzuschalten.

!

Vor den Verhandlungen die Rechtslage klären

Klären Sie für sich selbst vor den Verhandlungen, welche Lösungen für Sie in Betracht kommen und welche ausscheiden, vor allem wo Ihre ökonomische Schmerz- und Unerträglichkeitsgrenze liegt. Sie vermeiden dadurch, sich im Laufe einer für Sie ungünstigen Gesprächsdynamik über den Tisch ziehen zu lassen. Wappnen Sie sich gegen moralische Anklagen, Polemik und Unhöflichkeiten. Dabei geht es weniger darum, schlagfertige Entgegnungen zu entwerfen. Vielmehr ist es auch hier wichtig, von vornherein die eigene Schmerzgrenze zu definieren, um nicht bei ungünstig verlaufendem Gespräch länger mitzuspielen, als dies sinnvoll ist.

Tipp

Vor den Verhandlungen die eigene Schmerzgrenze ermitteln

Machen Sie sich klar, dass es sinnvoll sein kann, Verhandlungen zu unterbrechen, etwa wenn der Gegner Vorschlä-

Notfalls die Verhandlungen unterbrechen

ge macht, die Sie in ihren Konsequenzen nicht überblicken oder die Ihre Schmerzgrenze überschreiten, wenn die Angebote der anderen Seite extrem weit von Ihren Vorstellungen entfernt sind, Ihr Verhandlungspartner unverschämt wird oder Sie das Gefühl haben, dass Sie über den Tisch gezogen werden. Unverschämtheiten thematisiert man einmal (»Wir sind doch beide an einer einvernehmlichen Lösung interessiert, oder? Das klappt nur, wenn wir beide sachlich und höflich bleiben.«), danach signalisiert man in höflicher Form, dass man heute jedenfalls nicht weiterverhandeln wird. Auch für andere Situationen sollten Sie eine Ausstiegsformulierung parat halten. Es ist immer legitim, wenn man einen Vorschlag »eine Nacht überschlafen« oder »erst mit meiner Frau/meinem Mann« besprechen will oder noch Informationen einholen muss.

Unfairen Gesprächstechniken durch Versachlichung begegnen

Manche Vermieter konstruieren auch asymmetrische Gesprächssituationen, etwa indem sie moralisieren, Beschuldigungen erheben und versuchen, Sie ins Unrecht zu setzen (»Jetzt sind wir Ihnen bereits so weit entgegengekommen ...«, »So eine Forderung hat bis jetzt noch kein Mieter gestellt«, »Sie sind der erste Mieter, der so etwas verlangt«). Machen Sie nicht den Fehler, selbst intensiv zu moralisieren oder gar nach Rechtfertigungen zu suchen. Schimpfen, beschuldigen und wehklagen ist zwar Bestandteil vieler Verhandlungen, weil man darauf spekuliert, dass der andere nicht als Schuft dastehen will. Aber sie führen meist nicht weiter, weil die ökonomischen Interessen stärker und letztlich auch das sind, worum es geht. Im Grunde, das sollte man sich stets vor Augen halten, handelt es sich um einen unfairen Trick, wie jener des Spendensammlers an Ihrer Haustür, der Sie mit der Frage, weshalb Sie denn nicht spenden wollen, in Rechtfertigungszwänge drängt, obwohl doch er etwas von Ihnen geschenkt haben will. Meist kann man das Gespräch unschwer wieder auf die Sachebene bringen: Entweder man signalisiert, dass man die Sichtweise des anderen zwar versteht, aber nicht teilt. Oder man begnügt sich mit dem Hinweis, dass man die Sache anders sieht. Und dann wendet man sich wieder den konkreten Streitpunkten und Lösungsmöglichkeiten zu. Natürlich ist es nicht verboten, konkrete Lösungsvorschläge auch moralisch zu unterfüttern, um sie in verbindlicher Form als angemessen darzustellen oder eine mit ihnen verbundene Brüskierung zu mildern (»Wir halten eine Abfindung von 10.000,00 Euro für angemessen. Wir haben ja wesentlich mehr in die Wohnung investiert und trotz all der Beeinträchtigungen nie gemindert.«). Allzu viel Schlagkraft sollte man von derlei Argumenten nicht erwarten und vor allem nicht die Vergleichsverhandlungen damit bestreiten.

II. Bei Vereinbarungen möglichst die Schriftform beachten

Wenn Sie sich mündlich über alle wesentlichen Punkte geeinigt haben, dann sollten Sie Ihre Einigung aus Beweisgründen (siehe S. 34 ff.) auch schriftlich, von allen Parteien des konkreten Mietverhältnisses, Mietern und Vermietern, unterschrieben festhalten, und zwar in allen Einzelheiten. Natürlich kann es in bestimmten Situationen auch sinnvoller sein, Streitpunkte auszuklammern, um eine Einigung zu erzielen. Aber auf allgemeine Versicherungen, man werde nach Abschluss der Vereinbarung selbstverständlich so und so verfahren und man habe dies noch bei allen Mietern so gehandhabt, sollten Sie möglichst nicht vertrauen. Da durch die Vereinbarung in aller Regel der Mietvertrag ergänzt oder abgeändert wird, empfiehlt sich dies auch wegen der möglichen Konsequenzen eines Schriftformverstoßes (siehe S. 15 ff., 43, 69).

Auf Beweise achten

Auch mündliche Vereinbarungen sind wirksam, aber in aller Regel schlechter zu beweisen. Manchmal wird ihnen auch die in vielen Mietverträgen enthaltene Formel »Änderungen und Ergänzungen dieses Vertrages bedürfen zu ihrer Wirksamkeit der Schriftform.« entgegengehalten. Für die durch diese und ähnliche Regelungen vereinbarte Schriftform gelten grundsätzlich die gleichen Formanforderungen wie bei der gesetzlichen Schriftform (§ 127

Vorsicht bei mündlichen Vereinbarungen

BGB; siehe S. 15 ff.). Im Zweifel, also dann, wenn die Parteien nichts anderes vereinbart haben, ist die vereinbarte Schriftform aber auch gewahrt, wenn die Änderungen durch simplen Briefwechsel oder per Fax erfolgen. Oft liest man in einschlägigen Publikationen, dass die vereinbarte Schriftform durch individuelle Abrede jederzeit beseitigt werden kann und eine solche Beseitigung stillschweigend schon dann erfolgt, wenn die Parteien eine mündliche Vereinbarung treffen. Das trifft nach der höchstrichterlichen Rechtsprechung zwar in den meisten Fällen zu. Doch wer behauptet, man habe mündlich vom ursprünglichen Vertrag Abweichendes oder darüber Hinausgehendes vereinbart, muss nicht nur dies beweisen, sondern auch, dass das Besprochene ergänzend bzw. vorrangig gelten sollte (siehe S. 32 ff.). Das gelingt selten. Denn in solchen Fällen muss auf Zeugen zurückgegriffen werden (siehe S. 29 ff.). Und diese sind erfahrungsgemäß, gerade was Details angeht, das schlechteste Beweismittel. Natürlich gibt es Möglichkeiten, Zeugenerinnerungen zu »effektivieren«, und zwar indem man den Zeugen dazu veranlasst, das Gehörte (und Gesehene) so zeitnah wie möglich in einem Gedächtnisprotokoll zu notieren, etwa wenn anlässlich einer Vorabnahme (siehe S. 214 ff.) eine Vereinbarung getroffen wurde, bei der man sich nicht traut, um eine schriftliche Bestätigung zu bitten. Das ändert nichts daran, dass schriftliche Vereinbarungen sicherer sind.

III. Mietaufhebungsverträge

Einvernehm-
liche Been-
digung des
Mietvertrags

Manchmal werden nicht nur einzelne Regelungen des Mietvertrags geändert oder ergänzt (Beispiele für kleinere Vertragsergänzungen finden Sie auf S. 147). Es kann auch der gesamte Vertrag geändert werden. Besondere Bedeutung kommt dabei Mietaufhebungsverträgen zu. Durch einen Mietaufhebungsvertrag können Vermieter und Mieter jederzeit einverständlich den Mietvertrag beenden, ohne Kündigungsgründe, gesetzliche und vertragliche Kündigungsausschlüsse oder Kündigungsfristen beachten zu müssen, egal ob es sich um ein unbefristetes Mietverhältnis oder einen Zeitmietvertrag handelt. Auch Mietaufhebungsverträge können vom Grundsatz her mündlich geschlossen werden. Aber gerade weil sie so wichtig sind, sollte man hier auf schriftliche und auch möglichst eindeutige Regelungen achten.

Von Vermieterseite werden Mietaufhebungsverträge meist angeregt, wenn sie für eine Kündigung keine Kündigungsgründe hat. In diesem Fall ist dann meist die zentrale Frage, wie hoch der finanzielle Ausgleich ist, der den Mietern für die Beendigung des Mietverhältnisses bezahlt wird. Häufig werden solche Vereinbarungen geschlossen, wenn die Mieter besonders motiviert sind, einer Vertragsaufhebung zuzustimmen, weil sie sich die bevorstehende Modernisierung des Hauses, die damit einhergehenden Beeinträchtigungen und die anschließende Mieterhöhung ersparen wollen.

Interessen des Vermieters

Mieter haben an einer Aufhebungsvereinbarung häufig dann ein Interesse, wenn sie nicht kündigen können, weil ein Kündigungsausschluss oder ein Zeitmietvertrag (siehe S. 68 ff. und S. 97 f.) vereinbart worden sind. Vorrangig sollte hier natürlich geprüft werden, ob außer einem Mietaufhebungsvertrag noch andere Möglichkeiten bestehen, das Mietverhältnis vorzeitig zu beenden (siehe S. 85 ff.). Die Mieträume zu räumen und die Schlüssel zurückzugeben, ist jedenfalls keine Lösung, selbst wenn der Vermieter diese entgegennimmt. Zwar kann ein Aufhebungsvertrag auch konkludent, das heißt stillschweigend durch entsprechend interpretierbares Handeln geschlossen werden. Wer Mieträume zurückgibt bzw. zurücknimmt, der ist aber in der Regel nicht automatisch der Meinung, damit etwas rechtlich Erhebliches zu erklären, geschweige denn, den Mietvertrag und die sich aus diesem ergebenden Verpflichtungen zu beenden. Insbesondere die vorzeitige Abnahme der Wohnung nach einem bereits gekündigten Mietverhältnis ist in der Regel kein Mietaufhebungsvertrag (OLG Düsseldorf MietRB 2005, 317), und zwar auch dann nicht, wenn dabei ein Wohnungsübergabeprotokoll (siehe S. 196 ff.) gefertigt wurde (AG Hamburg WuM 2006, 90).

Interessen der Mieter

1.   Was bei einem Mietaufhebungsvertrag in rechtlicher Hinsicht zu beachten ist

Wenn Sie einen Mietaufhebungsvertrag schließen wollen, dann sollten Sie außer den taktischen Erwägungen (S. 263 ff.) einige rechtliche Gesichtspunkte beachten:

Alle Mieter und alle Vermieter müssen unterzeichnen

Wie alle den Mietvertrag ändernden Vereinbarungen muss auch der Mietaufhebungsvertrag von allen zum Zeitpunkt seines Abschlusses am Vertrag beteiligten Mietern und Vermietern vereinbart und folglich auch unterzeichnet werden (siehe S. 41 ff. und S. 49 ff.). Wenn es auf Mieter- oder Vermieterseite seit Beginn des Mietvertrags Änderungen gegeben hat, dann muss dies berücksichtigt werden. Ob ein zwischen dem Vermieter und einem Mitmieter geschlossener Aufhebungsvertrag zu seiner Wirksamkeit auch der Zustimmung des in der Wohnung verbleibenden Mieters bedarf, hat der Bundesgerichtshof ausdrücklich offen gelassen (BGH WuM 2005, 341), sodass auch bei Aufhebungsverträgen, durch die einer von mehreren Mietern den Mietvertrag für sich beenden will, unbedingt alle am Mietvertrag aktuell Beteiligten unterschreiben sollten (siehe S. 45 ff.).

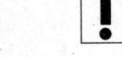

Die Vereinbarungen müssen genau sein

Die Vereinbarung sollte so präzise wie möglich gefasst werden: Leistungen, Zahlungen, wie gezahlt werden soll (bar, durch Überweisung, auf welches Konto) sowie Zahlungs- und andere Fälligkeitstermine sollten eindeutig und unmissverständlich bezeichnet sein. Unter Umständen beugt man einer späteren gerichtlichen Fehldeutung der Vereinbarung vor, indem man bei einzelnen Leistungen begründet, weshalb und wofür sie geschuldet werden. In der Tendenz gilt jedoch: Je kürzer und prägnanter, desto besser. Bei Ratenzahlungen muss unbedingt vereinbart werden, zu welchem Termin welche Beträge gezahlt werden müssen. Wenn bei Durchführung des Vertrags voraussichtlich Kosten entstehen, etwa solche für einen Notar, Materialkosten für Arbeiten oder die Einrichtung eines Kontos, sollte auch für diese festgelegt werden, wer sie trägt.

Auszugs-, Zahlungs- und andere Leistungstermine sollten einerseits genau vereinbart, andererseits aber so großzügig bemessen sein, dass sie problemlos eingehalten werden können. Denn auf beiden Seiten ist der Stress groß, wenn sich die Abläufe verzögern. Daher kann es jedenfalls bei knapp bemessenen Fristen hilfreich sein, wenn vereinbart ist, welche Regeln bei Verzögerungen gelten sollen. Man kann dazu feste Ersatzfristen, Rücktrittsrechte, Sonderkündigungsrechte oder Vertragsstrafen vorsehen. Letztere können allerdings nicht wirksam zulasten der Mieter vereinbart werden (§ 555 BGB).

Termine genau, aber ausreichend bemessen

Typische Streitpunkte, die bei der Wohnungsübergabe auftreten könnten, sollten ebenfalls bedacht werden: Schönheitsreparaturen, Schäden an den Mieträumen, Einbauten der Mieter, Ersatz von Aufwendungen, die diese bei Erhalt oder Verbesserung der Mieträume gehabt haben, etc. Hat man dabei die Schönheitsreparaturen (siehe S. 121 ff.) vergessen, dann muss dies bei Aufhebungsverträgen, die die Vermieter angeregt haben, nicht zwangsläufig zum Nachteil der Mieter sein: Wenn der Vermieter die Mieter zum Mietaufhebungsvertrag veranlasst hat, dann schulden diese bei Auszug in der Regel keine Schönheitsreparaturen (LG Nürnberg-Fürth WuM 1981, 159; LG Stuttgart WuM 1995, 392). Gleiches gilt bei einem wegen anschließenden Umbaus geschlossenen Mietaufhebungsvertrag (OLG Karlsruhe RE WuM 1984, 51). Sicherer ist es dennoch, sich darüber zu verständigen. Sinnvoll sind auch Vereinbarungen darüber, ob auf Betriebskostenabrechnungen und entsprechende Guthaben bzw. Nachforderungen verzichtet werden kann und wann die Mietkaution erstattet wird.

Tipp

Gut bedenken, was geregelt werden muss und was nicht

Natürlich sollte man frühzeitig bedenken, ob alles, was im Mietverhältnis potenziell noch für Streit oder Probleme sorgen könnte, im Aufhebungsvertrag geregelt werden muss. Hier bestehen drei Möglichkeiten:

(1) Regelt man jeden denkbaren Punkt, dann ist dies zwar unter Umständen sicherer. Aber zum einen kann jede Regelung für sich auch Streit erzeugen und das Gesamtgerüst

zum Einsturz bringen. Und zum anderen belastet und verzögert man damit die Vertragsverhandlungen.

(2) Man kann sich auch – insbesondere bei hohen Abfindungen – damit begnügen, nur die wesentlichen Kernpunkte zu regeln und für sämtliche übrigen Ansprüche eine Abgeltungsklausel in den Vertrag aufzunehmen. Eine solche kann beispielsweise folgendermaßen lauten:

Abgeltungs-klausel

> »Die Parteien sind sich einig, dass mit Ausnahme der in den vorstehenden Regelungen vereinbarten Verpflichtungen sämtliche wechselseitigen Forderungen der Parteien aus dem Mietvertrag und aus Anlass seiner Beendigung unabhängig vom Rechtsgrund, seien sie den Parteien bekannt oder unbekannt, ausgeglichen und abgegolten sind.«

Eigene Forderungen prüfen

Wenn man so verfährt, sollte man allerdings sorgfältig nachdenken, welche Forderungen man noch haben könnte (Betriebskostenguthaben, Aufwendungsersatz- oder Wegnahmeansprüche, die Mietkaution). Andernfalls führt diese schnelle und elegante Möglichkeit unter Umständen zu unnötigen und ärgerlichen Verlusten. Man kann von der Abgeltung natürlich auch bestimmte Ansprüche ausnehmen. Vorteil der Abgeltungsklausel ist, dass man nachträgliche Forderungen des Vermieters damit weitgehend ausschließt. Ansprüche, die nachträglich entstehen, sind allerdings in der Regel von einer solchen Klausel nicht erfasst. Aber das dürfte im beiderseitigen Interesse liegen.

(3) Die dritte Möglichkeit besteht darin, dass man nur die wesentlichen Kernpunkte regelt, auf die Abgeltungsklausel verzichtet, sodass dann einfach das gilt, was gesetzlich und vom bisherigen Mietvertrag vorgesehen ist. Dies kann zwar auch Ärger nach sich ziehen, entlastet aber die Verhandlungen.

Schließlich sollte man noch bedenken, dass sich manche Vermieter gern um die Zahlung der vereinbarten Abfindung drücken. Gerade bei größeren Projekten ist auch daran zu denken, dass der Vermieter Liquiditätsprobleme erleiden und unter Umständen sogar insolvent werden könnte. Rücktrittsrechte und Vertragsstrafen nutzen dann wenig, zumal die Mieter kurz vor dem vereinbarten Mietende oft gar nicht anders können, als die Wohnung zu verlassen, weil sie eine neue bereits angemietet haben. Aus diesem Grund sollte man die Zahlungen so gut wie möglich sicherstellen. Besonders sicher, wenn auch nicht umsonst und etwas kompliziert, ist die Vereinbarung, dass der Vermieter die Abfindungssumme auf ein Notaranderkonto zahlt und dass der Notar angewiesen wird, die Summe nach Wohnungsübergabe an die Mieter auszuschütten. Man kann eine solche Regelung gut mit einem Rücktrittsrecht der Mieter für den Fall verknüpfen, dass die Abfindung nicht bis zu einem bestimmten Zeitpunkt (vor Anmietung der neuen Wohnung) ausgeschüttet wurde. Eine gängige Alternative ist, dass die Mieter die Hälfte der Abfindung kurz nach Vertragsschluss erhalten und die andere Hälfte bei Übergabe der geräumten Wohnung. Gegen eine Insolvenz des Vermieters können die Mieter auch durch eine Bankbürgschaft gesichert werden, wobei auch hier vereinbart werden sollte, wer dafür die Kosten trägt.

Die Zahlung der Abfindung sicherstellen

Ein beliebter Vermietertrick besteht darin, eigene, unter Umständen fiktive Ansprüche mit der Abfindung der Mieter aufzurechnen (siehe S. 224 f.). Auf diese Weise kann leicht die ganze Vereinbarung für die Mieter entwertet werden. Schließlich haben diese die Wohnung geräumt bzw. sich darauf eingestellt, weil sie eine schnelle Abfindung erwartet haben. Selbst wenn sich die Mieter gerichtlich schließlich durchsetzen sollten, haben sie unter Umständen lange auf ihr Geld warten müssen, weil gerichtlich nicht nur über die Abfindung entschieden wird, sondern auch geklärt werden muss, ob die Gegenforderungen des Vermieters berechtigt sind. Ein Aufrechnungsverbot schützt zwar nicht völlig sicher vor gerichtlichen Auseinandersetzungen, aber es beschleunigt diese, weil sich das Gericht nicht mit den aufgerechneten Gegenforderungen des Vermieters befassen muss. Deshalb sollte der Aufhe-

Aufrechnungsverbot vereinbaren

bungsvertrag ein ausdrückliches Verbot der Aufrechnung enthalten, das etwa folgendermaßen formuliert sein kann:

**Aufrech-
nungsverbot**

»Eine Aufrechnung mit Forderungen außerhalb dieser Vereinbarung wird ausgeschlossen.«

Sofern auch die Mieter ein Interesse daran haben, mit Forderungen des Vermieters aus dem Aufhebungsvertrag aufzurechnen, ist folgende Formulierung günstiger:

**Aufrech-
nungsverbot
für Vermieter**

»Der/Die Vermieter/in ist/sind nicht berechtigt, mit Forderungen außerhalb dieser Vereinbarung aufzurechnen.«

Ob man dies durchzusetzen versucht, sollte man sich gut überlegen, denn die Einseitigkeit der Formulierung könnte verstimmen und damit das Verhandlungsklima belasten.

**Vorsicht
bei gleich-
zeitigem
Mietvertrags-
abschluss**

Manchmal wird im Zusammenhang mit Mietaufhebungsverträgen ein recht großes Gesamtpaket geschnürt, indem nicht nur der bestehende Mietvertrag aufgehoben, sondern auch ein neuer über eine Wohnung aus dem Bestand des Vermieters geschlossen wird. Auch dabei sollten die Mieter auf einige Dinge achten: Zum einen sollten sie vereinbaren, dass bei der Berechnung der vom Vermieter einzuhaltenden Kündigungsfristen (siehe S. 61 ff.) die Mietzeit des alten Mietvertrags anzurechnen ist. Zum anderen ist darauf zu achten, dass der neue Mietvertrag möglichst zeitgleich mit der Mietaufhebungsvereinbarung unterzeichnet wird, damit nicht der neue Vertrag zum Druckmittel wird, den Aufhebungsvertrag zu ungünstigeren Bedingungen zu schließen und umgekehrt. Dass der neue Mietvertrag zudem keine schlechteren Bedingungen als der alte enthalten sollte, versteht sich von selbst. Und besonders wichtig ist, dass vereinbart wird, dass eine Verzögerung der Rückgabe, die nicht von den Mietern zu vertreten ist, nicht dazu führt, dass doppelt Miete gezahlt werden muss. Sinnvoll und vergleichsweise entspannt in der Abwicklung sind in diesem Zusammenhang Vereinbarungen, die die Mieter für den ersten Monat oder generell bei solchen Verzögerungen in der neuen Wohnung mietfrei stellen.

Abschließend ist noch auf die Möglichkeit hinzuweisen, einen vom Vermieter anlässlich eines nicht von den Mietern veranlassten Besuchs geschlossenen Aufhebungs- oder sonstigen Vertrag als sogenanntes Haustürgeschäft zu widerrufen (siehe S. 217).

Widerrufs-recht bei Haustür-geschäften

2. Die Höhe der Abfindung

Bei Mietaufhebungsvereinbarungen, die auf Initiative des Vermieters geschlossen werden sollen, stellt sich oft die Frage nach einer angemessenen Abfindung. Feste Regeln gibt es dafür nicht, wohl aber Gesichtspunkte, die man zur Vorbereitung auf die eigene Verhandlung beherzigen sollte.

Letztlich ist von zentraler Bedeutung, was die Gegenseite geben will und geben kann. Daher sollte man bei einem bevorstehenden Wohnungsverkauf versuchen herauszu-finden, wie groß der Preisunterschied zwischen dem Verkauf einer vermieteten und einer entmieteten Wohnung ist (Makler, Immobilienteil der Zeitung, Internet). Einen Anteil zwischen 10 und 30 Prozent des so errechneten Unterschieds kann man, wenn man eine große Wohnung längere Zeit bewohnte, zumindest als Einstiegsgebot ruhig verlangen. Bei größeren Projekten sollte man in Rechnung stellen, dass der Vermieter/Eigentümer/Bauträger oft einen gewissen Betrag für Abfindungen in die eigene Kalkulation eingestellt hatte. Die Mieter, die unter Druck (Mietsteigerungen nach Sanierung, Beeinträchtigungen durch die Sanierung) schnell und widerstandslos ausziehen, erhalten meist geradezu lachhafte »Umzugsbeihilfen«. Mieter, die länger und zäher verhandeln, können meist wesentlich höhere Abfindungen erzielen.

In welcher Höhe man Abfindungen erhält, richtet sich unter Umständen auch nach der Bereitschaft, ob man bei einem Scheitern auch eine Sanierung oder den Verkauf einer Wohnung und die damit verknüpften Beeinträchtigungen und Risiken zu tragen bereit ist. Wer gute Nerven hat, kann, etwa durch einen vorübergehenden Ausstieg aus den Verhandlungen viel gewinnen, aber auch viel verlieren, wenn danach keine Vereinbarung mehr zustande kommt.

Abfindung nicht vorschnell akzeptieren

In jedem Fall bleiben solche Verhandlungen meist ein Spiel mit vielen Unbekannten, sodass Sie sich vor allem wesentlich daran orientieren sollten, bis zu welchem Betrag Sie mit einem guten Gefühl weichen können und wollen. Weder moralisch noch – aus Mietersicht – politisch ist es schließlich einzusehen, überhaupt oder gar zu Dumpingpreisen auf Mieterrechte bereitwillig zu verzichten. Unterhalb der eigenen Verträglichkeitsschwelle sollte man also nicht weichen. Die absolute Untergrenze für eine Abfindung sollten die Umzugskosten inklusive Maklerkosten sowie die Kosten umfassen, die typischerweise durch den Wohnungswechsel entstehen. Damit liegt man je nach Familiengröße schnell im Bereich zwischen 2.000,00 und 4.000,00 Euro. Eine Abfindung, die diesen Namen verdient, sollte, sofern nicht eine gleichwertige Wohnung in akzeptabler Umgebung zu gleichem Preis gestellt wird, den ein- bis fünfjährigen Mehraufwand für höhere Miete und andere Mehrkosten umfassen und bei langjähriger Mietzeit in der alten Wohnung eine zusätzliche Kompensation. Weitere geldwerte Bezugsgrößen sind (zeitweilige) Kündigungsausschlüsse (siehe S. 68 ff. und S. 110 ff.), Kündigungsschutz, Mieterinvestitionen sowie – insbesondere bei älteren oder behinderten Mietern – die Prognose, welchen Kündigungsschutz die Sozialklausel (siehe S. 77 ff.) bietet.

Rechtsberatung im Deutschen Mieterbund

1.   Mietervereine – 500 Mal in Deutschland

Ausführliche und konkrete Rechtsberatung in einem persönlichen Gespräch erhalten Sie bei einem der 320 Mietervereine an mehr als 500 Standorten in Deutschland. Die Mitgliedschaft in einem örtlichen Mieterverein kostet etwa 40 bis 80 Euro im Jahr. Häufig ist im Beitrag schon eine Mietrechtsschutzversicherung, z.B. die DMB Rechtsschutz-Versicherung, enthalten.

Den nächstgelegenen DMB Mieterverein finden Sie im Internet unter www.mieterbund.de oder über den jeweiligen Landesverband:

DMB Landesverband Baden-Württemberg e.V.
Tel. (07 11) 23 60 60-0, Fax (07 11) 23 60 60-2
www.mieterbund-bw.de
info@mieterbund-bw.de

DMB Landesverband Bayern e.V.
Tel. (0 89) 8 90 57 38-0, Fax (0 89) 8 90 57 38-11
www.mieterbund-landesverband-bayern.de
info@mieterbund-bayern.org

Berliner Mieterverein e.V., Landesverband im DMB
Tel. (0 30) 2 26 26-0, Fax (0 30) 2 26 26-161
www.berliner-mieterverein.de
bmv@berliner-mieterverein.de

Mieterbund Land Brandenburg e.V.
Landesverband im DMB
Tel. (03 31) 95 10 89-0, Fax (03 31) 95 10 89-1
www.mieterbund-brandenburg.de
info@mieterbund-brandenburg.de

Mieterverein zu Hamburg von 1890 r.V.
Landesverband im DMB
Tel. (0 40) 8 79 79-0, Fax (0 40) 8 79 79-120
www.mieterverein-hamburg.de
info@mieterverein-hamburg.de

DMB Landesverband Hessen e.V.
Tel. (06 11) 4 11 40 50, Fax (06 11) 41 14 05 29
www.mieterbund-hessen.de
info@mieterbund-hessen.de

DMB Landesverband Mecklenburg-Vorpommern e.V.
Tel. (03 81) 3 75 29 20, Fax (03 81) 3 75 29 29
www.mieterbund-mvp.de
post@mieterbund-mvp.de

Deutscher Mieterbund Niedersachsen-Bremen e.V.
Tel. (05 11) 1 21 06-0, Fax (05 11) 1 21 06-16
www.dmb-nieders-bremen.de
info@dmb-nieders-bremen.de

Deutscher Mieterbund Nordrhein-Westfalen e.V.
Tel. (02 11) 58 60 09-0, Fax (02 11) 58 60 09-29
www.dmb-nrw.de
mieter@dmb-nrw.de

DMB Landesverband Rheinland-Pfalz e.V.
Tel. (02 61) 1 76 09, Fax (02 61) 1 76 73
www.mieterbund-rhpl.de
dmb-rhpl@gmx.de

DMB Landesverband Saarland e.V.
Tel. (06 81) 3 21 48, Fax (06 81) 3 90 83 85
www.mietrecht-saar.de
info@mieterbund-sb.de

DMB Landesverband Sachsen e.V.
Tel. (03 51) 8 66 45-66, Fax (03 51) 8 66 45-11
www.mieterbund-sachsen.de
landesverband-sachsen@mieterbund.de

DMB Landesverband Sachsen-Anhalt e.V.
Tel. (03 45) 2 02 14 67, Fax (03 45) 2 02 14 68
www.mieterbund-sachsen-anhalt.de
info@mieterbund-sachsen-anhalt.de

DMB Landesverband Schleswig-Holstein e.V.
Tel. (04 31) 9 79 19-0, Fax (04 31) 9 79 19-31
www.mieterbund-schleswig-holstein.de
info@mieterbund-schleswig-holstein.de

DMB Landesverband Thüringen e.V.
Tel. (03 61) 5 98 05-0, Fax (03 61) 5 98 05-20
www.mieterbund-thueringen.de
info@mieterbund-thüringen.de

2. Telefon-Hotline

Täglich von 10.00 bis 20.00 Uhr bietet der Deutsche Mieterbund eine telefonische Erst- oder Kurzberatung auch für Nichtmitglieder unter der Telefonnummer 09 00/ 12 000 12 an.

Telefonate mit der Erstberatungs-Hotline kosten 2 Euro pro Minute aus dem Deutschen Festnetz. Ab der zweiten Minute wird sekundengenau abgerechnet. Über Mobilfunknetze oder regionale Anbieter ist die Hotline nicht erreichbar.

3. Mieterbund24 – die DMB Online-Beratung

Mieterbund24 ist die schnelle, individuelle und direkte Onlinehilfe bei allen Mietrechtsfragen. Die Antwort kostet 25 Euro und kommt innerhalb von 6 Stunden. Vorausgesetzt, die Anfrage wird Montag bis Freitag zwischen 8.00 und 14.00 Uhr gestellt. Später eingehende oder Wochenend-Fragen werden bis 14.00 Uhr des nächsten Werktags beantwortet.

Adressen der Verbraucherzentralen

Verbraucherzentrale Baden-Württemberg e. V.
Paulinenstraße 47, 70178 Stuttgart
Telefon 07 11/66 91-10, Telefax 07 11/66 91-50
www.verbraucherzentrale-bawue.de

Verbraucherzentrale Bayern e. V.
Mozartstraße 9, 80336 München
Telefon 0 89/5 39 87-0, Telefax 0 89/53 75 53
www.verbraucherzentrale-bayern.de

Verbraucherzentrale Berlin e. V.
Hardenbergplatz 2, 10623 Berlin
Telefon 0 30/2 14 85-0, Telefax 0 30/2 11 72 01
www.verbraucherzentrale-berlin.de

Verbraucherzentrale Brandenburg e. V.
Templiner Straße 21, 14473 Potsdam
Telefon 03 31/2 98 71-0, Telefax 03 31/2 98 71-77
www.vzb.de

Verbraucherzentrale des Landes Bremen e. V.
Altenweg 4, 28195 Bremen
Telefon 04 21/1 60 77-7, Telefax 04 21/1 60 77-80
www.verbraucherzentrale-bremen.de

Verbraucherzentrale Hamburg e. V.
Kirchenallee 22, 20099 Hamburg
Telefon 0 40/2 48 32-0, Telefax 0 40/2 48 32-2 90
www.vzhh.de

Verbraucherzentrale Hessen e. V.
Große Friedberger Straße 13–17,
60313 Frankfurt am Main
Telefon 01805*/97 20 10, Telefax 0 69/97 20 10-50
www.verbraucher.de
(* Festnetzpreis 14 ct/Min., Mobilfunkpreis maximal
42 ct/Min.)

Neue Verbraucherzentrale in Mecklenburg und Vorpommern e. V.
Strandstraße 98, 18055 Rostock
Telefon 03 81/2 08 70 50, Telefax 03 81/2 08 70 30
www.nvzmv.de

Verbraucherzentrale Niedersachsen e. V.
Herrenstraße 14, 30159 Hannover
Telefon 05 11/9 11 96-0, Telefax 05 11/9 11 96-10
www.vzniedersachsen.de

Verbraucherzentrale Nordrhein-Westfalen e. V.
Mintropstraße 27, 40215 Düsseldorf
Telefon 02 11/38 09-0, Telefax 02 11/38 09-1 72
www.vz-nrw.de

Verbraucherzentrale Rheinland-Pfalz e. V.
Seppel-Glückert-Passage 10, 55116 Mainz
Telefon 0 61 31/28 48-0, Telefax 0 61 31/28 48-66
www.vz-rlp.de

Verbraucherzentrale des Saarlandes e. V.
Trierer Straße 22, 66111 Saarbrücken
Telefon 06 81/5 88 09-0, Telefax 06 81/5 88 09 22
www.vz-saar.de

Verbraucherzentrale Sachsen e. V.
Brühl 34–38, 04109 Leipzig
Telefon 03 41/6 69 62 90, Telefax 03 41/6 89 28 26
www.vzs.de

Verbraucherzentrale Sachsen-Anhalt e. V.
Steinbockgasse 1, 06108 Halle
Telefon 03 45/2 98 03-29, Telefax 03 45/2 98 03-26
www.vzsa.de

Verbraucherzentrale Schleswig-Holstein e. V.
Andreas-Gayk-Straße 15, 24103 Kiel
Telefon 04 31/5 90 99-10, Telefax 04 31/5 90 99-77
www.vz-sh.de

Verbraucherzentrale Thüringen e. V.
Eugen-Richter-Straße 45, 99085 Erfurt
Telefon 03 61/5 55 14-0, Telefax 03 61/5 55 14-40
www.vzth.de

Verbraucherzentrale Bundesverband
Markgrafenstraße 66, 10969 Berlin
Telefon 0 30/2 58 00-0, Telefax 0 30/2 58 00-2 18
www.vzbv.de

Stichwortverzeichnis

Herausgeber

Verbraucherzentrale Nordrhein-Westfalen e.V.
Mintropstr. 27, 40215 Düsseldorf
Telefon: 02 11/38 09-5 55
Telefax: 02 11/38 09-2 35
Internet: www.vz-nrw.de
E-Mail: publikationen@vz-nrw.de

DMB-Verlag – Verlags- und Verwertungsgesellschaft des Deutschen
Mieterbundes mbH
Littenstraße 10, 10179 Berlin
Telefon: 0 30/2 23 23-0
Telefax: 0 30/2 23 23-100
Internet: www.mieterbund.de
E-Mail: info@mieterbund.de

Text:	Dr. Dilip D. Maitra
Herausgeber:	Thomas Nell
Lektorat:	Wolfgang Starke
Produktion:	bretzinger : media.production, Baden-Baden
Umschlaggestaltung:	Ute Lübbeke, www.LNT-design.de
Umschlagfoto:	gettyimages®
Druck/Bindung:	Kraft Druck GmbH, Ettlingen